南开哲学百年文萃（1919—2022）

南开大学中外文明交叉科学中心资助出版

总主编　翟锦程

通变古今　融汇中外

（外国哲学卷）

安　靖　主编

南开大学出版社

天　津

图书在版编目(CIP)数据

通变古今 融汇中外. 外国哲学卷 / 安靖主编. —天津：南开大学出版社，2023.3
（南开哲学百年文萃：1919—2022 / 翟锦程总主编）
ISBN 978-7-310-06376-5

Ⅰ.①通… Ⅱ.①安… Ⅲ.①哲学－国外－文集 Ⅳ.①B－53

中国国家版本馆CIP数据核字(2023)第002285号

版权所有　侵权必究

通变古今 融汇中外（外国哲学卷）
TONGBIAN GUJIN RONGHUI ZHONGWAI(WAIGUO ZHEXUE JUAN)

南开大学出版社出版发行
出版人：陈　敬
地址：天津市南开区卫津路94号　邮政编码：300071
营销部电话：(022)23508339　营销部传真：(022)23508542
https://nkup.nankai.edu.cn

天津创先河普业印刷有限公司印刷　全国各地新华书店经销
2023年3月第1版　2023年3月第1次印刷
230×170毫米　16开本　19印张　2插页　311千字
定价：99.00元

如遇图书印装质量问题，请与本社营销部联系调换，电话：(022)23508339

出版说明

一、2022年是南开哲学学科建立103年，建系100周年，哲学院（系）重建60周年。为全面展现南开哲学百年来的发展进程和历史底蕴，特编选出版"南开哲学百年文萃（1919—2022）"。

二、本文萃的编选范围是自1919年南开大学设立哲学门以来，在南开哲学学科任教教师所发表的代表性论文，并按现行一级学科的分类标准，分马克思主义哲学、中国哲学、外国哲学、逻辑学、伦理学、美学、宗教学、科学技术哲学八个专集编辑出版。

三、本文萃编务组通过各种方式比较全面地汇集了在南开哲学学科任教的教师名单，但由于1952年以来的历史档案和线索不甚完整，难免有所遗漏。如有此情况，专此致歉。

四、本文萃列入南开大学中外文明交叉科学中心2022年度支持计划。

五、本文萃在编辑过程中，得到校内外各界人士的全力支持，在此一并致谢。

六、本文萃所收录文章由于时间跨度大、发表于不同刊物以及原出版物辨识困难等原因，难免有文字错误及体例格式不统一等问题，敬请读者谅解。

南开大学哲学院

2022年10月

目 录

关于康德哲学的评价	庞景仁	1
现实・真实・虚拟	张世英	14
亚里士多德、康德、黑格尔的范畴学说述评	冒从虎	30
后现代精神的演化	车铭洲	45
霍布斯政治观述评	张青荣	56
否定之否定规律的探索	梁 俊	65
皮尔士真理观评介	康博文	74
论康德的目的性学说	毛怡红	80
西方哲学中实体思维模式的演变	周振选	99
反形而上学还是后形而上学	常 健	115
实体（ousia）		
——从术语解析看亚里士多德的实体论	颜 一	132
悖论与真理	钱 捷	146
前期维特根斯坦的艺术价值论	李国山	158
论康德对真理概念的判断力奠基	王建军	171
笛卡尔哲学的一个谜团：对笛卡尔道德哲学的考察		
及其结论	贾江鸿	183
论霍布斯的自然状态学说及其当代复活形式	陈建洪	197
身体的躯体化如何可能		
——胡塞尔交互主体性现象学的核心问题之一	郑辟瑞	208
胡塞尔的空间构成与先验哲学的彻底性	钟汉川	223
论康德对存在-神-学构造的司各脱式批判	安 靖	237

胡塞尔的超越论共源性和舒茨的世俗共源性
　　——批判与反批判 ………………………………… 张俊国　250
《斐莱布》中的本原学说 ………………………………… 邓向玲　265
亚里士多德论作为实体的水、火、土、气 ……………… 张家昱　280

关于康德哲学的评价

庞景仁

今年恰好是《纯粹理性批判》（1781）一书出版二百周年。《纯粹理性批判》是康德（1724—1804）著作中最重要的一部哲学理论书。这部书的出版，在欧洲哲学界掀起了轩然大波，它推翻了莱布尼茨-沃尔夫的教条主义形而上学体系，开辟了由他创始的德国古典哲学，而德国古典哲学正是马克思主义三个来源之一。这就说明《纯粹理性批判》一书出版的重要性。

然而自1781年到现在这二百年期间，除了马克思、恩格斯、列宁外，对康德哲学一直没有比较正确的评价，而马克思、恩格斯、列宁对康德哲学的论述也不过是一些片言只语，而对康德哲学的全面的、系统的评价，仍有待于我们这一代的哲学史工作者们去完成。这一工作是相当艰巨的，原因是，尽管我们有马克思主义经典作家们的思想指导，可是康德的这部著作本身就很难读懂。这一方面由于康德使用的许多哲学术语独特，如"先验""理念""理性""理想"（Ideal，应译为"设想"）等，都与传统的意义不同；一方面也由于康德在问题的阐述上未免失之庞杂，晦涩，而且矛盾百出。这就难免给读者造成许多误解。有人说康德的文笔本来不佳。其实不然。康德的文笔是非常流畅和锋利的，这一点从他的其他著作以及他的书信上就可以得到证明。他把这本书写得如此晦涩，其主要原因应该是由于他在哲学问题上硬要把几种截然对立的观点拼凑到一起，因而在思想上本来就存在着许多矛盾所致。

对康德哲学的误解并非自今日始。早在1782年1月，即《纯粹理性批判》出版还不到一年的时候，一个德国哲学家伽尔韦（1742—1798）就用匿名在《哥廷根学报》上发表了一篇书评，说《纯粹理性批判》一书冗长、晦涩、用语独特、不通俗，并把"先验"误解为"超越"，说康德是"跟一般通用的语言闹别扭"，他的哲学不过是贝克莱主观唯心主义的翻版，等等。

于是康德马上写了一个《纯粹理性批判》的缩写本，书名是《任何一种能够作为科学出现的未来形而上学导论》，简称《导论》，于1783年出版，把《纯粹理性批判》一书中的各个要点都开门见山、直截了当地加以明朗的阐述，对一些误解和有意的侮蔑之词作了辟谣和强有力的反击。

尽管如此，后来的哲学家们对康德哲学的看法仍是众说纷纭，莫衷一是，也可以说是人们根据各自的需要而任意品评褒贬。比如康德的学生费希特就认为康德的自在之物是个累赘，应该割掉，而自在之物正是康德哲学中非常宝贵的东西。此外，唯物主义者说他不够唯物，唯心主义者说他不够唯心。近三十年来我国哲学史工作者们对康德哲学作了不少论述，有的认为康德哲学在哲学史上起过很好的进步作用；有的认为它反动透顶，起了宗教神学在唯物主义的打击下起不了的作用；有的认为自在之物有唯物主义因素；有的认为自在之物纯粹是唯心的；有的甚至认为《纯粹理性批判》不过是《实践理性批判》的"序言"，它的目的不过在于证明上帝存在、灵魂不死以巩固宗教信仰；等等。《纯粹理性批判》出版已有二百年的历史，给康德哲学作出正确的、全面的评价的时刻不应该再拖延下去了。不过这需要哲学史工作者们共同商讨，虚心听取不同意见，互相切磋琢磨，才能作出比较正确的判断。我在这里提出我对以下四个问题的一点看法，希望得到同行们的批评指正。

一、康德哲学是反动的还是革命的？

18世纪的德国在经济方面和政治方面都比西欧各国落后得多。那时英国资产阶级早已完成了产业革命，法国资产阶级已经强大到一场汹涌澎湃的大革命一触即发的时刻，而德国这时却正沉睡在封建割据的黑暗统治之下，资产阶级还在襁褓之中，软弱无力；在德国各大学的讲坛上宣扬着的正是起着维护封建制度使之得以继续保持其反动统治作用的莱布尼茨-沃尔夫教条主义形而上学。

虽然如此，西欧特别是法国的资产阶级革命的思潮却不断传到中欧的德国，尤其以卢梭的民权主义影响最为显著，而美国的独立也给德国的进步思想家以很大鼓舞。进步的知识分子对时代精神无论什么时候都是最敏感的，他们时常走在时代的前头。革命之风一吹来，这些知识分子身上就有反映。康德所处的时代就是这样的一个时代，他本人就是这样的一个知识分子。他同情法国资产阶级革命，他也同情美利坚合众国的独立；但是，由于当时德国所处的政治、经济落后状态的限制，康德是无能为力的。

不过他有在大学讲坛上一张当时还相当自由的嘴和一双能写独立见解的手，在哲学领域里还有他用武之地，于是他讲了、写了并且于1781年5月出版了他一鸣惊人的哲学著作——《纯粹理性批判》。这本著作与其说是一本一般的哲学理论著作，不如说是一本哲学革命宣言，它推翻了旧的传统形而上学，掀起了在德国的一场理论革命，给欧洲哲学史开辟了一个新的纪元。这一理论革命得到了后来马克思主义经典作家的高度评价。恩格斯说："在法国发生政治革命的同时，德国发生了哲学革命。这个革命是由康德开始的。他推翻了前世纪末欧洲各大学所采用的陈旧的莱布尼茨的形而上学体系。"①

所谓"陈旧的莱布尼茨的形而上学体系"是指莱布尼茨-沃尔夫教条主义哲学。沃尔夫继承了莱布尼茨（后来鲍姆葛尔顿又继承了沃尔夫），把莱布尼茨哲学体系用德文（莱布尼茨的著作绝大部分是用拉丁文和法文写的）编写了为各大学使用的一整套哲学-形而上学教科书。在自然科学日渐发达、经院哲学已无法自圆其说的情况下，莱布尼茨、沃尔夫便企图使用"理性"来挽救苟延残喘的宗教神学的生命，编造了一整套所谓用人类理性来证明上帝存在、灵魂不死和意志自由这一腐朽的形而上学说教，也就是康德所极力抨击的"教条主义哲学"（旧译"独断论"）。

必须指出，康德本来是莱布尼茨-沃尔夫哲学的叛逆者。康德最初是属于沃尔夫派的，后来他反戈一击，打中了莱布尼茨-沃尔夫形而上学体系的要害。同时也应该看到，康德的"理性"，特别是他的"纯粹理性"具有与一切哲学家对这一词的用法截然不同的特殊意义。康德的"纯粹理性"并不是像我们经常说的理性认识阶段的"理性"（这样的"理性"相当于康德的"理智"，又译"知性"），它是完全脱离经验而单独产生灵魂、世界整体和上帝这三个理念（康德的理念不同于柏拉图的理念，也不同于黑格尔的理念）的高级纯思维能力。理念是理性为了它自身的满足而提出来的想法。

《纯粹理性批判》第二版《引言》里开宗明义第一章就说："一切知识毫无疑问都起源于经验。"康德同时认为，一切真正知识必然地符合于经验，

---

① 《马克思恩格斯全集》第1卷，北京：人民出版社，1972年，第588页。

并在经验范围内有效；超出可能经验范围之外的任何想法都是不切实际的幻想、假象、设想。因此，他认为凡是单独从纯粹理性推论出来的东西，比如所谓"理性心理学"的灵魂不死问题、"理性宇宙学"的世界是否有始或有限问题、"理性神学"的上帝存在问题等，就是这样。理性心理学说灵魂不是其他东西的属性而是一种实体。康德认为，第一，实体在于有永恒不变的常住性；灵魂是不是实体，这要看它有没有这样的常住性（即不随肉体而死亡），而灵魂有没有常住性只有在肉体死亡以后才能得到证明，而这种证明是在人活着的时候不可能得到的，因此把灵魂看作一种实体并认为它是不死的，这乃是一种"错误推论"。第二，世界有始或无始、有限或无限，世界上有自由或没有自由等四个问题，无论从正面或反面都可以证明，这是四个公说公有理，婆说婆有理，说不清到底谁有理的问题，因而都是两相对立的论点（"二律背反"）。第三，上帝是人类理性为了本身满足而假想出来的东西，人们错误地把这种主观的"设想"（Ideal，旧译"理想"）当作客观存在。根据上述理由，康德自称是"形而上学的造反派"[①]，断言各种各样的形而上学虽然有两千年的历史，但都不成为知识，因而形而上学这种东西还不存在。

康德对形而上学的打击使神学遭受了非常沉重的创伤。他不仅推翻了有神论，甚至也有力地打击了自然神论。但是，由于当时德国封建统治政府的压力强大，资产阶级还软弱无力，莱布尼茨-沃尔夫教条主义形而上学还占统治地位，这一切都迫使康德不得不采取折中主义的态度，把他希望在理论上打倒的东西为了道德行为的目的又非常勉强地重新扶植起来，说什么不妨把"上帝"这种"设想"当作"好像是那么回事""仅仅是出于假想的存在体"；虽然这些"都不过是一些揣测之词"，不过它可以安慰人类理性的需要，给"道德观念提供地盘"。[②]因此他在 1785 年出版的《道德形而上学探本》以及在 1788 年出版的《实践理性批判》中都把理性产生的"至善"的概念作为上帝，来给道德设想一个根据。不过，《纯粹理性批判》无论如何是康德的主要理论著作，不能因此就认为它是《实践理性批判》的"序言"，是为后者服务的，其目的就是在实践上巩固宗教信仰。

应该看到，当时的欧洲人，由于基督教义多少世纪以来之深入人心，

[①] 康德：《任何一种能够作为科学出现的未来形而上学导论》，庞景仁译，北京：商务印书馆，1978年，第175页。以下简称《导论》。

[②] 参见康德：《导论》，第59、60节。

在道德问题上也有和我们中国人不同的要求。在他们看来，人之所以愿意趋善避恶，就在于来世有个赏善罚恶的上帝，因此必须用宗教来给道德作为根据。康德一反旧哲学把哲学看成是神学的女仆的传统，他实际上不是把宗教当作道德的根据，而是反过来把道德作为宗教的根据。宗教在康德的手里已化成了道德。他说："这个至善只有在神〔即上帝〕的存在下才能实现。……假设神（即上帝）的存在在道德上乃是必要的。"① 因此，在康德看来，没有上帝也要造一个出来，而这样的上帝，哲学家康德自己是不信的。他被封建统治当局命令此后不许讲授和书写有关宗教的问题，否则定予严惩，以及他终生不进教堂就是明证。曾为恩格斯推崇过的伟大的进步诗人海涅关于这一点曾作过一段颇有诗意而非常风趣的描述。他说得非常好："康德扮演了一个铁面无私的哲学家，他袭击了天国，杀死了天国全部守备部队，这个世界的最高主宰未经证明便倒在血泊中了，现在再也无所谓大慈大悲了，无所谓天父的恩典了，无所谓今生受苦来世善报了，灵魂不死已经到了弥留的瞬间——发出阵阵的喘息和呻吟——而老兰培（兰培是康德的仆人）作为一个悲伤的旁观者，腋下挟着他的那把伞站在一旁，满脸淌着不安的汗水和眼泪。于是康德就怜悯起来，并表示，他不仅是一个伟大的哲学家，而且也是一个善良的人，于是，他考虑了一番之后，就一半善意、一半诙谐地说：'老兰培一定要有一个上帝，否则这个可怜的人就不能幸福——但人生在世界上应当享有幸福——实践的理性这样说——我倒没有关系——那末实践的理性也无妨保证上帝的存在。'于是，康德就根据这些推论，在理论的理性和实践的理性之间作了区分并且用实践的理性，就像用一根魔杖一般使得那个被理论的理性杀死了的自然神论的尸体复活了。"②

康德固然也说过"因此我不得不舍弃知以便让位给信"，不少康德哲学论述者就抓住这句话不放，认为康德在这一句话上恰好暴露了他写《纯粹理性批判》的真正动机，即康德真是要故意"贬损"知识以便为信仰服务。让我们看看这句话他是在什么情况之下说的。他说："为了把我的理性用到实践的使用上去，如果不同时去掉思辨理性的一些不正当的超越的意图的要求的话，我就永远不能承认上帝、自由和灵魂不死。因为，为了实现这

---

① 康德：《实践理性批判》，蓝公武译，北京：商务印书馆，1961年，第128页。
② 海涅：《论德国宗教和哲学的历史》，海安译，北京：商务印书馆，1974年，第112—113页。

个意图，思辨理性不得不使用这样一些原则，这些原则事实上只能适用于可能经验的一些对象，而一旦人们把这些原则应用到一个不可能是经验的对象时，这些原则实际上立即把这个东西变成现象，并且宣称把纯粹理性做任何实践的延伸（即把纯粹理性用于行为上去的任何企图）都是不可能的。因此我不得不舍弃（aufheben）知（Wissen）以便让位给信（Glauben）。"（《纯粹理性批判》德文第二版，第 XXX 页）（《实践理性批判》里以及这里提到的"实践"一词都是指道德行为上的"实用"说的，跟我们常说的"实践是检验真理的唯一标准"的"实践"不同。）康德在这里所说的"知"和"信"是指对上帝、自由、灵魂不死，不能使用"知"而只能使用"信"。这里的"知"和一般的"知识"也不是一回事。同时我们对信仰一词也应该有正确认识。我们记得，一位古时的教父学家特尔图良（Tertulian）说过这样的一句话："正因为荒谬，所以我才信仰。"（很多书上把这里的信仰错译为相信。）譬如天主教圣体中的面包和酒"变体"为耶稣的肉和血，人吃下去就能和上帝结为一体，以及《圣经》上说五饼二鱼就能使五千人吃饱还剩下十二筐[①]等奇迹，都是荒谬绝伦的，用理智无论如何不能理解，因此只好使用信仰。

仍然是海涅说得好："人们只要看一下一流的哲学书刊目录，以及当时出版的有关康德的无数著作，就可以充分证实单单由康德一个人引起的这次精神运动了。……我们在精神世界中有过你们〔指法国人〕在物质世界中有过的暴动，在打倒旧教条主义的时候我们激昂得象你们冲击巴士底狱时一样。当然那里也同样只有少数几个拥护教条主义，也就是沃尔夫哲学的老废兵……我们德国的许多悲观主义者蒙蔽自己到这种程度，他们妄自以为，康德和他们有一种默契；他之所以破坏了上帝存在的一切迄今的证明，是为了使人了解到通过理性决不会使人达到对上帝的认识，所以人们于此不得不依靠天启的宗教。"[②]

[①]《圣经新约·约翰福音》第 6 章。
[②] 海涅：《论德国宗教和哲学的历史》，第 113-114 页。

二、康德的自在之物学说是唯心的还是唯物的？

自在之物学说到底是唯心的还是唯物的，对于这个问题多年以来大家一直争论不休。康德认为，我们的一切知识都起源于经验。我们是首先通过感觉才对物体有所认识，而感觉不是凭空生起的，它必定有引起它的来源，这个来源就是不依于我们主观意识而独立存在的事物——物体，由于这个物体感染我们的感官才引起感觉。从而自在之物是在我们之外与我们表象相应存在的，因而应该承认这种学说是唯物主义的。但是，在康德看来，我们所认识的物体不过是物体表现给我们的现象，不是在我们之外的"自在"之物的本来面貌；而脱离我们感觉的"自在"的东西究竟是什么样子，这是我们永远无法知道的。这样一来，现象成了知识此岸的，而自在之物便是知识彼岸的东西了；感觉本来应该是连接此岸与彼岸的桥梁，而康德竟把它当成了隔断此岸与彼岸的鸿沟。但是，尽管如此，这并不妨碍"作为我们的感官对象而存在于我们之外的物〔即自在之物〕是已有的"①。

在认为自在之物不可知的同时，康德也颠倒了主客关系，把空间和时间不是当作运动着的物质的存在形式，而是当作人主观的感性直观的先天形式；把因果性等范畴不是当作客观事物普遍联系和互相作用的表现形式，而是当作人思维的先天理智概念，认为自然界的一切规律、法则都是人强加给客观事物的。这是康德哲学的唯心主义成分，而这个成分在整个康德哲学中占的分量是十分沉重的，不过无论如何也掩盖不了自在之物学说的唯物主义成分和他承认一切知识毫无疑问都起源于感觉、经验的唯物主义倾向。就是因为这个缘故，列宁评价说："当康德承认在我们之外有某种东西，某种自在之物同我们表象相应存在的时候，他是唯物主义者；当康德宣称这个自在之物是不可认识的、超验的、彼岸的时候，他是唯心主义者。在康德承认经验、感觉是我们知识的唯一泉源时，他是把自己的哲学引向感觉论，并且在一定的条件下通过感觉论而引向唯物主义。在康德承认空间、时间、因果性等等先天性时，他就把自己的哲学引向唯心主

---

① 康德：《导论》，第 50 页。

义。"①

不幸的是,康德自己常把自在之物(Dinge an Sich)和本体(Noumena)这两个术语混用,有时把自在之物说成是本体,有时把本体说成是自在之物,这就给读者们造成很大混乱,国内外有些康德哲学的论述者因此对列宁上述的评价就有不同的看法,认为自在之物既然和上帝一样,都是"思维的产物",那么就都没有实际的存在性,从而自在之物也是唯心的。

但是让我们看看康德在为《纯粹理性批判》辩解的《导论》里是怎么说的:"事实上,既然我们有理由把感官对象仅仅看作是现象,那么我们就也由之而承认了作为这些现象的基础的自在之物,……理智由于承认了现象,从而也就承认了自在之物的存在。""唯心主义在于主张除了能思的存在体之外没有别的东西,我们以为是在直观里所感知的其他东西都不过是在能思的存在体之内的表象,实际上在外界没有任何对象同它相应。而相反,我说:……我承认在我们之外有物体存在,也就是说有这样的一些物存在,这些物本身可能是什么样子我们固然完全不知道,但是由于它们的影响作用于我们的感性而得到的表象使我们知道它们,我们把这些东西称之为'物体',这个名称所指的虽然仅仅是我们所不知道的东西的现象,然而无论如何,它意味着实在对象的存在。能够把这个叫作唯心主义吗?恰恰与此相反。""提供了现象的物,它的存在性并不因此就像在真正唯心主义里消灭了,而仅仅是说,这个物是我们通过感官所决不能按照它本身那样来认识的。"②而上帝则不然。康德认为上帝从来没有而且永远不会提供什么现象。"现象永远以自在的东西为前提"③,而上帝不是作用于我们感官而引起的感觉的东西,它不仅在客观上没有实际存在的价值,即使在主观上也只是理性为了安慰自己而凭空设想出来的东西。用康德自己的话说:上帝"这个仅仅是出于假想的存在体虽然不是在经验系列里,然而却是为了经验,为理解经验的连结、经验的秩序和经验的统一性而设想出来的。从这里就很容易暴露出来辩证的假象。这种假象的产生,是由于我们把我们思维的主观情况,当成事物本身的客观情况了,把为了满足我们的理性之用的必要的假设,当成一个信条了"④。

---

① 列宁:《唯物主义和经验批判主义》,北京:人民出版社,1970年,第193页。
② 康德:《导论》,第86、50、51页。
③ 康德:《导论》,第144页。
④ 康德:《导论》,第135页。

一个是通过现象而知道它存在于我们之外的客观存在体，这种存在体是实有的；一个是毫无现象表现而只凭主观假想出来的存在体，这种存在体是人造的。因此二者虽然都可以称为本体，但是它们之间有原则的分别，不能等同。

三、康德是主观唯心主义者还是二元论者？

时至今日，有些康德哲学的论述者仍然秉承二百年前伽尔韦的观点，认为康德哲学是主观唯心主义。

什么是主观唯心主义？欧洲哲学史上典型的主观唯心主义者是英国18世纪的贝克莱。贝克莱认为整个客观世界都是主观意识的产物，只存在于自我感觉之中。他说："要说有不思想的事物，离开知觉而外，绝对存在着，那似乎是完全不可理解的。所谓它们的存在（esse）就是被感知（percipi），因而它们离开感知它们的心灵或能思想的东西，便不能有任何存在。"①那么物是什么？贝克莱认为物就是"观念的集合"。他说："某种颜色、滋味、气味、形象和硬度常在一块，则它（心灵）便会把这些性质当作一个独立的事物，而以苹果的名称来表示它。别的一些观念的集合又可构成一块石、一棵树、一本书和其他相似的可感觉的东西。"②这跟康德的自在之物有原则性的区别。康德把贝克莱的主观唯心主义叫作"把实在的事物（而不是现象）变为表象的……讨厌的唯心主义"，他说："我自己把我的这种学说命名为先验的唯心主义，但是不得因此把它……同贝克莱的神秘的、幻想的唯心主义（我们的批判含有真正的解毒剂来对付它以及类似的其他幻想）混为一谈。因为我的这种唯心主义并不涉及事物的存在（虽然按照通常的意义，唯心主义就在于怀疑事物的存在），因为在我的思想里我对它从来没有怀疑过，而是仅仅涉及事物的感性表象。"③

康德固然把空间、时间、因果性视为人的先天形式，认为人是自然界的立法者，因而把他自己的哲学命名为"形式的唯心主义"或"先验的唯心主义"，不过"先验的"这个康德哲学的专用术语并不意味着"先于经验"，

---

① 贝克莱：《人类知识原理》，关文运译，北京：商务印书馆，1973年，第21页。
② 贝克莱：《人类知识原理》，第20页。
③ 康德：《导论》，第56页。

而是指虽然不来自经验但也不悖于经验并且只对于经验有效说的。在康德看来，真正的知识必须由先天的形式（概念）加上后天的经验（直观）构成。"思想〔指理智概念〕无内容〔指由直观提供的感性材料〕则空，直观无概念则盲。"① 如果说主观唯心主义必然走向唯我论的话，那么康德的唯心主义绝对不会有这个前途。用我国宋代理学家朱熹的话说，它虽然是"闭门造车"，但是"出门合辙"。它之所以出门合辙，原因就在于"人同此心，心同此理"——人人都具有不多不少同样的十二个先天的认识形式（理智概念），用这些同样的先天形式对后天感性材料进行加工整理以后，知识就有了必然性和普遍有效性。所以康德的唯心主义不是主观的，而是客观的。

洛克是康德少有的赞佩的人物之一。实际上他们两人有很多相似之处。不过，在哲学史上，洛克一向是被当作唯物主义者看待的，虽然他在认为实体是不可认识的、上帝是存在的等问题上有向唯心主义妥协的一面；而康德则一向是被当作唯心主义者看待的，虽然他的自在之物是客观存在于外界的学说是唯物主义的。这样的评价连康德自己都认为不公允。② 总之，洛克和康德两人无论在唯物主义上或唯心主义上都是不彻底的。列宁曾说过："马赫主义者批判康德，是因为他是过火的唯物主义者，而我们批判康德，却是因为他不是彻底的唯物主义者。"③ 他又说："哲学上的一元论和二元论就在于，彻底或不彻底地贯彻唯物主义或唯心主义。"④ 意思是：凡是彻底地贯彻唯物主义或唯心主义的，都是一元论；凡是不彻底地贯彻唯物主义或唯心主义的，都是二元论。因此康德哲学既不能算是唯物主义，也不能算是唯心主义（当然更不能算是主观唯心主义），而是把唯物主义和唯心主义调和起来的折中主义——二元论，这话是不应该有错的。实际上正像列宁所说的那样："康德哲学的基本特征是调和唯物主义和唯心主义，使二者妥协，使各种相互对立的哲学派别结合在一个体系中。"⑤

---

① 康德：《纯粹理性批判》德文第 1 版，第 51 页。
② 参见康德：《导论》，第 51 页。
③ 列宁：《唯物主义和经验批判主义》，第 194 页。
④ 列宁：《唯物主义和经验批判主义》，第 290 页注。
⑤ 列宁：《唯物主义和经验批判主义》，第 193 页。

四、康德哲学里有没有辩证法?

康德哲学的可贵之处不仅在于它推翻了传统的教条主义形而上学体系,不仅在于它摧毁了有神论并且致命地打击了自然神论,也不仅在于它第一次地不是把道德建筑在宗教的基础上,而是反过来把宗教建筑在道德的基础上,使宗教为道德服务而实际上是把宗教化为道德,同时还在于在德国古典哲学中开辟了并且最后为黑格尔完成了的这一非常宝贵的辩证法园地。这个辩证法虽然被德国古典哲学家们错误地当成是人的主观思维谱给外界事物的方式,但实际上却是外界事物的存在、运动、关系、发展的规律在人的主观思维中的反映。马克思和恩格斯把这种头脚倒置的唯心主义辩证法一旦按照它应有的位置颠倒过来而加以发展,就成了马克思主义的一个重要组成部分——唯物主义辩证法。

恩格斯说过:"要从康德那里学习辩证法,这是一个白费力气和不值得做的工作。"[1]这话一点不错。因为,实际上,康德并不是没有看到辩证法,而是在思维中发现了辩证法。在思维中发现矛盾,这本来是他的一大功绩,但他不认识这个非常宝贵的东西,不认识它是自然界的客观规律在人的思维中的反映,反而把它看成是错误的"假象",因而没有能够把它自觉地运用于认识论中去,这是非常可惜的事。难怪列宁批评他说:"康德主义=形而上学。"[2]

早在"前批判时期",康德就把辩证法不知不觉地但是非常正确地运用到天体的形成和演变上了。他在1755年出版的《自然通史和天体论》[3]里就把宇宙间的一切事物都看成是在发生、发展、死亡的变化过程中的,同时也发现了事物内部存在着的矛盾是这种变化过程的原因。他说:"一切有限的东西,一切有开始和起源的东西,它们自身里面就包含着它们是有限的这个本质上的特点;它们一定要消灭,一定有一个终结。""我在把宇宙追溯到最简单的混沌状态以后,没有别的力,而只是用了引力和斥力这两种力来说明大自然的有秩序的发展。""表现在排斥和吸引相互斗争中所引

---

[1] 《马克思恩格斯全集》第20卷,第386页。
[2] 《列宁全集》第38卷,北京:人民出版社,1959年,第110页。
[3] 上海人民出版社用《宇宙发展史概论》这个书名出版于1972年。

起的那种运动，这种运动好像是自然界的永恒生命。"[①]吸引和排斥这两种力既相互对立，又相辅相成，正是唯物辩证法中十分重要的"对立的统一"原则，而"康德早已把物质看作吸引和排斥的统一体了"[②]。

康德的理智概念（范畴）的数目不多不少十二个，这虽然是武断的，但他把这十二个分为四组，每组都是按三一式排列的，即第一个和第二个恰好是正反对立，第三个是前二者的综合，这正是辩证法中的正、反、合，后来由黑格尔发展为"否定之否定"原则的思想。

康德的理性概念中的四组相互对立观点（二律背反），如世界有始和无始、有限和无限、自由和必然等，从正反两面都可以得到充分证明，这是怎么一回事呢？康德不能明白。这正说明康德已经看出人的思维本身存在着矛盾，但他仍然用形式逻辑的方法看问题，认为有矛盾就是不合理，从而把这些矛盾说成是理性必然产生的假象，名之曰"先验的辩证法"。其实事物本身本来就是矛盾的，康德所看到的那些矛盾正是矛盾、运动着的客观事物在人的思维中的反映。正是在这个意义上，列宁说："康德有四种'二律背反'。事实上每个概念、每个范畴也都是二律背反的。"[③]

正是康德这样的一些辩证法思想的萌芽，后来经过黑格尔之手发展成为一套系统化了的、完整的唯心主义辩证法。

评价一个人，不能离开这个人所处的社会时代背景。应该看到，在康德的时代，德国无论在经济上或政治上都很落后，在哲学上，莱布尼茨-沃尔夫的教条主义形而上学正牢固地占据着统治地位。在这样的社会历史条件下，康德居然举起了哲学革命的大旗，造教条主义形而上学的反，敢于公开提出上帝是无法证明的、其存在是虚设的等口号，这实在是难能可贵。这是康德哲学的主流。17 世纪的法国唯物主义哲学家伽森狄神父，虽然在他的著作中我们在字里行间看不出一点点上帝存在和灵魂不死的气味，但他口头上仍不得不反复称道"事实上，我公开承认我相信有一个上帝，相信我们的灵魂是不死的"[④]。荷兰唯物主义哲学家斯宾诺莎也以"上帝"的名称作为他的《伦理学》一书的主旨，但谁都知道他的"上帝"不过是"大自然"的别名。就连后来的德国唯物主义哲学家费尔巴哈虽然是

[①]《宇宙发展史概论》，第 66、150、24 页。
[②]《马克思恩格斯全集》第 20 卷，第 410 页。
[③]《列宁全集》第 38 卷，第 119 页。
[④] 伽森狄：《对笛卡尔〈沉思〉的诘难》，庞景仁译，北京：商务印书馆，1963 年，第 4 页。

匿名发表了他的《关于死与不死的思想》一书，也仍然以违背了基督教义为名而被驱逐出大学讲坛。康德本人不是也在宗教问题上受到德国政府的严重警告吗？因此，即使关于这个问题不得不终于有某种程度的妥协，也不能因此就说他写《纯粹理性批判》是为了巩固宗教信仰。脱离社会时代背景对一个历史人物做过分的要求是不合适的。康德对他所处的社会环境不能不有所顾忌，不能像法国罗伯斯比尔把国王路易十六送上断头台那样痛快淋漓，是完全可以谅解的。马克思对康德哲学总的评价是"法国革命的德国理论"[①]，这话无论如何是非常正确的。

[本文原载于《外国哲学（第 2 辑）》1982 年]

[①]《马克思恩格斯全集》第 1 卷，第 100 页。

现实·真实·虚拟

张世英

一、亚里士多德:"诗的真实与历史的真实"

1. 普通常识的看法认为,感性直观中的东西是最现实的,因而也是最真实的(真的)①。例如个别的桌子或椅子、个别的方形的东西或圆形的东西都是最现实的,因而也是最真实的。按照这种看法,凡符合感性直观中的东西的判断就叫作真理,或者说这样的判断是真的。例如我说我背后墙上的画挂歪了,此话是否真?只需转过身去,凭感性直观看看现实情况是否符合我的判断,就可以证实我的判断是真还是不真。

在普通常识看来,凡非感性直观中的东西,看不见、摸不着,都是非现实的,因而也就是不真实的(不真的)。例如方的概念、圆的概念,都不是现实中的东西,因而也是不真实的。不真实的也就是虚拟的。②普通常识把虚拟与不真实看作是同义语。

2. 稍有哲学头脑的人或学过一点哲学的人,显然已经不采取这种极端素朴的普通常识的看法了。他们一般认为感性直观中个别的东西虽然最现实,但并非最真实;概念中普遍的东西虽然不现实,但更真实。古希腊哲学家、新柏拉图主义者波菲利(Porphyry,234—305?)曾从本体论的角度把古希腊哲学讨论的主要问题即普遍与个别的关系问题概括为三个问题,其中的第一个问题是"种和属是真实存在的,或者仅仅是空洞的观念?"

---

① 这里的"真实的"一词是指真理或真的意思,相当于英文的"true"或"truth"的含义;"现实的"一词是指实际的意思,约相当于英文的"actual""realistic""practical"或"real"的含义。但"real"有时亦有真实之意,即与"true"同义。

② "虚拟的"一词约相当于英文的"invented"的含义。

（Whether genera and species really exist or are bare notions only？）①这个问题实际上就是追问普遍概念是否有真实性。波菲利是在给亚里士多德的《范畴篇》所写的"小引"（Isagoge）中提出问题的。其实，亚里士多德在扩展和发展柏拉图关于艺术理论上的模仿说时已经明确地回答了这个问题。亚里士多德在《诗学》第九章"诗的真实与历史的真实"（poetic truth and historical truth）中说："诗人的职责不在于描述现实中已发生的事（what has actually happened，实际上已发生的事），而在于描述可能发生的事（the kinds of thing that might happen），亦即在某种情况下有可能发生或必然发生的事。……差别在于历史家告诉我们已发生的事，诗人告诉我们可能发生的事。因此，诗比历史是更富于哲学意味的和更严肃的；因为诗所关心的是普遍真理，历史所讨论的是个别的事实。所谓普遍真理就是指某一类型的人在某种情况下可能或必然会说的话或会做的事。"②所谓"在某种情况下"也就是指在某种前提下或某种条件下。但是按照亚里士多德的说法，这"某种情况"（即某种前提或某种条件）既可以是事实上、现实中可能发生的事，也可以是事实上、现实中根本不可能发生的事，两者都是虚拟的。亚里士多德认为，诗所要揭示的是内在必然性、规律性、普遍性，而不管前提条件在现实中、在事实上是否可能。因此，"从诗的效果看，描写现实中、事实上不可能发生却合理可信之事，比描写现实中、事实上可能发生却不合理不可信之事更为可取"。例如希腊名画家宙克西斯（Zeuxis）所画的人物是现实中、事实上不可能的，但我们仍有理由说，"画应比现实更好，因为理想的（理应如此的）形态应当超群地好"③。总之，诗所描写的是理应如此的理想、概念，也就是典型，历史所描写的是现实的东西、个别的东西。在亚里士多德看来，诗所描写的虽非现实，但诗的真实比历史的真实更高一层。例如艺术中美女的典型之美就比现实中某个美女之美更美、更真实。Zeuxis曾把希腊一个城邦里所有的美女的美点集合在一起，画成一个美女的典型。这个画中的典型比现实中任何一个美女都要美，画中典型美女之美比现实中美女之美具有更高一层的真实性。

3. 亚里士多德关于诗的真实与历史的真实之高低层次的区分，为人的创造性活动留下了空间，为人的创造物的真实性提供了理论根据。普通常

---

① R. I. Aaron, The Theory of Universals, Oxford, 1952, p.1.
② Aristotle, On the Art of Poetry, trans. by T. S. Dorsch, Penguin Books, 1965, pp.43-44.
③ Aristotle, On the Art of Poetry, p.73.

识所认为唯一真实的现实物（感性直观中个别的东西），现在被看得不那么真实了；普通常识所认为不现实从而也不真实的普遍性概念、理想、典型现在被看作是更真实的了。普遍性概念、理想、典型，都是人的创造物。肯定了这些创造物的真实性，也就是肯定了人的创造性的独特地位。

人类的创造活动由于远远超越了现实而具有虚拟性，虚拟是肯定现实中不存在或不可能存在的东西的意义和真实性。亚里士多德对诗的真实性的肯定和赞赏，其实也就是对虚拟的肯定和赞赏。上面所说的典型固然是一种虚拟，而神话则更是一种虚拟。亚里士多德在谈诗的真实时，不仅为艺术家创造典型的虚拟活动留下了空间，而且肯定了神话的虚拟性的地位。他对于机械地"摹写事物过去或现在之所是的样子"的诗人，例如欧里庇得斯（Euripides），经常采取谴责的态度，这是因为这类诗人囿于现实，没有虚拟和个人创造。他赞赏诗人"按照事物应该是的样子去描述"，这是因为"应该是的样子"，例如典型，是对现实中所不存在的东西的一种虚拟，这样的描述是人的创造活动。此外，他还赞赏诗人"按照事物为大家所传说或似乎是的样子来描述"[①]，这里所说的就指的是神话。他赞赏神话，更明显地是对人的虚拟性、创造性的地位和真实性的肯定。

不过，亚里士多德在肯定对现实中、事实上不可能之事的虚拟、创造的地位和真实性时，却强调诗人所描述的这种不可能之事仍应是合理的，即合乎逻辑必然性的。他把不合理的东西（the irrational）和不道德的东西、相互矛盾的东西都同样看作是应该受到谴责的。[②]这说明，在亚里士多德心目中，人的虚拟、创造，还只限于事实上不可能然而在逻辑上必须是可能的范围内。作为"应该是"的典型固然在逻辑上是可能的（尽管在现实中、事实上不可能存在），即使是神话，亚里士多德也只赞赏对逻辑上合理之事的描写。显然，他在区分诗的真实和历史的真实时还没有达到对逻辑上不可能的东西的虚拟性、创造性的真实性也加以肯定的地步。而后者正是现当代哲学家如德里达所强调的。关于这种意义下的真实性，留待下面专门论述。

[①] Aristotle, On the Art of Poetry, p.69.
[②] Aristotle, On the Art of Poetry, pp.73-74.

二、虚拟的重要意义

前面已经提到，虚拟就是超越现实，就是肯定现实中不存在或不可能存在的东西的意义和真实性。虚拟是人类创造力的源泉。所谓"超越现实"，就是从现实出发而又多于现实。也就是说，人凭借虚拟所创造出来的东西是现实中所没有的，这些东西决非简单归结为现实就可以了结。孙悟空大闹天宫固然反映了对现实中旧秩序的反抗，但如果仅仅把孙悟空大闹天宫归结为、还原为这一现实，那么，孙悟空大闹天宫或者说整个《西游记》小说的文艺性和文学意味何在呢？其创造性和独特性何在呢？那种单纯用科学分析、用逻辑和历史分析探究神话之现实性的做法，实无异于否认神话的独立性和人的创造性，否认虚拟的意义和真实性。

前面提到的文艺理论上所讲的典型说中的典型在现实中也是不存在的，例如在现实中就不可能找到一个集一切美女之美点于一身的美女。我们平常说"艺术家创造典型"，这就是说典型是人所创造的。典型在现实中不存在，这是由虚拟的特性所决定的。"invent"一词就兼有虚拟与创造两种含义。当然，艺术家的虚拟又非脱离现实、胡编乱造。艺术家的虚拟总是与现实有联系的，正因为如此，典型在鉴赏者心目中又似乎无处不在。但"似乎无处不在"的"似乎"正说明典型毕竟是现实中所找不到的，典型的虚拟性说明典型多于现实。康德以前的艺术理论一般是以善和真的现实标准来衡量美，这实际上抹杀了或者至少是忽视了艺术的独立自主性，康德在《判断力批判》中才在西方美学史上第一次为审美意识之超越现实的特性，为人的艺术创造性，从而也为艺术的独立自主性作了明确的论证。在这方面，康德可以说突破了传统真理观的窠臼。

虚拟不仅表现在逻辑概念的思维活动中，而且还特别表现在无逻辑性的想象和幻想中。文学艺术中不乏这种现象，宗教神话中尤其充满了这种现象。宗教、神话不是理性、逻辑所可以说明的，然而，人却具有这种非理性、非逻辑的本性。"方形的圆"在逻辑上是矛盾的，在现实中是不可能存在的，但正如德里达所指出的，它是有意义的，我以为它的意义就在于表达了人性的某种真实的方面，宗教、神话所表达的正是人性的这类真实面。反之，如"绿色是或者"（这也是德里达的例子）这样的表述，则既谈不上矛盾，也谈不上存在不存在，从而就是无意义的，宗教、神话与这类表述毫无共同之处。这类表述完全不是我所说的虚拟的意思。我在《无限：有限者的追寻》和《审美意识：超越有限》等文章中所强调的无限，也是远远超越了逻辑、理性的界限，超越了逻辑可能性的范围的，人的无限性的本性不仅可以虚拟只有逻辑可能性而在现实中不可能存在的东西（如亚里士多德所认为的那样），而且可以虚拟在逻辑上就不可能存在的东西（如德里达所认为的那样）。人的有创造性的生活决不只是理性的生活，而常常是幻想的生活。动物只囿于感性直观的现实，根本没有可能性的观念，也没有不可能性的观念，所以动物是没有虚拟的。人的创造性的特点与虚拟性是不可分的。

不仅文艺需要虚拟性，科学的创造也需要虚拟性。自然科学的规律往往是在现实里根本不存在的条件下，亦即在科学家虚拟的条件下发现的。平常说的科学假设就是一种虚拟。科学上的虚拟之不同于艺术上的虚拟之处在于前者的目的是预测未来，因而期待证实，即期待未来的现实回答，而后者则不期待证实，不期待未来的现实回答，它对此漠不关心。无理数和虚数就可以说是一种不可思议的东西，一种虚拟的东西，如果硬要在现实中找到一个与之对应的东西才算是得到满意的解释，那简直是不可能的。胡塞尔甚至认为纯粹幻想可以达到现实中被给予的东西所达不到的可能性，它有能力洞见到事物的永恒真理，胡塞尔的"本质直观"的根基就在于幻想而不在于感性直观；他还明确断言，几何学家乃是在幻想中而不是在现实的直观中操作。可以说，科学上的伟大理论常常是具有非凡的虚拟能力的伟大科学家才能提出来的。

人类社会历史的进步和发展，包括道德意识的提高和进展，也是与人的虚拟分不开的。人类正是靠着不断构想、设想、向往当前现实中尚不存在的未来社会的图景而推动历史前进的，没有这样的构想、设想、向往，简言之，没有对社会历史前景的虚拟，就没有社会历史的进步和发展。虚拟在社会历史和伦理道德领域是一个"尚未"（not yet）或"应该是"（ought to be）的概念，它和现成的（现实的）、"被给予的"（given）概念是相对的，社会历史、伦理道德决不停留在"被给予的"现实中，而是永远处于"尚未"和"应该是"之中。一个伟大的政治家，必然也是一个最有虚拟精神的人，他总是把当前现实中看来不可能的事当作可能的事而全力以赴。虚拟是更新人类生活世界的动力。

综上所说，可见虚拟可以是期待未来现实回答的虚拟（科学的虚拟），也可以是不需要现实回答的虚拟（艺术的虚拟、诗的虚拟），还可以是对"尚未"和"应该是"的前景的虚拟（社会历史、伦理道德的虚拟）。而艺术的虚拟则既可以是对事实上、现实中不可能存在但在逻辑上还有可能性的东西的虚拟，也可以是对逻辑上就不可能的东西的虚拟。不管哪一种的虚拟，都是人类文化所必需的。科学、历史、艺术等等都会由于虚拟而显示出自身的深度和真实性：科学由于虚拟（假设）和证实而深入地揭示了宇宙的内在必然性和规律性，从而给人类带来优裕的生活世界；历史由于对未来前景的不断虚拟（理想、向往）和不断实现所获得的社会进步而使人成为愈益自由的人——真实的人；艺术由于虚拟而使人进入令人惊异的、崭新的精神境界。总之，科学的真实、历史的真实、艺术的真实皆因虚拟而获得。没有虚拟，就没有科学、历史、艺术的真实，也就是没有文化。

三、真实（真理）的层次

最素朴、最简单的常识总是把真实、真理理解为对现实的东西的反映，反映越忠实就越是真实，越是真理。只要抓住了感性直观中个别的东西，就是抓住了真理。其实，这是一种最低层次的真实或真理。

我把真实、真理按由低到高的顺序分为四个层次。

第一个层次就是上述最素朴、最简单的常识所持的真实观。

第二个层次是科学的真实（scientific truth），或者用新康德主义者卡西尔（Ernst Cassirer，1874—1945）的术语来说，叫作"物理的真实"。科学的任务正如卡西尔所认为的那样，是把现实的事实安排在时间、空间和因果规定性中。在科学的眼光看来，能找出时间、空间中现实事物的因果关系或规律性，就算是认识到了事物的真实性。所以科学的事实或真实性是可以重复的。

科学是在"主体-客体"关系的模式下进行思维的。为了发现自然规律，作为主体的科学家总是把作为自然的客体置于外在的、对立的地位，并力图排除一切人（主体）的因素的干扰而让自然客体的规律性如实地反映出来。所以，把科学的真实观（科学的真理观）叫作反映论是恰当的。反映一词表达了主体与客体之间的相互外在性。当然，科学的真理不是像素朴的常识所持的看法那样把反映看成是对感性直观中个别事物的简单摹写，它所反映的是事物的本质性、规律性。也就因为这个缘故，通常把科学真理称为能动的反映，把这种真理观称为能动的反映论。我以为，对于科学的真实或真理而言，这样的表述也是恰当的。

但是科学总是用简单的、缩写的公式或概念来表述现实、反映现实，似乎现实的一切可以为科学的抽象所穷尽。实际上，人所生活于其中的世界是日新月异、奇妙无比、无限丰富的，决非固定的概念、单一的公式所能缩写净尽的。单纯的科学抽象只能使世界枯燥乏味、黯然失色。所以，科学的真实不能算作是最高层次的真实，所谓能动的反映论并非真理观之全部和顶峰。

天地万物离开人亦有其独立存在，这是毫无疑问的。但是离开人则天地万物没有意义。人心是天地万物"发窍之最精处"（王阳明语），人是"自然之光"（海德格尔语），所谓"为天地立心"（张载语）亦应作如是解。真实、真理终究与人的存在相关联，与人的揭示相关联。[①]所以，就最高的或终极的意义而言，不能脱离人而言真实或真理，脱离人而言真实、真理，那种真实至少不是最真实的。总之，我们最终应在人所生活于其中、实践于其中的世界中去找真实或真理。我以为这样的真实或真理首先是历史的真实（historical truth），我把它列为第三个层次的真实。

我这里所说的历史的真实不是亚里士多德所讲的历史的真实。如前所述，亚里士多德认为"历史家告诉我们已发生的事""个别的事"。可见，"亚里士多德对于历史的认识还局限于编年纪事，所以见不到历史也应该揭示事物发展的规律"[②]。我这里所讲的历史的真实既不是指编年纪事，也不只是历史事实发展的规律。揭示史实发展的规律对于历史学家来说是必要的，但这种真实仍属科学的真实的层次。历史的特点在于它是人的世界而不只是自然界。人有自然的方面，他必须服从自然的规律，但人多于自然，高于自然。所以历史的真实应在人与世界融合为一的整体中去寻找，而不能像科学的真实那样力图排除人的因素。

研究历史当然要从现实开始，当然也要像科学家一样寻找历史事实的因果关系，当然也要服从普遍的逻辑法则和因果法则。但历史学的任务决

---

① 参阅张世英：《哲学导论》，北京：北京大学出版社，2002年，第73页。
② 朱光潜：《西方美学史》（上册），北京：人民文学出版社，1985年，第73页。

不止于此，历史学家总是要对过去的史实作出新的解读和解释，从而使历史上已经死去的事实获得新生。所以历史学家所面对的事实不像自然科学家所面对的事实那样可以把它当作独立于人的存在，历史的事实总是意味着人的创造（解读和理解、解释和再解释）参与其中。历史学是关于人特别是关于人的内在生活的学问，而不是关于外在事物的知识的学问。①所以历史的真实是随着不同时代不同人的解读、解释、再解释而不断变化着的。而且时间距离越久远，越会增加对历史事实的理解的深度。也就是说，历史的真实和意义会因时间的延续而不断提升和丰富。关于这个问题，我在拙著《哲学导论》第 26 章"历史的连续性与非连续性"中已作了详细的阐述。总之，历史的真实包含了科学的真实，但又超越了科学的真实。

第四个层次是艺术的真实或称诗的真实。这是最高层次的真实。

四、艺术的真实

1. 我所说的艺术的真实首先不是指简单模仿，简单模仿的真理观基础是以感性直观中的现实物为唯一真实的东西，属于前面所说的最低层次的真理观。

2. 这里所说的艺术的真实也不只是指亚里士多德所说的诗的真实的内涵，那是一种典型说的审美观，它以旧形而上学的概念哲学为理论基础，认为抽象的概念是最真实的，是唯一的真理，艺术家所创造的典型体现了概念（理念），因而具有艺术的真实性。典型说的艺术真实观在西方美学史上长期占据了主导地位，就像它的哲学基础旧形而上学的概念哲学一样。但是，这种艺术的真实并非真实（真理）的顶点。第一，典型所概括的内容只限于某一类型人物或事物的范围，它所提供给人们玩味的空间也只限于这个范围之内，因而是有局限性的。（尽管典型不完全等同于类型或定型，尽管 8 世纪以后典型说也重视特殊，但最终还是强调要显出某种类型的普遍性概念。）林黛玉的典型可以让你想象到无数个类似林黛玉那样多愁善感……之类的性格的人物，但这个典型所给你提供的想象空间毕竟只限于

---

① 参阅 E. 卡西尔（E. Cassirer）《人论》（An Essay on Man）第 10 章"历史"。关于对历史事实需要做出新的解释问题，我在其他论著中已多次论述过，兹不赘述，请参阅拙著《哲学导论》，北京：北京大学出版社，2002 年，第 24 章"古与今"，第 25 章"传统与现在"。

多愁善感……之类的典型性格的范围之内,你不会通过典型去着重想象和玩味典型背后所隐蔽的、与典型相关联的无穷无尽的事物或画面,但这样的想象和玩味却显然比典型所达到的真实性要更有深度和广度。尽管通过多愁善感的典型可以想象到与之相反的豁达开朗之类的性格,通过伪君子的典型可以想象到真诚之类的性格,但这种想象的范围还是以一定的典型为核心,想象在这里并没有突破某种概念的界限而飞驰到无限的空间。我这里完全无意否认艺术典型的真实性,就像我完全无意否认概念的真实性,无意否认通过思维把握事物的本质一样。我所强调的是:哲学并非以把握本质、概念、理念为最高的、唯一的任务,就像柏拉图所主张的那样。哲学应该进而追问任何一个事物或任何一类事物背后所隐蔽的、与之相联系的无穷无尽的动态的整体。任何一个事物都不是独立于其他事物之外的实体,同样,某一类事物的概念也不是独立于其他类事物和概念之外的实体。哲学应当超越和突破概念的框框(概念总是某种界定、某种限制),到它之外的无尽广阔的天地中去驰骋飞翔。同理,艺术也应超越和突破典型(包括典型环境)的框框,开拓想象的空间,从而扩展艺术的真实性。

第二,典型所概括的内容都是某类人物或事物之现实的特性,是把感性直观中变化不定的在场的东西集中、总结、提升为定型的东西,这定型的东西仍然是在场的东西,只不过它是恒定的在场(constant presence)罢了。典型说着重在场,而不着重飞离在场、遨游于宽广无限的不在场的天地。所以典型说与现实主义的联系更为密切。我以为文艺上浪漫主义的艺术真实性要比现实主义的艺术真实性更深且广。浪漫主义更多地强调和重视不在场的东西,进一步拓宽了人的虚拟性的意义。(尽管浪漫主义也有典型说,这个问题本文不拟细谈。)典型说比起模仿说来当然强调和重视了人的虚拟性,因为典型毕竟是感性直观的现实中所不存在的,但典型说就典型之为定型的东西或体现永恒概念而言,就其强调恒定的在场而不重视不在场而言,其对虚拟性的强调和重视是远远不够的。典型说所讲的艺术真实性显然还不是艺术真实性的高峰。

第三,典型说所讲的典型乃是逻辑上的理性概念的体现,逻辑上不可能的东西都在被排斥之列。亚里士多德关于诗的真实的解说在这方面是一个最明显的例证。但是如前所述,人性显然还有非理性、非逻辑的方面。现当代文艺理论家特别是德里达就非常强调逻辑上不可能的东西的意义和真实性。他不仅举"一座金山"的例子说明感性直观中或事实上不可能存在的东西的意义和真实性，而且举"方形的圆"为例，以说明不仅事实上而且逻辑上也不可能存在的东西的意义和真实性。在他看来，有的东西虽然在逻辑上是矛盾的、是逻辑上不可能的，但它也表达了人的心灵深处，从而是有意义的，是有其真实性的。这样，人的虚拟性就不仅是指对事实上不可能的东西的虚拟，而且可以是对逻辑上不可能的东西的虚拟。虚拟性范围的扩展意味着艺术真实性的深化。

中国古典诗在扩展虚拟性和深化艺术真实性方面是独具特色的。

李白《秋浦歌》之十五："白发三千丈，缘愁似个长。"三千丈的白发和一座金山一样是虚拟的，无事实上存在之可能，但它具有真实性，这真实性不仅在于它更生动具体地显示了诗人的愁绪（这只是其真实性的次要方面），而且更重要地在于它在鉴赏者面前展示了一个饱经人世风霜、沉着深思、白发苍苍的老者的胸怀和风采。用海德格尔的话来说，它所展示的是一个"世界"，这"世界"不是感性直观中现实的简单还原（或者说现实反映），但它具有更高层次的艺术真实性。

再举一个不仅事实上而且逻辑上也不可能的虚拟为例，这更能说明扩展虚拟性与深化艺术真实性的关系。①叶燮的《原诗》曾举杜诗"碧瓦初寒外""晨钟云外湿"等诗句为例，生动鲜明地说明了不符合逻辑概念的语言亦即逻辑上不可能的虚拟亦可以有意义和真实性。"'碧瓦初寒外'句，逐字论之，言乎外，与内为界也。初寒何物，可以内外界乎？将碧瓦之外，无初寒乎？寒者，天地之气也，是气也，尽宇宙之内，无处不充塞，而碧瓦独居其外，寒气独盘踞于碧瓦之内乎？寒而曰初，将严寒或不如是乎？初寒无形无象，碧瓦有物有质，合虚实而分内外，吾不知其写碧瓦乎？写初寒乎？写近乎？写远乎？使必以理而实诸事以解之，虽稷下谈天之辨，恐至此亦穷矣。然设身而处当时之境会，觉此五字之情景，恍如天造地设，呈于象，感于目，会于心。意中之言，而口不能言；口能言之，而意又不可解。划然示我以默会想象之表，竟若有内有外，有寒有初寒，特借碧瓦一实相发之。有中间，有边际，虚实相成，有无互立，取之当前而自得，其理昭然，其事的然也。……凡诗可入画者，为诗家能事，……若初寒内外之景色，即董、巨复生，恐亦束手搁笔矣。天下惟理事之入神境者，固

---

① 以下关于杜甫诗的例子和分析，我在《两种哲学，两种语言观》一文（见《张世英学术文化随笔》，北京：中国青年出版社，2002年，第194-197页）中已论述过，我以为这里有必要重新抄录一下。

非庸凡人可摹拟而得也。"叶燮这段话的意思无非是说,"碧瓦初寒外"一句若按逻辑的道理("名言之理")分析,则于理不通,不可解("使必以理而实诸事以解之,虽稷下谈天之辨,恐至此亦穷矣"),然而这一不符合逻辑之理或者说不符合逻辑概念的语言,却诗意盎然,使人"觉此五字之情景,恍如天造地设,呈于象,感于目,会于心"。再举一段关于"晨钟云外湿"一句的分析:"以晨钟为物而湿乎?云外之物,何啻以万万计,且钟必于寺观,即寺观中,钟之外,物亦无算,何独湿钟乎?然为此语者,因闻钟声有触而云然也,声无形,安能湿?钟声入耳而有闻,闻在耳,止能辨其声,安能辨其湿?曰云外,是又以目始见云,不见钟,故云云外,然此诗为雨湿而作,有云然后有雨,钟为雨湿,则钟在云内,不应云外也。斯语也,吾不知其为耳闻邪?为目见邪?为意揣邪?俗儒于此,必曰'晨钟云外度',又必曰'晨钟云外发',决无下湿字者,不知其为隔云见钟,声中闻湿,妙悟天开,从至理实事中领悟,乃得此境界也。"钟声与湿相联,声中闻湿,颇与德里达所谓"方形的圆"相似,不符合逻辑概念,无直观在场,然而"妙悟天开,从至理实事中领悟,乃得此境界"。叶燮由此得出结论说:诗的语言虽亦言理,但此理非"可言可执之理",而乃"不可言之理"。"可言可执之理",乃"名言之理",逻辑概念之理。此种理,无诗意的人,"人人能言之"。诗人之言则为"不可言之理"或称"不可名言之理",斯为"至理"。正是这种"至理"才能达于诗意的境界。

总之,诗的语言既可以不需要具体的某个感性对象之在场,例如"白发三千丈",或"一座金山",也可以不需要符合普遍性概念的东西之在场,例如"声中闻湿"。叶燮对于这两个方面的不在场作了简明的概括:他把无具体感性对象之在场的事物叫作"不可述之事"或"不可施见之事",把没有普遍性概念之永恒在场的理叫作"名言所绝之理"或"不可名言之理"。"不可施见"或"不可述"就是无具体感性直观对象之意,例如三千丈的白发就是"不可施见"的;"不可名言"或"名言所绝"就是不可用通常的逻辑概念衡量之意,例如入耳而有闻的声与只与触觉有关的湿相联,就是"不可名言"的。诗意语言的"事"或"理",若按毫无诗意的"俗儒之眼"观之,则"于理何通"(逻辑概念上讲不通),"于事何有"(没有感性直观中的对象)?真所谓"言语道断,思维路绝"了。然而诗意语言之事理乃是"幽渺以为理,想象以为事",例如三千丈的白发就是想象以为事,声中闻湿就是幽渺以为理,此种事理能"引人于冥漠恍惚之境",此"境"不能简单还原为现实，它是虚拟的，但它有最高的艺术真实性。

这是否意味着诗的语言是可以完全脱离世界、凭空乱想乱说的呢？不然。非诗的语言要求有"可征之事"（即要求有具体的感性直观对象），有"可言之理"（即要求有符合逻辑概念之理），这都是拘泥于"在场"的观点（前者是变动不居的在场，后者是永恒的在场），但诗的语言是集合在场与不在场、显现与隐蔽的无穷尽的东西于一点而产生的意义，所以它虽然一方面不要求单纯在场的东西，但另一方面，它又不是脱离世界的，世界是由在场与不在场、显现与隐蔽的无穷尽的东西构成的。"声中闻湿"以单纯在场的概念衡之，声的概念不容许有湿的概念，湿的概念不容许有声的概念，声与湿各自执着自己的单纯在场的特性，所以按照这种"在场形而上学"的观点，"声中闻湿"这样的语言是无意义的。但从在场与不在场、显现与隐蔽相结合的观点来看，"声中闻湿"则能达于"妙悟天开"之境界，此种境界就是一种对无底深渊的聆听。叶燮《原诗》中所谓"能实而不能虚，为执而不为化"之"理"，实即"在场形而上学"之理，"实"者，在场也，"虚"者，不在场也，"为执而不为化"者，执着于界定的东西而不容许有变异性之意也。与此相反的"理"，叶燮则赞扬它"至虚而实，至渺而近"。实与虚相结合，近与渺相结合，正可以说是在场与不在场、显现与隐蔽的结合。"妙悟天开"的境界就在这两者的交会处。德里达说："语言可称为在场与不在场这个游戏的中项。"我想，这里所说的语言，就其本质而言，应是诗的语言。叶燮《原诗》中的话："诗之至处，妙在含蓄无垠，思致微渺，其寄托在可言不可言之间，其指归在可解不可解之会。"这里的"之间""之会"亦未尝不可以解读为在场与不在场的"交会处"，或德里达所说的"中项"。至于完全脱离世界、凭空乱想乱说的语言，如德里达所举的例子"绿色是或者"，则丝毫没有集合在场的东西与不在场的东西之意，是真正无意义的语言，也毫无艺术真实性。

从以上三点可以看到，比典型的真实更高的艺术真实乃是一种从在场显现不在场的艺术作品，这种作品超越了既定的概念、典型的范围和逻辑可能性的领域，而让我们的想象驰骋于无穷无尽的广阔天地和境界。这也就是我在其他许多论著中谈到的显隐说。从典型说到显隐说，艺术的真实达到了一个更高的层次。

3. 在场与不在场结合为一的最高峰是我在其他许多论著中提到的"万物一体"，这个"一体"不仅指物与物的结合为一，也指人与物的结合为一，亦即我借用中国哲学术语所说的"天人合一"("天"指天地万物)。这个"一体"不是抽象的、最圆满的概念,或者叫作"恒在的整体",而是一个无穷无尽的"动态的整体"。① 我以为艺术真实的最高峰也就是达到"万物一体"的崇高境界。② 我在这里所强调的是,这作为"动态的整体"的"万物一体"也是虚拟的,而不是现实中"被给予的(given)",但它又是最真实的。我在许多地方都强调,人生的最高意义就是对这种作为"动态整体"的无限性的追求。如果能把"万物一体"作为宗教上的上帝来理解,我倒是愿意信仰这样的上帝。在此种意义下,仅仅是在此种意义下,我倒也愿意说宗教上的真实是最高意义下的真实,它是艺术真实的最高峰。

4. 艺术的真实之所以高于历史的真实,在于前者的虚拟空间和创造空间大于后者的虚拟空间和创造空间。

历史的真实在于历史事件的意义离不开后人的理解、解释、再解释,或者说,历史事件的意义随着后人的理解、解释、再解释而日益丰富、日益深化,这是历史的虚拟性之所在,也是历史的真实之不同于和高于科学的真实之处。就此而言,它有艺术真实的成分。但对历史事件的理解、解释、再解释仍有待于历史事实的回答,历史学需要对事实的严格调查和观察,这就使得历史的真实又具有科学的真实的成分。卡西尔认为历史学家既是科学家,又是诗人(见《人论》第十章"历史"),我以为应作此解。

与历史的真实不同,艺术的真实是不需要现实的回答和证实的。孙悟空一个筋斗十万八千里,其本身就具有艺术真实性,却无须现实来证实是否确有此事。白发三千丈,一座金山,亦属此例。至于"碧瓦初寒外""晨钟云外湿"之类不合逻辑的"事理"给我们带来的"冥漠恍惚之境",更是无须现实来证实的,但此种境界决非无诗意的凡夫俗子所能达到的。"此中有真意",此"真意"正是最高的艺术真实性,却又远远超越了现实。

5. 艺术的真实,无论典型说所虚拟的典型或显隐说所虚拟的无穷尽的不在场,都需要通过某种中介,创造出某种作品,才能体现于外,为人所鉴赏:画、音乐、诗都不是单靠思想而完成的。画是靠笔画出来的,画家需要通过线条、颜色之类的中介才能画出某种画图;音乐是靠声音谱出来的,音乐家需要通过声音、声调之类的中介才能谱出乐曲;诗是靠语言写

---

① 参阅张世英:《哲学导论》,北京:北京大学出版社,2002年,第64页。
② 参阅张世英:《哲学导论》,第189-190页。

成的，诗人需要通过语言、音韵之类的中介才能写出某种诗作，如此等等。我在这里所要着重说明的是，这些线条、声音、语言、布局之类的中介也都有虚拟性，而不是对外物或者说物理性事物的简单模仿。我这里所说的中介，实际上就是康德、卡西尔所说的形式。形式不是普通的感觉对象或事物的直接属性，而是人和物交融合一的产物，其中既包括现实性，又有艺术家的虚拟性。某物的物理实在是同一的，不同画家通过他们不同的笔触、不同的着色和布局等所画出的画却大不相同、各有千秋，但这些不同的画面又不是画家纯粹捏造、与现实完全没有关系的。（卡西尔在《人论》第九章"艺术"中对此作了详细的论述。）画家正是通过自己所创造、虚拟的这些形式的中介，展示出一个独特的、崭新的、可供人玩味无穷的"世界"。梵·高的农鞋画之所以创造出一个令人想象无限的"世界"，不仅是因为他胸中虚拟了这样一个"世界"，而且是通过他巧妙地运用了线条的轻重缓急、着笔的浓淡深浅等等形式才把这个"世界"体现于外、为人所领会到的。

这些形式是他的天才的虚拟与创造，但又具有最高的真实性。前面举的杜甫的"晨钟云外湿"的诗句，也说明诗人正是通过遣词造句这种形式方面的天才虚拟才能创造出一个崭新的"境界"。叶燮说，把湿字与钟声相联，这是诗人的"幽渺以为理，想象以为事"，也就是说，是诗人的虚拟，正是这样通过遣词造句上的虚拟才有"妙悟天开"之"境"；若夫"俗儒"，缺乏虚拟和创造精神，则"必曰'晨钟云外度'，又必曰'晨钟云外发'，决无下湿字者"。下"湿"字还是下"度"字或"发"字，一字之差，境界迥异，艺术的真实性有天壤之别。由此可见，没有形式方面的虚拟，就没有任何艺术作品，也谈不上艺术的真实性。我们生活在艺术形式的王国里，也就是生活在艺术真实的境界里（不管它是典型的真实还是不在场的真实）。

以上四个层次的真实（真理），其所依据的标准显然不是传统意义下的符合说、融贯说或实用说等等，而是按其对人类真谛之揭示的深浅程度来划分的。

我在前面讲到头两个层次的真实观（最朴素、最简单的真实观和科学的真实观）时用过"反映"一词，认为反映正确就是真实。那里只是就那两个层次的真实本身来说的。若把朴素的真实观和科学的真实观放在四个层次的真实所构成的整体中来考虑，具体地说，就是把这两种真实放在前面所说的"万物一体"的整体中来考虑，则无论朴素的真实还是科学的真实，其所谓"真实"是欠真实的。朴素的真实观把对感性直观中个别的东西的反映当作唯一真实的。其实，任何个别的东西都处于与其他万物（包括人）的相互联系、相互作用、相互影响的网络之中，个别的东西的真实性离不开这整个的网络，而朴素的真实观不过是从这个网络中抽取其中某一个别的东西对它作出"反映"，这种"反映"的真实性显然是表面的和片面的。科学的真实观虽然比前一种真实观向前迈进了一大步，它反映了事物的普遍规律性，但如前所述，科学规律离不开抽象，离不开对整体的割裂，因此，科学所反映的真实也有其片面性和简单化的弊病。

我把真实的层次按其对人生真谛之揭示的深浅程度来划分，这并不是主观唯心主义，也并非只讲认识论不讲本体论。我以为哲学所探讨的是人与天地万物（世界）融合为一的整体，或者说是人与存在的契合与融合。没有天地万物（世界），人是空无内容的；没有人，天地万物（世界）是没有意义的，人是天地万物之展示口和开窍处。所以，对人生真谛的揭示，也就是天地万物的真实性之自我显现。这样来看，我们也就可以说，对人生真谛之揭示的深浅程度，也就是天地万物或者说存在的真实性之自我显现的高低层次。显然，这种观点与主观唯心主义的观点是不可同日而语的。同时，这种观点本身就是一种本体论，只不过它不是脱离人的一种抽象的、旧形而上学的本体论。

这样看来，上述四个层次的真实观实际上也可以说是四种人生境界或四种人生观。以感性直观中个别的东西为最真实或唯一真实的人，只顾眼前的现实的利益，以满足个人欲望为人生最高目的。我称这种境界为欲求的境界。以科学真实为唯一真实的人，一心要找出事物的因果性、规律性，以为认识了规律性、因果性就达到了最高的目的，这种人冷静平实，以追求秩序为满足。我称这种境界为求实的境界。历史的真实观教人反思（理解、解释、再解释）过去，展望未来。持这种真实观的人从动态中看事物和世事，把满足自己的意志追求（意志追求不同于欲望追求）作为人生最高目的。我称这种境界为追求社会理想的境界。我们平常说的道德境界属于此种境界。艺术的真实观教人通过想象驰骋于人所创造和虚拟的世界。如果说前三种境界都是有所求的境界（第一种是欲求，即求得欲望的满足，第二种是求实，即求得秩序上的满足，第三种是追求社会理想，即求得社会理想的实现为满足），那么，艺术的真实观则是一种无所求的境界，它不设定一个外在的目标作为追求、渴望的对象，它本身就给人以满足，这也是我们平常说的美的享受的一个特点。我称这种境界为诗意的境界。有的美学家把这种境界称为虚幻的世界。我把这里的虚幻解读为虚拟，它并非脱离现实的胡思乱想，而是对现实的超越，它似乎把一切都"推向远方"（席勒语），但它比前三种真实更直指人的心灵的最深层、最真实处。诗意的境界并不否认前三种境界，却又超出之、扬弃之。人也要求满足个人的欲望，也要服从自然的规律性、因果性，也要生活于历史的长河中，但诗意境界的内容和意义又多于和高于这些。其实，这四个层次的真实，每一较高层次的真实都包容前面较低层次的真实，却又超越之，例如历史学家也要讲因果性，讲科学的真实。关于这四者之间的复杂关系，本文不拟详谈。本文的兴趣还是在于说明现实、真实与虚拟之间的关系：一个完全囿于现实、缺乏虚拟性的人，是一个低级趣味的人，一个没有创造力的人，他自以为抓住了人生最真实的东西，实际上只抓住了人生的表层，丝毫不能领会人生的真谛；反之，越能超越现实，虚拟性越强的人，则越是境界高尚的人，越是具有创造力的人，也越是懂得人生真谛的人。以科学的真实为真实和以历史的真实为真实的人，都是有高尚境界的人，真实的人，但唯有达到诗意真实的人或席勒所说的"审美的人"，才是"获得最高自由的人"，"完全的人"，"在充分意义上的人"，"人性得到完满实现的人"。

  人性总是包含有现实性与虚拟性两极，人类的一切都是这两极性的紧张关系的表现，不同的只是两极之间的比例关系，有时是这一极占主导地位，有时是另一极占主导地位。在过着庸俗生活的人那里，现实性占了压倒的地位，在第二和第三层次的真实中，现实的固定性和法则的重复性仍大大地束缚着人，只有在诗意的境界中，虚拟性才压倒了现实性，从而超越了固定性和重复性，使创新占据了更突出的地位。但愿从事科学研究、历史研究以至其他任何活动的人都能多几分诗意的境界，这对他们各自的活动都会有不可估量的促进作用。

（本文原载于《江海学刊》2003年第1期）

亚里士多德、康德、黑格尔的范畴学说述评

冒从虎

欧洲哲学史上,历代哲学家都从不同的角度对范畴问题进行过探讨。随着哲学的发展,范畴在认识中的地位和作用逐渐明确,范畴的数目不断增加,范畴的内容以及范畴之间的相互关系也愈益丰富、精确和深化。研究范畴学说发展史有助于锻炼理论思维能力,深入理解马克思主义的范畴学说。

亚里士多德、康德和黑格尔的范畴学说,在欧洲范畴学说发展史上占有重要地位。这三位哲学家对范畴问题都作过较为系统、深入的探索。他们总结和概括了各自所处的时代关于范畴问题的研究成果,分别提出了自己的范畴系统。

本文将着重讨论亚里士多德、康德和黑格尔的范畴学说的基本思想。

一

古希腊的伟大哲学家亚里士多德(公元前384—公元前322),最早发现了范畴这一思维形式,并提出了一个范畴系统。

亚里士多德列举了十个范畴:实体、性质、数量、关系、地点、时间、状态、具有、主动和被动。在《范畴篇》中,他对十个范畴作了如下的说明:"让我大略地说一说我的意思:指实体的如'人'或'马',指数量的如'二丘比特长'或'三丘比特长',指性质的例如'白的''通晓语法的'等属性;'二倍''一半''较大'等等则属于关系的范畴;'市场里''在吕克昂'等等,属于地点的范畴;'昨天''去年'等等属于时间的范畴;'躺卧着''坐着'等等则是指示姿态的语词;'着鞋的''武装的'等等,属于

状况[具有]；'施手术''针灸'等等，是动作；'受手术''受针灸'等等，属于遭受的范畴。"①亚里士多德的"范畴"一词，在古希腊和语法中的谓词是同一个词。在他看来，每一命题必有主词和谓词两项，而一切命题中的所有的谓词都可以分别归纳除"实体"范畴（它在命题中永远是主词）之外的其他九个基本谓词即"范畴"之下。他说："任何事物的偶性、种、属性和定义总是归结到这些范畴之一。"②可以看出，亚里士多德在这里实际上是把作为语法的基本谓词的"范畴"，提升为思维的基本形式了。十范畴乃是关于一个具体事物的一切属性的最基本的逻辑规定。

我们知道，在亚里士多德之前，先辈哲学家们如苏格拉底、柏拉图、德谟克里特等，都比较深入地讨论过"概念"这种思维形式。作为形式逻辑学的奠基人的亚里士多德，当然十分重视"概念"在认识中的作用。但是，他觉察到"概念"这种思维形式"只能指示一个'如此'，不能指示一个'这个'"③。这意思是说，"概念"只标示一类事物所共有的普遍的属性，而不能标示一个个别具体事物本身所特有的一切属性。和"概念"不同，十范畴能够对一个个别具体事物的所有属性作出全面的逻辑规定。

在亚里士多德看来，"范畴"这种基本的思维形式同个别事物的存在的基本形式是一致的。他说："基本存在的类别正是那些为各种范畴所陈述的东西：因为'存在'的各种意义和范畴的种类一样多。这样，有些范畴说明对象是什么？另一些范畴则说明对象的质、量、关系、能动或被动、'何时'，'何地'，'存在'总有一个意义符合这些陈述之一。"④亚里士多德的这个思想具有明显的唯物主义倾向。

在亚里士多德之前，关于实体、质、量、时间以及空间等等问题，早已为先辈哲学家们提出来并研究过。亚里士多德的贡献主要在于他总结了前人对这些问题研究的成果，把它们作为范畴这种思维形式提出来并构成了一个逻辑系统，初步地探索了范畴之间的关系。

在十范畴中，亚里士多德把"实体"范畴放在一个特殊的地位上。"实

---

① 亚里士多德：《范畴篇·解释篇》，方书春译，北京：商务印书馆，1959年，第Ⅱ页。
② 亚里士多德：《论辩篇》，101635-40（见《亚里士多德全集》第一卷，1928年牛津英文版。下同）。
③ 亚里士多德：《形而上学》，北京：商务印书馆，1962年，第152页（引文据《亚里士多德全集》第八卷，1928年牛津英文版作了某些修改。下同）。
④ 亚里士多德：《形而上学》，第94页。

体"范畴是十范畴系统的中心,其他九个范畴都是围绕着它旋转的。

"实体"范畴的内容是什么呢？亚里士多德指出,"实体"范畴有两层意义：一是指独立存在的个别事物,如个别的人、个别的马等；二是指种属概念,如"人""动物"等。他把前者叫作"第一实体",把后者叫作"第二实体"。亚里士多德认为,"第一实体"即个别事物是不依赖于他物而独立自存的东西。他说："有一类东西既不存在于一个主体里面,又不可以用来述说一个主体,例如一个个别的人和一匹个别的马。"① "第二实体"即种属概念用以指示"第一实体""是什么",如"苏格拉底"("第一实体")是"人"("第二实体")。和"第一实体"不同,"第二实体"不是独立自存的东西。它依赖于"第一实体",没有"第一实体"的存在,它自身就不能存在。比如,没有一个个别的人的存在,"人"这个类概念也就不存在。亚里士多德明确指出,"如果没有第一性实体存在,就不可能有其他的东西存在"②。亚里士多德正是在这种肯定个别事物的实在性,强调没有个别就没有一般的唯物主义观点的基础上,对柏拉图关于一般先于个别而存在的唯心主义理论进行了尖锐的抨击。但是,亚里士多德也并没有完全正确解决一般和个别之间的关系。在他看来,没有个别就没有一般,但一般似乎又不存于个别之中。他说,"关于第二性实体,从下面的论据就可以清楚地看出它们并不存在于任何一个主体里面。因为'人'并不存在于个别的人里面"③。针对亚里士多德关于一般与个别相互关系的观点,列宁写道,"妙得很！不怀疑外部世界的实在性。这个人就是弄不清一般和个别、概念和感觉、本质和现象的辩证法"④。

上述关于"第一实体"和"第二实体"的关系的讨论,基本上还局限在"概念"和个别事物的关系的范围内。亚里士多德指出："'存在'在一个意义上是'事物是什么'或'这个',在另一意义上,它指的是质、量或者其他范畴之一。"⑤ 种属概念是有局限性的,它只是指示了"第一实体"即个别事物存在的一种形式："事物是什么。"为了全面地把握"第一实体"的多方面的存在,就还必须进一步研究其他范畴以及它们和"实体"范畴

---

① 亚里士多德：《范畴篇、解释篇》,第 10 页。
② 亚里士多德：《范畴篇、解释篇》,第 13 页。
③ 亚里士多德：《范畴篇、解释篇》,第 14 页。
④ 列宁：《哲学笔记》,北京：人民出版社,1955 年,第 336 页。
⑤ 亚里士多德：《形而上学》,第 125 页。

的关系。

在亚里士多德看来,"实体"范畴是十范畴系统的核心。"实体"范畴在一个命题中只能作主词,而不能作谓词;反之,质、量、关系等其他九个范畴在命题中只能作为谓词以陈述主词,而不能作为主词。比如,人们可以说"苏格拉底是文明的",但却不可以说"文明的是苏格拉底"。亚里士多德的这个思想实际上是想表明,我们的认识对象是具体的个别事物,质、量、关系等其他九个范畴是关于这个认识对象的多方面存在的逻辑规定。

亚里士多德认为,在十范畴中,只有"实体"("第一实体")是独立自存的,其他九个范畴均依赖于"实体"而不能独立自存。他说:"人们可以问,'行''坐''健康'以及相似的其他语词是否也各自存在?这些没有一件能脱离实体而独自存在。假如有所存在,则存在的实际上是那个行走、坐着或健康的事物[人]。"①亚里士多德明确断言,"除了实体而外,其他各范畴均不能独立存在"②。亚里士多德从这个唯物主义立场出发,批判了毕达哥拉斯派关于"数"的唯心主义,深刻地指出,"数学对象显然不能离开可感觉的事物而独立存在"③。不难看出,亚里士多德的这个立场是正确的。

值得注意的是,亚里士多德还研究了范畴的发展序列问题。他认为,从范畴的序列上看,"实体"范畴应在其他范畴之前。他说:"事物被算为为首者有数种意义——(1)在定义上,(2)在认识程序上,(3)在时间上。但是,实体在任何一个意义上都是为首的。"④在"实体"范畴之后是"性质"范畴,在"性质"范畴之后是"数量"范畴。他说:"倘这整体(按:指宇宙)只是连续系列的串联,实体便当在次序上为第一,其次为性质,继之以数量。"⑤亚里士多德认为,"关系"范畴涉及大小、多少等数量问题,因此应后于"质"和"量"。他说:"关系范畴后于质与量,是所有实在或实体中最微末的一类"⑥。由此看来,亚里士多德的范畴学说是"带

---

① 亚里士多德:《形而上学》,第125页。
② 亚里士多德:《形而上学》,第237页。
③ 亚里士多德:《形而上学》,第296页。
④ 亚里士多德:《形而上学》,第125页。
⑤ 亚里士多德:《形而上学》,第237页。
⑥ 亚里士多德:《形而上学》,第291页。

有流动范畴的辩证法派"①。

我们看到,亚里士多德常常把"范畴"作为他分析事物的工具。他就曾运用范畴对运动进行分类,从"实体"说,运动有产生和消灭,从"性质"说,运动有性质变化,从"数量"说,运动有增加和减少等。

综上所述,亚里士多德的范畴学说自发地表露了如下几个特点:它以个别具体事物为对象,并企图以一个范畴系统对具体事物的多方面存在作全面的逻辑规定;它自发地和本体论相结合,认为范畴既是思维形式,又是存在的形式,具有朴素唯物主义的性质;它自发地和认识论相一致,把范畴排列顺序和认识发展的程序结合起来,具有自发的辩证法性质。所有这些表明,亚里士多德的范畴学说是在自发地、朦胧地向着一门有别于形式逻辑的逻辑学——辩证逻辑寻求和探索。

但是,总的说来,亚里士多德的范畴学说还是很原始、很朴素的。在亚里士多德那里,范畴问题实质上是一个基本的思维形式问题;但是,他对范畴的分析往往是和语词的分析搅在一起。他对一些范畴的解释也是十分简单和粗糙的。亚里士多德后来在十范畴之外又加了五个副范畴(对立、先时、同时、运动和所有)。然而,我们看到在这十五范畴中,有些范畴(如具有、状态等)不一定都是基本范畴。而另一方面,亚里士多德曾经对形式和质料、潜能和现实、必然和偶然等问题作过深入的探索,但他却不把这些列入范畴。亚里士多德虽然对范畴的联系作了某些探索,表现了自发的辩证法倾向,但是总的来说,他没有把对立统一的思想应用于范畴的研究。

二

在17、18世纪,欧洲各国资产阶级哲学家在反对经院哲学的斗争中,对哲学上的各种范畴进行了广泛深入的讨论。在此基础上,德国哲学家康德(1724—1804)在18世纪末提出了一个范畴系统。

康德的范畴学说是他的认识论的一个重要组成部分。康德在批判莱布

---

① 恩格斯:《自然辩证法》,北京:人民出版社,1971年,第181页。

尼茨-沃尔夫"形而上学"①的过程中系统地阐发了自己的认识论。他认为，人心具有三种先天的认识能力："感性""知性"和"理性"。与此相应的，人类有三门学问："数学""物理学"（自然科学）和"形而上学"（关于宇宙本体的学问）。"感性"（具有时间和空间两种直观形式）这种先天的认识能力和感觉经验相结合，使数学知识具有普遍性和必然性。"知性"（具有因果性等十二种思维形式即"范畴"）这种先天的认识能力和感觉经验相结合，使物理学的原理具有普遍性和必然性。数学和自然科学这两门学问都是先天的认识能力和感觉经验的结合，都是关于现象世界（即感觉经验世界）的事情，它们的原理都具有普遍性和必然性，因而作为科学知识是可以成立的。"理性"（具有"世界""灵魂"和"上帝"三种"理念"）的情况则大不一样。"理性"想撇开经验，超越现象世界去认识"自在之物"。康德竭力证明，"理性"的这种努力是徒劳的，上帝是否存在，灵魂是否不朽以及意志是否自由这些问题，在理论上是根本不可知的。因此，康德认为，作为"理性"的学问的莱布尼茨-沃尔夫"形而上学"，完全是假学问，是根本不能成立的。康德推翻了莱布尼茨-沃尔夫"形而上学"，打击了封建神学，在德国开始了一场资产阶级的哲学革命。

康德在阐述他的"知性"的学说中，提出了一个有别于传统的形式逻辑的"先验逻辑"。这个所谓的"先验逻辑"实际上就是一个范畴系统。康德的范畴学说和他的整个哲学体系一样，总的倾向是唯心论的、形而上学的，但其中也包含着某些合理的成分，仍不失为欧洲范畴学说发展史上的一个重要环节。

首先，康德把范畴看作基本的思维形式。康德认为，"知性"是一种对感性对象进行思维，把零散的、特殊的感性对象加以综合联结成为有规律性的自然科学知识的先天认识能力。"感性"管直观，"知性"管思维。正像"感性"有自己的直观形式（时间和空间）一样，"知性"也有自己的思维形式即"范畴"。

然而，康德却把"范畴"这种思维形式看作人心先天固有的东西，力图先验地演绎出他的范畴体系。康德高度评价亚里士多德提出的十范畴学说，认为这是"足值敏锐思想家"的事业。但他又认为，亚里士多德罗列十个范畴"并未贯之以原理"，似乎是随处检得的。康德则力图从他的先验

---

① 莱布尼茨-沃尔夫"形而上学"的主要内容是论证上帝存在、灵魂不灭和意志自由。

唯心主义的原理中引出他的范畴学说。他把范畴叫作"纯概念"。所谓"纯",就是说不是来自经验,不包含丝毫的经验成分。在康德看来,通过"感性"在人心中形成的各种感性对象都是孤零零的,相互间没有联系的,它们不可能给予联结的表象。康德认为,"在一切表象中,联结乃唯一不能由对象授予者"①。因此,起着综合联结感性对象作用的范畴乃源自知性,而与感性无关。在康德看来,既然范畴根源于"知性",那么就只能从"知性"中先验地演绎出范畴系统。他认为,"知性"的综合联结能力在逻辑上表现为判断的能力,而每一个判断中都必然地蕴含着一个范畴。比如,在"太阳晒是石头热的原因"这个判断中,就蕴含着"因果性"这个范畴,没有这个范畴就不可能形成这个判断。这样,康德便从判断形式的分类入手构造范畴系统。他认为,一切判断就其形式来说可以归结为四组十二种。与此相应的,范畴也是四组十二种:第一,量的范畴——单一性、多数性、全体性;第二,质的范畴——实在性、否定性、限制性;第三,关系范畴——实体和属性、原因和结果、主动和被动之间的交互作用;第四,样式的范畴——可能性和不可能性、存在性和不存在性、必然性和偶然性。

康德认为,他的这个范畴系统是"至极完备"的,尽管人们还可以从这些范畴中引申出若干副范畴如生、灭、变化等等,但上述十二范畴则是最基本的范畴。这种观点实际上是把人的认识能力看成是凝固不变的东西,因而本质上是形而上学的。

康德觉察到了范畴之间的某些联系。他说,"每一类中所有范畴之数常同为三数之一事,实堪注意。其尤宜注意者,则每一类中之第三范畴,常由第二范畴与第一范畴联结而生"②。比如,"交互作用"范畴是"实体和属性"范畴同"因果性"范畴联结而生的。康德的这个思想后来为费希特、谢林特别是黑格尔所继承和发挥。但是,总的说来,康德没有致力于研究范畴之间的联系和转化。在他那里,十二范畴之间的关系基本是平列的、各自孤立的、静止的。

我们看到,康德把范畴看作人心固有的凝固不变的认识能力,这种观点较之具有朴素唯物论和自发辩证法性质的亚里士多德的范畴观来说,是大为逊色的。但是,也应当看到,康德的范畴学说,基本上摆脱了亚里士

---

① 康德:《纯粹理性批判》,北京:生活·读书·新知三联书店,1957年,第99页。
② 康德:《纯粹理性批判》,第89页。

多德十范畴学说的原始性、直观性。康德自发地把范畴规定为人类思维的基本形式。他所列举的十二范畴较之亚里士多德的十范畴,不仅在数量上有所增加,更重要的是在内容上更为丰富、更为深刻了。

其次,康德不仅把范畴看作思维形式,而且看作自然的规律或法则。康德的这个思想也是通过唯心主义的方式表达的。

应当明确的是,康德这里所说的"自然界"是指由人们的感觉经验构成的所谓"现象世界",而不是指"自在之物",不是指独立于人们的感觉经验而存在的客观物质世界。康德说得很清楚,"我们是把自然界仅仅当作现象的总和,也就是当作在我们心中的表象的总和,来认识的"①。在康德看来,在自然界里,也即在我们的感觉经验里,感性对象本来是孤零零的,其间没有什么普遍的必然的联系,即没有规律性;只是在人们运用先天的范畴去思维对象的时候,对象之间才有了普遍必然的联系,才有了规律性。比如,人们在经验中常常看到"太阳晒石头,石头热了"这两个现象经常前后相随。康德认为,感觉经验所能告诉我们的,仅仅是这两个现象经常前后相随,而不能告诉我们这两个现象之间存在着什么必然联系。只有当人们运用"因果性"范畴去思维这两个现象,从而说"太阳晒热了石头",才使这两个现象之间有了普遍必然的联系,有了规律性。康德说:"因果性概念……使一个普遍有效的判断成为可能。"②由此,康德断言,人给自然立法,"理智的(先天)法则不是理智从自然界得来的,而是理智给自然界规定的"③。按照康德的这个观点,人们的认识过程不是反映客观规律的过程,不是从感性认识上升为理性认识的过程,反倒是向客观世界强加规律的过程。显然,康德的这条认识论路线是彻头彻尾的唯心论的先验论的路线,是根本错误的。但是,从范畴学说发展史上看,康德把范畴看作事物的规律或法则的思想,较之亚里士多德把范畴简单地看作事物的多方面的存在的分别规定,应该说是深刻得多了。

此外,康德还认为,范畴虽然不是来自感觉经验,但是范畴的使用却离不开经验。在康德看来,范畴只是综合联结经验对象的思想形式,离开了经验,范畴就成了空架子,形成不了真正的科学知识。在康德看来,范

---

① 康德:《任何一种能够作为科学出现的未来形而上学导论》(以下简称《导论》),北京:商务印书馆,1978年,第92页。

② 康德:《导论》,第67页。

③ 康德:《导论》,第93页。

畴只适用于现象世界，和感觉经验相结合形成有条件的相对的知识。如果人们超越现象世界，用范畴去规定"自在之物"，企图取得无条件的绝对的知识，那么，范畴本身就会发生矛盾——"二律背反"。比如，如果人们一定要探究整个世界在时间和空间上究竟是有限的还是无限的话，那么就必定会出现说有限有理，说无限也有理的矛盾。在康德看来，矛盾等于悖理，等于荒谬。理性中出现矛盾，这说明人的认识能力是有限的。上帝是否存在呢？灵魂是否不灭呢？意志是否自由呢？康德答曰：不可知。

由此看来，康德的范畴学说具有调和唯物论和唯心论、经验论和唯理论的特征。当他肯定范畴的先天性时，他是唯心论者、唯理论者；当他坚持范畴只有同经验相结合才能形成科学知识的时候，他表现出经验论的倾向，包含了一定的唯物论的成分。当17、18世纪欧洲哲学战线上的两大派——经验论和唯理论，各执一个片面，打得不可开交的时候，康德把两派的原则容纳于一个体系中，企图解决理性认识和感性认识的统一问题。我们看到，尽管康德并没有科学地解决这个统一，但他却指出了这种统一的必然的趋向。这不能不说是认识史上的一个进步。

康德把矛盾看作是不合理，是主观的"幻想"，认为思想上发生了矛盾说明人的认识能力有限。这是错误的。但是，康德的"二律背反"学说不自觉地揭露了这样一个事实，即当人们一旦要透过现象去把握事物的本质的时候，思想上就必然会出现矛盾。康德的"二律背反"学说在客观上暴露了形而上学片面观点的局限性，包含了辩证法的因素，是黑格尔的矛盾学说的出发点。

康德认为，范畴只能把握有条件的相对的知识，不能把握无条件的绝对的对象，这表明康德的范畴论具有相对主义性质。在反对莱布尼茨-沃尔夫"形而上学"的绝对主义、独断主义的过程中，康德范畴学说中的相对主义曾表现过一定的积极意义。但是，这种相对主义在理论上是错误的，因为它根本否认了范畴具有把握客观真理的能力，导致了不可知论。后来，黑格尔正是在批判康德的范畴学说中的相对主义和不可知论，论证思维和存在具有同一性的过程中，创立了一个新的范畴系统。

三

在康德之后，黑格尔（1770—1831）写了巨著《逻辑学》。和传统的形式逻辑不同，黑格尔的"逻辑学"是一个庞大的范畴系统。在"逻辑学"中，黑格尔自觉地把辩证法运用于范畴的研究，或者说他自觉地揭露了范畴的辩证法。黑格尔的《逻辑学》是一本彻底的唯心主义的著作。然而，正是在这部最唯心主义的著作中，包含了欧洲哲学史上的最丰富、最深刻的辩证法思想。黑格尔的《逻辑学》可以说是一本很好的辩证法的教科书。下面，我们将着重对黑格尔关于范畴学说的某些基本思想作简要的评述。

黑格尔指出，康德哲学是近代德国哲学的基础和出发点，他的"逻辑学"是康德的"先验逻辑"的继承和发展。当然，这种继承和发展本身就是一个批判的过程。黑格尔哲学，包括范畴学说，正是在批判康德的二元论、不可知论，论证思维和存在的辩证同一的过程中形成的。

黑格尔认为，范畴是存在的本质。在康德那里，范畴只是主观的思维形式，和客体"自在之物"毫不相干。黑格尔则认为，康德主张范畴不适用于"自在之物"，"这除了说这些形式本身就是某种不真的东西而外，不能有其他意义"[①]。在黑格尔看来，范畴不仅仅是存在于我们头脑中的主观的思维形式，而且是内蕴于客观事物之中的决定事物的本质的"客观思想""客观概念"。他说，"思想不仅是我们的思想，同时复是事物的本身，或对象的本质"。他举例说，当人们评判一件艺术品时总说这种评判不应基于个人的主观爱好，而应力求客观。这意思就是说，人们应当用艺术品的"客观概念"去衡量它。一件艺术品只有符合"艺术品"这个"客观概念"才算得上是真的艺术品。黑格尔由此断言，"这些思想形式和范畴乃是事物内在的核心"[②]。

和康德不同，黑格尔在这里坚持思维和存在的同一，但他的思维和存在同一的学说是以客观唯心主义为基础的。黑格尔看到了思维、范畴和只能把握事物现象的感觉表象不同，它能够把握事物的本质；但是，他却把

[①] 黑格尔：《逻辑学》（上卷），北京：商务印书馆，1974年，第27页。
[②] 黑格尔：《小逻辑》，北京：生活·读书·新知三联书店，1954年，第131页。

这种情况歪曲为存在的本质就是思维。恩格斯深刻地揭露了黑格尔范畴学说的客观唯心主义的本质，他指出，"范畴在他（按：指黑格尔）看来是先存在的东西，而现实世界的辩证法是它的单纯的反光。实际上刚刚相反：头脑的辩证法只是现实世界（自然界和历史）的运动形式的反映"①。

　　黑格尔认为，范畴乃是人们认识具体真理的各个阶段和环节。康德把十二范畴机械地拼凑为一个系统，其中每一个范畴似乎都是独立自在的，范畴之间没有内在的联系。同时，在康德看来，范畴只能把握有条件的相对的知识，不能把握绝对真理。反之，黑格尔则认为，范畴完全有能力把握绝对真理（"绝对理念"），否则它就不是真的。但是，任何一个孤立的范畴都不能把握真理，一个范畴只有同其他范畴有机地联系在一起，才能表达真理。这是因为，真理是具体的，而不是抽象的。在日常生活中，人们往往把感官直接感触到的东西叫作具体，否则称为抽象。与此不同，黑格尔这里说的抽象，是指孤立和片面，这里说的具体，是指全面性，"是不同的规定的统一"。在黑格尔看来，真理不是一个抽象的共相，而是不同范畴构成的一个有机的系统。范畴则是真理的一个方面、一个环节。如果孤立地考察一个范畴，撇开它和其他范畴的联系，把它看作独立自在的东西，那它就是抽象的，不能表达真理。黑格尔写道："任何事物一孤立起来看便显得狭隘而无意义，其取得意义与价值即由于它是隶属于全体的，并是理念之一有机的环节。"②他还说："理念自身本质上是具体的，是不同的规定之统一。"③

　　撇开黑格尔关于"绝对理念"的种种唯心主义的虚构，黑格尔关于具体真理以及范畴是真理的环节的思想，本质上是一个深刻而正确的见解。马克思肯定了黑格尔的这一思想，指出，"具体之所以具体，因为它是许多规定的综合，因而是多样性的统一"④。列宁也指出，"真理就是由现象、现象的一切方面的总和以及它们的（相互）关系构成的"⑤。关于范畴在认识中的地位和作用，列宁写道："人对自然界的认识（＝'观念'）的各

---

① 恩格斯：《自然辩证法》，第 181 页。
② 黑格尔：《小逻辑》，第 422 页。
③ 黑格尔：《哲学史讲演录》（第一卷），北京：生活·读书·新知三联书店，1957 年，第 29 页。
④ 马克思：《〈政治经济学批判〉导言》，北京：人民出版社，1966 年，《马克思恩格斯选集》第 2 卷，第 103 页。
⑤ 列宁：《哲学笔记》，北京：人民出版社，1956 年，第 181 页。

个环节，就是逻辑的范畴。"①他又说："范畴是区分过程中的一些小阶段，即认识世界的过程中的一些小阶段，是帮助我们认识和掌握自然现象之网的网上纽结。"②黑格尔这一思想的合理成分就在于他猜测到了逻辑范畴是人们认识客观具体真理道路上的一个一个的阶段和环节。

黑格尔认为，范畴的发展是一个从抽象上升到具体的过程。他指出："理念本质上是一过程。"③真理不是抽象的，而是具体的。然而，具体真理却不是能够一下子把握的，它是一个由抽象到具体的发展过程。黑格尔写道："认识是从内容到内容向前转动的。首先，这种前进是这样规定自身的，即：它从单纯的规定性开始，而后继的总是愈加丰富和愈加具体。因为结果包含它的开端，而开端的过程以新的规定性丰富了结果。……普遍的东西在以后规定的某一个阶段，都提高了它以前的内容，它不仅没有因它的辩证的前进而丧失什么，丢下什么，而且还带着一切收获和自己一起，使自身更丰富、更密实。"④列宁指出，黑格尔的这段话"对于什么是辩证法这个问题，非常不坏地做了某种总结"⑤。

黑格尔的"逻辑学"中范畴顺序的排列，就体现了"绝对理念"从抽象上升到具体的过程。"逻辑学"的第一个范畴"纯有"是一个最贫乏、最抽象的"理念"。"纯有"这个范畴只是标示一个事物"存在"，其他则什么也不是。显然，这种认识是很贫乏，很抽象的。从"纯有"出发，随着范畴的向前推演，"理念"的内容便愈来愈具体，愈来愈丰富了。比如，"质"的范畴标示事物有了规定性，使一个事物和其他事物区别了开来，这较之"纯有"来说就比较具体，比较丰富了。然后，由"质"进到"量"，又由"量"推演到"度"。"度"这个范畴较之"质"来说就更丰富、更具体了。因为"度"已经不是一般的质，而是有"限量"的质了。当人们认识到水保持液态这个"质"的度是 0℃—100℃ 的时候，较之仅仅知道水和冰、蒸汽有区别这一点就丰富得多、具体得多了。"逻辑学"的最后一个范畴"绝对理念"和"纯有"比较，已是大不相同了，它包含了纯有以来的一切范畴及其相互关系，因此它是最丰富、最具体的。黑格尔所说的贫乏和抽象，

---

① 列宁：《哲学笔记》，第 184 页。
② 列宁：《哲学笔记》，第 68 页。
③ 黑格尔：《小逻辑》，第 403 页。
④ 黑格尔，《逻辑学》（下卷），北京：商务印书馆，1976 年，第 549 页。
⑤ 列宁：《哲学笔记》，第 220 页。

意即浅显和片面；所谓丰富和具体，意指深刻和全面。黑格尔关于由抽象上升到具体的思想，实际上是猜测到了人类认识是一个"由浅入深，由片面到更多方面"①的辩证发展过程。

但是，黑格尔是一位唯心主义者。他在阐述从抽象到具体这一思想的时候，往往把人类认识的发展过程同事物的发展过程搅混在一起，神秘地认为，从抽象到具体是"绝对理念"自己认识自己的过程，从而把为"绝对理念"所决定的事物的发展也说成是什么从抽象到具体的过程。显然，这是完全错误的。马克思深刻地指出，"黑格尔陷入幻觉，把实在理解为自我综合、自我深化和自我运动的思维的结果，其实，从抽象上升到具体的方法，只是思维用来掌握具体并把它当作精神上的具体再现出来的方式。但决不是具体本身的产生过程"②。

黑格尔还认为，矛盾是范畴的本性。他高度评价康德的"二律背反"学说，认为康德的这个学说肯定了理性发生矛盾的必然性，暴露了莱布尼茨-沃尔夫"形而上学"的片面观点和局限，是近代哲学史上的"一个最重要的和最深刻的进步。"但是，在黑格尔看来，康德的"二律背反"学说的重大缺点之一，就在于康德消极地对待理性的矛盾，认为理性中发生矛盾是理性的缺陷，表明理性缺乏把握真理的能力。和康德相反，黑格尔认为，"理性矛盾的真实积极的意义乃在于认识凡一切真实之物都包含有相反的成分于其中。因此认识甚或把握一个对象，也就是要觉察到此对象为相反的成分之具体的统一"③。不仅如此，黑格尔还认为矛盾是运动的泉源，宣称，"矛盾是推动整个世界的原则"④。矛盾学说是黑格尔辩证法思想的精华所在。

矛盾分析法是黑格尔进行范畴推演的根本方法。黑格尔继承和发挥了康德关于范畴排列的三一式。他说："伟大的[辩证法]概念的本能使得康德说：第一个范畴是肯定的，第二个范畴是第一个范畴的否定，第三个范畴是前两者的综合。"⑤黑格尔"逻辑学"的范畴都是按照这个三一式的架子

---

① 毛泽东：《实践论》。
② 马克思：《〈政治经济学批判〉导言》，北京：人民出版社，1966年，《马克思恩格斯选集》第2卷，第103页。
③ 黑格尔：《小逻辑》，第144页。
④ 黑格尔：《小逻辑》，第267页。
⑤ 黑格尔：《哲学史讲演录》（第四卷），北京：生活·读书·新知三联书店，1957年，第269页。

排列起来的。比如,存在—本质—概念,质—量—度,本质—现象—实在,主观性—客观性—理念,等等。在黑格尔看来,范畴的推演不是靠什么外在的力量,而是根源于范畴的内在否定性。范畴的内在的否定性是范畴自身运动的灵魂。黑格尔说:"引导概念自己向前的,就是前述的否定的东西,它是概念自身所具有的,这个否定的东西构成了真正辩证的东西。"① 比如,"存在"中包含着自己的否定方面——"非存在","同一"中包含着自己的否定方面——"差异","可能性"包含着自己的否定方面——"现实性",如此等等。正因为肯定的东西中包含着自身的否定方面,才能引起自身的变化,超越自身,向他物转化。黑格尔认为,辩证的否定不是"无",而是范畴联结、发展的环节、因而否定的东西中包含着肯定的东西。在肯定的东西中把握否定的东西,在否定的东西中把握肯定的东西,促成了范畴的联系、转化和过渡,由抽象向具体的推演。正因为黑格尔把矛盾看作范畴的本性,所以黑格尔的范畴系统不是各种僵硬的规定的机械的集合,而是一个生动活泼的有机统一的体系。

最后,黑格尔范畴系统还具有一个明显的特点,就是体现了本体论、逻辑学、认识论三者的一致。亚里士多德的十范畴系统自发地表露了这个特点。康德的范畴学说则把三者明显地分裂开来。和康德不同,黑格尔则在客观唯心主义的基础上,依据思维和存在同一的基本原则,发挥辩证法,力图把逻辑学同本体论、认识论统一起来。在黑格尔看来,逻辑范畴不仅是主观的思维形式,而且首先是存在的本质,逻辑学所研究的那个"绝对理念"也正是宇宙的灵魂。因此,作为研究思维形式和规律的逻辑学便和本体论"合流了"。② 不难看出,正是这种"合流"决定了黑格尔"逻辑学"的客观唯心主义的本质。

如前所述,黑格尔"逻辑学"中的范畴推演过程是"绝对理念"自身的发展过程,也是人类认识真理的发展过程。逻辑范畴不断地由抽象上升到具体,也是人类认识不断由浅入深,由片面走向全面。因此,在黑格尔看来,逻辑学和认识论也是一致的。

黑格尔关于逻辑学、本体论、认识论三者一致的思想是以客观唯心主义世界观为基础的,但其中也包含了合理的成分。列宁十分重视黑格尔在

---

① 黑格尔:《逻辑学》(上卷),第38页。
② 黑格尔:《小逻辑》,第90页。

《逻辑学》的第二部（主观逻辑）第二部分（理念）的导言中所阐述的有关思想,认为"就在这里,可说是特别天才地指明了逻辑和认识论的一致"[①]。

通过以上对黑格尔范畴学说的几个基本思想的评介可以看出,黑格尔的范畴学说是唯心主义的,同时又是辩证的,在这个唯心主义的辩证逻辑中包含着许多深刻而正确的思想。黑格尔的范畴学说集欧洲数千年范畴研究的成果之大成,同时也标志着欧洲古典范畴学说的终结。

马克思主义经典作家们正是在批判改造黑格尔的范畴学说的基础上创立了辩证唯物论,开辟了范畴学说发展史的新阶段。

（本文原载于《天津师院学报》1979年第2期）

---

① 列宁:《哲学笔记》,第177页。

后现代精神的演化

车铭洲

20 世纪即将结束。20 世纪的终结也是一个时代的终结吗？在思想文化领域，对这个问题做出肯定性回答的当首推后现代主义（Postmodernism）。"后现代主义"这个词早已进入现代西方社会生活话语和思想文化话语，并逐渐为人们不假思索地接受和使用。但是，"后现代主义"概念至今还没有公认的定义，也不是由范畴系列构成的学说体系，只是一个描述性多于逻辑规定性的具有多重含义的术语。法国哲学家 Jean-François Lyotard 在 20 世纪 80 年代初出版 *Answering the question: What is postmodernism?*，迄今，越来越多的研究者仍在回答这个问题，结果是各人有各人的回答，几乎有多少人回答就有多少种回答。美国精神分析学者霍兰德（Norman N. Holland）在论述精神分析时说："现在我们提到精神分析，应该说，'各种精神分析'。"[①]我们提到后现代主义，也应该说"各种后现代主义"或"多种后现代主义"。后现代主义仍处在被探索的过程中。

一

后现代主义研究者为了描述出一个后现代主义的界面，往往将西方思想文化区分为前现代主义（Premodernism）、现代主义（Modernism）和后现代主义（postmodernism）。不过有各种不同的区分原则。比如霍兰德主要依据西方 20 世纪思想文化的一些总趋势加以区分。他写道："要说清楚我所谓的'后现代'究竟为何物，我必须简短地提一笔 20 世纪文化史。我

[①] 诺曼·N.霍兰德：《后现代精神分析》，潘国庆译，上海：上海文艺出版社，1995 年，第 300 页。

认为，后现代主义是本世纪一切艺术领域——也许一切科学领域——所经历的一系列运动中的第三阶段，当然，这对精神分析来说也不例外。我把这三个阶段分别称作前现代、现代和后现代，它们并不纯粹是按年代划分的。"①而美国 Revision 季刊主编理查德·特纳斯（Richard Tarnas）博士在其 1991 年出版的颇有影响的著作 The passion of the western mind 中，则从整个西方精神或世界观的历史性的演化进行区分。从哲学角度看，后一种区分更便于人们领会后现代主义的特征。

从整个西方世界观的划时代变化来区分，所谓前现代精神指的是古希腊罗马时代和中世纪时代的主流精神，即古希腊罗马的理性精神和科学精神，以及中世纪的基督教精神。古希腊罗马精神和中世纪基督教精神，在内容和形式上存在巨大的区别，但在最基本的哲学理念上，仍可归为同一的精神"范式"（Paradigm）。古希腊罗马精神集中体现为万宗归一的"宇宙论"（Cosmology）。2500 年之前的古希腊文明是西方精神文明的发端。"思维是从某种未分化的水平开始自己的历史的，在这种水平上，部分完全溶化在整体中。"②古希腊精神一旦脱离了"混沌"（chaos）意识，建立了特性（speciality）意识，在众多特性中探求共性（universality），在众多现象中探求统一的本质或形式（form），并以之为"原型"（archetype），作为解释一切现象的"第一原理"，就成了古希腊精神的基本倾向和理念。中世纪基督教精神或基督教世界观是"一神论"（monotheism），上帝是"原型"。作为基督教精神的哲学形态的经院哲学（scholasticism）是一神教条主义（monolithic dogmatism）。古希腊罗马精神和中世纪基督教精神是影响西方现代文明的两大传统精神。但是必须指出，"主流精神"是一种概括的说法，其精神形式、要素、变化和作用是复杂的多样的，不是"单一性"概念。恩格斯说："在希腊哲学的多种多样的形式中，差不多可以找到以后各种观念的胚胎、萌芽。"③前现代精神对后世的影响也是多方面的。

西方现代精神的主流是在激烈批判和改造前现代精神的社会革命运动和思想文化运动中形成的。批判主要指向前现代精神的整体宇宙论。古代关于整体宇宙的无所不包的理论和普遍真理，被视为虚假的教条加以否定。正如美国实用主义哲学家杜威（John Dewey）所指出的，"抛弃任何整体

---

① 诺曼·N.霍兰德：《后现代精神分析》，潘国庆译，上海：上海文艺出版社，1995 年，第 276 页。
② 米·亚·敦尼克等：《古代辩证法史》，齐云山等译，北京：人民出版社，1986 年，第 26-27 页。
③ 《马克思恩格斯全集》第 20 卷，北京：人民出版社，1971 年，第 386 页。

观念和态度是现时代的主要思想特点"①。

坚持对整个西方精神文化的历史加以区分的学者,把现代精神的形成和变化的时段规定得很长,从文艺复兴时期直到 20 世纪的今天。从公元 14 世纪开始的文艺复兴(Renaissance)运动,是西方中世纪的思想文化大革命,是西方文明现代化的开端。文艺复兴及其引起的后来的科学革命、宗教改革、启蒙运动和哲学革命是古代自由创造精神的"再生",也是思想的新大陆的"发现",形成了西方现代的精神模式,到 19 世纪末期,西方现代精神已经成熟。

文艺复兴开始的现代精神的实质是人本主义的自由创造精神,具体体现为激进的个人主义(Radical individualism)、批判的理性主义(critical Rationalism)和实用的世俗主义(pragmatic secularitism),否定神学权威和宗教教条,反对任何绝对权威和思辨形而上学。它贬斥神性,赞颂人性,将个人的精神和行动的独立性、自主性、能动性、创造性和进步性视为高贵的价值;深信人不但可以进入新的领域而获得前所未有的知识,甚至可以创造出崭新的现实和世界;人可以丢掉"原罪"的重负,投向现实的观察、实验、创作活动,追求对现实生活有用的东西,从而得到实际的幸福。

现代精神数百年的演化进程,也是众多矛盾和对立的思想不断分化的过程,主要有两股势均力敌的思潮。一是在科学技术革命和启蒙思想运动中形成和发展的理性主义和科学主义(scienticism),重视人的理智和实验科学的力量,重视利用科学技术改造世界和人的生活。人是笛卡尔的"我思"(ego cognition)实体,也是怀疑的主体(doubting subject),是主动的。而人之外的客观世界是物质实体的世界,与思维实体是根本不同的,是被动的,是由自然的机械规律控制的。牛顿的机械力学宇宙论和笛卡尔的二元论(dualism)形成了西方现代理性主义的典型框架(framework)。这种理性主义和科学主义贯穿着难以协调的"分立"(compartmentalization)或"分裂"(schism)精神,即二元对立(dichotomy)精神。在哲学上,直到康德和黑格尔的哲学,也没有真正克服二元主义。可以说,现代西方的认识论,本质是一种二元论的认识论,这也是现代精神的本质特征。现代精神的另一股潮流是浪漫主义(Romanticism)。浪漫主义和理性主义一样,强调人的个体性(individuality)的自由(freedom)和创造性(creativity)。

---

① Richard Tarnas, The Passion of the Western Mind, Harmony Books, New York, 1991, p.401.

与理性主义不同之处在于，浪漫主义理解的人的自由和创造性不是理性的力量，而是人的非理性的（irrational）"自我表现"（self-expression）和"自我创造"（self-creation）。创造力的源泉是人的"激情"（emotion）和"想象"（imagination），不是理性的启蒙（enlightenment）；是世俗生活的冲动（impulse），不是抽象思辨的预见（predictability）。因此，"实在"（reality）不是笛卡尔和牛顿式的客观物质实体或科学"实在"，真理也不是主体（人）对客体的反映或认知，而是像戏剧、绘画、音乐等一样的人造的艺术品。"想象力"是"实在"存在的媒介，"实在"是贝克莱、休谟、歌德、席勒等浪漫主义者的"实在"。这种否定物质实体并以主体的非理性想象力克服主—客二元对立的浪漫主义，是激进的浪漫主义。到了18世纪末和19世纪初，又出现了康德主义（Kantianism）和黑格尔主义（Hegelianism）式的浪漫主义，消除激进浪漫主义非理性的片面性，在先验理性和辩证理性的基础上，实现主体—客体的统一（unity）和整合（integrity），以克服现代理性精神中占主导地位的二元主义。但是，康德和黑格尔的理性浪漫主义仍包含着主观和客观的内在的分裂和对立。20世纪初出现的尼采主义（Neitzscheanism）是西方传统浪漫主义的最有力的综合，是典型的浪漫主义。尼采主义使激进的浪漫主义或非理性的浪漫主义在20世纪逐步占了上风，并且蘖生出实用主义、存在主义、精神分析主义、解释主义、解构主义等具有非理性气质的哲学和思想文化。后现代精神就是在这种复杂的现代思想文化漩涡中浮现出来的。

二

可以说，后现代主义是西方浪漫主义传统在20世纪的新形式。而后现代主义又表现为两种不同的发展趋向。一种趋向可称之为"自我解构主义"（self-deconstructism）。这种后现代主义把尼采的"上帝死亡"和"重估一切价值"的激进否定主义引向虚无主义（nihilism）极端。"自我解构主义"将分离（disjunction）、差别（difference）、破碎（fragment）、解构（de-construction）、不连续（discontinuity）、不连贯（incoherence）、混乱（chaos）、混置（juxtaposition）、偶然（happenstance）、自发（spontaneous）、不稳定（uncertainty）、不确定（indeterminacy）、不调和（dissonance）、流散（dissemination）、消失（disappearance）、勾消（scratch）、空白（vacuum）、无密度（density）、不可理解（incomprehensibility）、毁灭（annihilation）、空虚（emptiness）等等一类意识因素或"感性"（sensibility）纳入自身，用这类词作为意味和表述一切现象的话语。由于这种纯否定形式的后现代主义集中吸取了现代精神中的大量的"毁灭性的东西"，因此，有的学者称这种后现代主义是"废弃道德论运动"。在理论上，这种后现代主义主要依据的是现代解构主义（deconstructivism）的消解学说、语言分析派的语义不确定性学说和精神分析派的无意识学说。按解构主义观点，一切现象都没有固定结构，都是解构的（destructive）和散乱无序的，因此，不存在稳定的实体和稳定的状态，只有不确定性，没有确定性。语言哲学促进了后现代的怀疑和不定的思潮。按语义不确定性学说，语言是人的特殊的地域生活偶然产生的符号系统，不存在语言与实在、符号与所指、语言与真理的必然关系，语言没有外在的基础。决定语言符号意义的语境（contexts）是变化不定的，语言的意义也就是不确定的，无所谓语言的"真意义"。言语活动是一种语言游戏活动，语言的意义（meaning）只不过是"表义者的游戏"，只是符号系统的"隐喻"（metaphor）。因此，把人类的文化遗产和传统见解视为"元叙述"（metanarrative）或"元话语"（metadiscourse），视为绝对可靠的权威，是没有根据的。语言是人的家，而语言一经产生，语言这个"家"也就成了人的"牢笼"（cage）或"牢房"（prison）。人们是用语言去塑造实在，而不是实在规范语言。语言游戏有其规则，但却没有不变的客观基础。语言的意义只有多样性（multiplicity）。这样，语义分析消解了语义的确定性。

以弗洛伊德和荣格为代表的现代精神分析或心理分析更为"自我解构主义"的后现代主义提供了心理的立足点。现代精神分析自称是深层心理学，断言"无意识"（unconscious）决定人的一切活动，人的精神是"酒神精神"（dionysian spirit）。无意识学说是最为激烈的非理性主义价值观和人生观，人的独立性和人的判断的合理性的基础都被消解了。人在解构一切的同时，也解构了自我。"自我"成了"自我无意识"（self-unconscious）。现代的"人本主义"变成了"无本主义"。尼采从"上帝死亡"中创造了"超人"，这个"超人"曾信心百倍地去颠覆一切，最后自身也被颠覆了（subversive），"上帝死了"，"人也死了"。法国哲学家德里达（Jacques Derrida）1969年发表了论文 *The Ends of Man*，尽管女性主义者认为，西方传统的文化是男性（masculinity）文化，现代精神的危机是男性危机（Masculine Crisis），德里达说的"人的终结"是"男人"（man）的终结。实质上，"自我解构主义"消除了人的确定性（certainty），也就将"人"非人化了。

后现代主义的另一发展趋向可称之为"参与的后现代主义"（participatory Postmodernism）。这一派反对"自我解构主义"的后现代主义的怀疑一切和颠覆一切的消极文化。因为，把"打碎一切"视为一种新的现实，就使人陷入无家可归的困境（predicament），实质上是一种"无意义的唯我主义"（meaningless Solipsism）。"参与的后现代主义"主要吸取现代浪漫主义中这样一些意识因素：多样性（multiplicity）、多元性（plurality）、复杂性（complexity）、模糊性（ambiguity）、关系（relation）、相关（communication）、相互性（mutuality）、联系性（connectivity）、依存（dependency）、统一（unity）、和谐（harmony）、调和（reconciliation）、综合（synthesis）、整合（integration）等观念，旨在建立一种"全含的和参与的范式"（holistic and participatory paradigm）或"统一的感性"（unitary sensibility），作为领会一切现象的新的"见识"，取代现代的二元论（dualism）以及种种分离（separation）、对立（objectification）和分裂（schism）意识。

"参与的后现代主义"认为，西方思想文化演变的历史轨迹是由前现代的原始的统一（primordial unity）意识发展为现代的主体—客体对立（subject-object dichotomy）的"范式"，把世界理解为物质—精神、主体—客体、理性—信仰、自我—世界、个人—集体等等分裂对立的世界。笛卡尔的二元论是这种"分裂意识"的理论表现。笛卡尔之后的以贝克莱、休谟等为代表的经验论，把笛卡尔的精神实体改造成为感觉经验（experience），主张人感知到的"实在"就是人的"经验"，"实在"和"经验"是一回事。尤其是休谟的经验论，更把精神或经验之外是否存在"实体"或不同于经验的东西，看作一个不必提的问题和提出来也是不能解决的问题，从认识论上彻底否定了经验之外的客观存在。他们想以这种自我中心主义的经验论来克服现代精神的分裂意识。康德阅读休谟的著作，从形而上学的迷梦中醒来，试图用先验综合论将主体—客体、感性—理性、可知—不可知、理论—实践、知识—信仰、必然—自由、自在之物—为我之物等等对立调和或综合起来，表达了一种主体和客体相互结合、相互依存的浪漫主义精神。但是康德的"物自体"最终还是不可知的，康德的先验论仍没有越出物质—精神二元对立的困境,先验综合和统觉统一意识仍然是一种分裂意识。黑格尔以更大的哲学雄心,试图将古希腊罗马精神、中世纪基督教精神和德国的浪漫主义综合起来,构成一个彻底解决一切分裂对立的无所不包的绝对真理体系。黑格尔的哲学理想是宏大的,但是他对"绝对理念"和"绝对实在"追求的哲学目标,则是注定要失败的。不过,他用所谓的"绝对精神""绝对实在"的自我矛盾、自我否定和否定之否定的辩证过程,将一切存在综合为一个统一体或无所不包的整体。黑格尔把浪漫主义的综合意识发展到了一个新的高点。

"参与的后现代主义"认为,康德的先验综合论和黑格尔的辩证综合论之所以失败,不是因为它们完全错误,或完全没有思想文化价值。其实,它们对"统一"和"综合"的追求是对的,它们的失败在于其追求的"统一"和"综合"是绝对的、必然的"一",是绝对普遍的、唯一的"实体""理念"或"真理",是永恒不变的"形式"、价值和意义。"参与的后现代主义"则试图用一种新的"综合观""统一观"代替绝对主义的"综合观""统一观",建立一种所谓的"参与的世界观"。

"参与的后现代主义"不同意"自我解构主义"的虚无主义的后现代主义,认为任何形式的虚无主义都是片面的,人类思想文化的演变不是"零点"演变,而是在各种思想文化的相互渗透、改造、更新、丰富、综合等复杂的过程中实现的。把各种思想文化分裂开来,否定它们的相互联系和相互影响,也就从根本上否定了一切思想文化。

"参与的后现代主义"的基本理念是"关系"理念,认为真正的"实在"不是孤立的"实体",因此,以"物"为本的物本主义,以"人"为本的人本主义,都是片面的"实体"论。真正的"实在"是"关系""相关性""介入""参与"。他们不同意存在主义的虚无论,但同意它的"关系"理念。德国存在主义哲学家海德格尔说,"此在的结构即在'世界之中'",即在个人之外还有一个自然的和社会的"周围世界",因此,"在世包含有共在","此在"有"在之中"性,各"此在"之间存在着相关性。"此在"的"相关性",也就是"此在"的"整体性"。因为"世内存在者都是向着世界被筹划的,这就是说,向着一个意蕴的整体被筹划的","此在"是"整体此在",是"存在的整体性"。个人总要与"外物"和"他人"打交道,人的在世状态（生存状态）就是连续创造的关系。①他们也接受罗素（Bertrand Russell）语言分析哲学的"外在关系学说"。罗素从哲学上发挥爱因斯坦的相对性学说，认为一切都是相对的，都是人的观察"事实"或"事件"，传统哲学所说的"实体"，只不过是人的感觉材料的"逻辑构造"或"逻辑虚设"（fiction），一切都是观察性质以及观察性质之间的关系而已。自亚里士多德以来的主宾逻辑是传统的实体论和一元论的逻辑，是一种错误哲学观的表现。罗素"以逻辑构造代替推论的实体"，用关系论和多元论代替实体论和一元论。他说："我所提出的哲学可以称为逻辑原子主义或绝对多元论，因为它肯定了存在着许多个别的事物，并否定了由这些事物构成的某种统一性。"②罗素的关系理论影响了心理分析的"客体关系理论"或"对象关系理论"。后者认为，人"自始至终存在关系之中"，"个人是通过他与社会的关系成长的"，"我们是关系性生物。人类的动机和发展都来自与其他人的关系……"。不是事物自身的"内在的本质"决定事物的性质，而是事物之间的关系决定事物的性质。一切都是关系，没有关系，也就没有"自我"。"精神分析最初是研究每张人皮内的个性的科学，而后现代精神分析研究的则是人皮之间的人之个性"，"客体关系理论使人们放弃了以个人为中心的想法，从而使我们永远不会单独存在，永远处于关系之中。我们生来就与另一客体相关。简而言之，我们是后现代主义的"。③可见，"相关性"观念是"参与的后现代主义"的基本理念。

既然一切都具有"关系性"，都是相互关联的，就应把一切现象视为统一的，综合的，相互渗透的，相互参与的。关键在于，"参与的后现代主义"赋予"统一""综合"等概念以新的含义，并以之与现代主义区别开来，也与"自我解构主义"的后现代主义区别开来。"参与的后现代主义"认为，"统一""综合"不是某种实体，不是本质，不是共性，不是一元，不是整全，不是同一规范，不是统一的模式，不是合一，总之，不是任何一种确定不变的东西。而是无限的杂多性、多样性、复杂性、破碎性的"并存"和"混合"，是各种事物和现象的"相依""相通"，是彼此界限的模糊性、

---

① 这是海德格尔在《存在与时间》（陈嘉映、王庆节译，北京：生活·读书·新知三联书店，1987年）中讨论的一个核心问题。

② 转引自车铭洲主编：《现代西方语言学》，成都：四川人民出版社，1989年，第159页。

③ 诺·N.霍兰德：《后现代精神分析》，潘国庆译，上海：上海文艺出版社，1995年，第289、303、292、288页。

交叉性、渗透性，是彼此的亲和（Rapprochement）、中介（mediating）、开放（openness），是一种调和（reconciliation）和统合（reintegration）。一切是彼此不同的，多样化的，而又是相互依存、相互补充和相互参与的。这样，肯定个性的独立性和多样性，又肯定它们之间的相关性和依存性。既反对否定一切的虚无主义（nihilism），也反对万宗归一的一统主义（monolithism）。

"参与的后现代主义"者相信，世界是统一的有机体（unitary organism）。但是，无论在本体论上还是在认识论上，他们都不是辩证的唯物主义者。他们理解的"统一""综合"是以人的"想象"为媒介（medium），实在、真理、价值都是人的想象力创造出来的。想象力是人与自然统一以及人与社会统一的桥梁。人摆脱不了主观性（subjectivity），摆脱不了想象（imagination），摆脱不了神秘性（mystery）。人的自由的创造性（creativity）和解释（interpretation），总会有个人的崇拜（cult）、内省（inferiority）、感受性（sensibility）和意志（will）。而实在、真理、价值与人的自由选择相关，人的意志、想象、信仰、希望等主观性总要参与选择。人通过"想象和意志的自我创造力"参与一切创造过程①，"统一"和"综合"的"实在"，都是人创造的。

后现代主义的激进的自我解构派和激进的参与派二者的思想倾向（tendency）不同，但都是把想象（imagination）作为人的创造性的基础和力量。认为想象不是反知觉和理性，而是知觉和理性都要通过想象传达出来。想象是人的一切能力的中介，科学的、哲学的、宗教的、知识的陈述，都具有想象的隐喻的性质（metaphorical nature），都是一种解释性的写实（univocal literalism），人的激情渗透于一切现实之中。整个来说，后现代主义是浪漫主义的一种新形式。

三

社会存在决定社会意识。思想文化归根结蒂是关于现实的精神反映。后现代主义研究家们试图从现代西方社会出现的所谓"后现代性"或"西

---

① Richard Tarnas, The Passion of the Western Mind, Harmony Books, New York, 1991, p.371.

方现代社会向后现代社会的转变",来说明现代精神中浮现出的后现代精神的"时代性"。"后现代思想家不但是'操心之人',更是直面现实的人。"后现代精神是研究西方社会产生的问题和面临的挑战的产物。"这意味着后现代主义是一种时代哲学。"后现代主义者认为,西方现代资本主义经过数百年的进化,今天已到了"晚期","今天的现代世界已经是危机四伏","已处于崩溃的边缘"。后现代主义是必须"抛弃现代性",必须"改造现代性"的一种精神的呼唤。①

概括起来,后现代主义者认为,现代资本主义的危机表现为资本主义社会生活的和精神的双重"存在困境"(existential predicament)。在物质生活领域,经济和技术发展的灾难性后果越来越严重,经济、技术和社会,都变成了病态性的,成了反人类的或反人道的。资本主义自由市场经济,导致经济高于社会,物质高于价值,技术高于道德,权势高于精神,物质的繁荣被视为社会的目标,GDP(国内生产总值)被视为社会状况的标志。货币崇拜和浪费的消费成了宗教,交换价值压倒了使用价值,货币媒介变成了实体财富,实物经济变成了符号经济。一种生产活动摧毁着另外部分的生产活动,经济所失超过了经济所得,GDP 的增长包含着生产的衰败,经济成了反经济。②结果是自然资源和生态环境遭到毁灭性破坏,人与自然对立,人与人对立,社会全面病态化了。资本主义的经济、技术、社会在盲目的狂热中,在醉醺醺的自鸣得意中,离开了人类生存和发展的自然正道,走向人的自我毁灭的深渊。现代资本主义曾高扬自由的旗帜,反对封建的封闭和束缚,鼓吹自由经济、自由思想、自由政治、自由文化,而今却走进了自己建造的现代资本主义的"牢狱"(prison)和"死胡同"(impasse)。

"现实生活中的苦难是思想的源泉",人们"在一种社会制度下所遭受的苦难为灵魂提供了洞察事物的眼光,而灵魂从这种眼光出发看到的东西会进一步强化和深化对反常事物的反常之处的洞察"。③现代资本主义的物质技术"进步"带来的却是一种"浮士德困境"(Faustian dilemmas,即将灵魂出卖给魔鬼以换取权力和知识)。后现代主义是对现代资本主义的黑暗

---

① D.R.Griffn 编:《后现代精神》,王成兵译,北京:中央编译出版社,1998 年,第 19、85、187、72 页。
② D.R.Griffn 编:《后现代精神》,第 165、171 页。
③ D.R.Griffn 编:《后现代精神》,第 128 页。

现实（dark reality）或境况（situation）的有意义的"再认识"和"反响"（resonant）。理查德·特纳斯（Richard Tarnas）说："在当代的思想境况中，可以看到两种不同的冲力，一是对知识、信仰和世界观进行激进的解构（deconstruction）和揭除（unmasking），一是对它们进行激进的整合（integration）和协调（reconciliation）。从明面上看，这两种冲力的作用是相反的，而从细微处看，它们可被视为两极化的而又相互补充的倾向在共同发挥着作用。"①它们都是对现代资本主义的"畸形"（Gigantism）的批判，都是对现代资本主义的"合法性"（legitimation）的否定，都是对现代资本主义的傲慢（complacency）的嘲讽，同时也表明"今天，西方精神正在经历着划时代的转变"。②

后现代精神的这两种倾向（tendency）、思想（thought）、感性（sensibility）、态度（attitude）是对现代资本主义社会矛盾困境做出的反应。它们的反应是不同的，但批判的态度和创新的意向是共同的。这两种价值态度（value attitude）或价值取向（value orientation），在当代资本主义社会的政治、经济、技术、社会、思想、文化、艺术等领域有各种形式的表现，而参与派的整合、协调的意向正在发生着越来越大的影响。面向21世纪，这一思想冲力更具有挑战性，它对人们的思维方式和价值观念发挥着革新的作用，对后现代主义参与派的这一思想趋向的性质和实际作用，值得进行追踪研究。

（本文原载于《南开学报》1999年第5期）

---

① Richard Tarnas, The Passion of the Western Mind, Harmony Books, New York, 1991, p.407.
② The Passion of the Western Mind, p.xii.

霍布斯政治观述评

张青荣

在欧洲近代哲学史上,霍布斯不仅第一个系统论述了机械唯物主义哲学观点,而且第一个系统地论述了资产阶级政治观,其核心是关于国家的学说。认真研究霍布斯的政治观,对于深入理解西欧近代哲学思想和政治思想的发展,对于正确评价他的思想都是大有裨益的。

一、人性和神性、人权和神权的对立

人权是市民阶级亦即资产阶级同封建制度进行斗争的有力武器。人权并非天赋的,它是历史的产物,人性论则是它的理论基础。人性问题从最初产生时起,实际上也是一个人权问题。正如马克思说的,人性的种种表现,实质上就是要"在所谓普遍人权中得到典型的承认"[①]。承认人人都有"自由的人性",就是承认人人都有"普遍人权"。从反封建的斗争史上看,高举人性的旗帜,就是高举人权的旗帜。这正是霍布斯政治观进步意义之所在。

欧洲自进入封建社会以来,基督教神学及其理论体系,成为统治一切的唯一意识形态。它给封建君主制和等级制罩上了一层神圣的光环,使之变得不容怀疑、天经地义、神圣不可侵犯。15世纪以后,随着市民阶层的崛起,特别是资产阶级的形成,它不能容忍不平等和毫无人权的社会地位,要求享有平等的人权,要求享有贸易和行动的自由。在这种情况下,资产阶级中的先进的思想代表人物,便用人性反对神性,用人权反对神权。霍

[①]《马克思恩格斯全集》第2卷,北京:人民出版社,1972年,第144页。

布斯的人性论和人权理论就是当时公开树起的反封建的一面旗帜。

霍布斯反对神学宣扬的等级论和血统论，主张自然平等论。自由平等是资产阶级政治观的重要内容，是资产阶级用来反对封建制度的有力武器。因此，霍布斯同其他的资产阶级思想家一样，把批判的矛头首先指向神学的教阶制和教权论，为资产阶级争得自由和平等而呐喊。

在神学看来，天国制度是最神圣的，完美无缺的。世俗的国家也必须按照教权论和教阶制建立起来，国君在上，臣民在下，人们分成若干等级品第，各在其位，各司其职，都是上帝的意志的体现。因为"人是上帝的特别创造物"，上帝在造人时，已把人分成了高低贵贱贫富不等的等级，这种等级和贫富的差别将一代一代传下去。因此，不平等和等级制是天经地义的、神圣不可改变的。针对这种不平等的理论，霍布斯指出人不是上帝的创造物；而是大自然的产物，是物质的物体。人与人之间根本不存在自然的差别，相反，人们无论在自然能力方面，还是身体结构上都是一样的、平等的。他说："人的本性是他的各种自然能力和力量的总和，像营养、运动、生育、感觉、理性等能力。这些能力，我们都一致地称之为'自然'，它们在'动物的'和'理论的'这些语词之下包含在人的定义中。"① 他又说："自然使人在身心两方面的能力都十分相等。"② 显而易见，霍布斯认为人们共同享有的自然平等是完全基于人的"自然本性"，人们之间完全不存在什么天然品质上的差别，更不存在等级贵贱之分，神学的等级论说教是完全荒谬的。谁相信它，谁就是愚蠢。

既然人的平等是建立在人的自然本性基础上的，那么人存在的价值就不是证明人隶属于上帝，证明上帝的存在和万能，而是从人自身出发，揭示人的自然本性，证明人是独立于神的自由人。霍布斯认为，人的自然本性不仅指人的自然能力，而且也指人的情感、欲望和追求，人们总是喜欢快乐讨厌痛苦的情感，追求幸福的生活，逃避苦难的折磨。使人快乐和喜爱的东西就是善，反之就是恶；保全生命是最大的善，死亡则是最大的恶。人的本性是自私的，趋利避害，追善弃恶，是人性的具体表现，自保则是人们行为原则。为了达到自私和自保的目的，可以采取一切手段，甚至发动战争相互厮杀，歪曲和否认真理，哪怕是最起码最简单的真理。霍布斯

---

① 霍布斯：《著作选》英文版，第4卷，第2页。
② 霍布斯：《利维坦》，北京：商务印书馆，1985年，第92页。

断言，自私和自保的原则植根于人的天性之中，人类的社会可以更替，但人的本性则是永恒不变的。

霍布斯以人性论为理论武器，用自然平等反对封建的不平等；用人的自由反对封建制度和一切行会束缚，要求行动自由和贸易自由；用人性反对神性，用人权反对神权；用追求物质享受反对宗教宣扬的禁欲主义。霍布斯的人性论，尽管是粗陋的、原始的，然而它却相当深刻和明确地表现了资产阶级对自由、平等和人权的政治追求。

二、君权人授和君权神授的对立

国家观是霍布斯全部政治观点的核心。列宁在谈到国家问题时指出，国家问题"是关系全部政治的主要的和根本的问题"，因而"是一个最复杂最困难的问题"。① 在西方近代哲学史上，霍布斯是第一个在国家问题上自觉地反对神学的国家观的人。他在国家权力的来源问题上，公开地把君权人授和君权神授对立起来，坚决反对当时基督教神学所宣扬的君权神授论，断言君主的权力不是来自神灵，而是由人民授予的。

霍布斯的国家学说，同他的唯物主义学说一样，是在反对封建制度及其精神支柱——基督教神学的激烈斗争中提出来的。自中世纪以来，宗教神学是西欧各国封建制度赖以存在的精神支柱，罗马天主教会是封建制度的巨大的国际中心，"它把整个封建的西欧（尽管有各种内部战争）联合为一个大的政治体系"，"它给封建制度绕上一圈神圣的灵光"。② 中世纪经院哲学的最大代表托马斯·阿奎那就极力宣扬"一切权力来自上帝"的观点。按照他的观点，国家是上帝创造的，君主的权力是上帝赐予的，因此，不仅封建国家是神圣不可改变的，而且君主的权力也是神圣不可侵犯的。君主一旦得到罗马教皇的认可和加冕，他不仅拥有国家的最高权力，而且成为上帝在该国的代理人。世俗社会的一切都是由上帝的理性支配的，法律就是上帝理性的体现。国家和教会、政权和神权就是这样紧紧地结合成一个整体。谁胆敢反对封建国家，谁就是反对教会；谁反对教会，也就是反

---

① 《列宁选集》第4卷，北京：人民出版社，1972年，第42页。
② 《马克思恩格斯选集》第3卷，北京：人民出版社，1972年，第390页。

对封建国家，不仅要受到国家法律的制裁，而且要受到教会的惩罚。宗教用上帝的权威来维护封建君主的统治，君主则利用国家权力来维护上帝的权威，二者相互勾结，狼狈为奸。法国唯物主义无神论者梅叶在他的《遗书》中，曾深刻揭露了宗教和封建政权的关系。他说：宗教和政府"情投意合，像两个小偷一样，互相庇护支持。宗教甚至支持最坏的政府，而政府也同样庇护最荒谬、最愚蠢的宗教。神甫们在咒骂和永世痛苦的恐吓下号召自己的信徒服从长官、公爵和国王，如同服从神所授予的权力一样。国王也同样关心神甫的威望，给予优厚的圣禄和丰裕的进款，支持他们行使做礼拜的空洞无谓的卖假药的职能，并强迫人民承认他们所做的和所教导的一切都是神圣不可侵犯的，——所有这一切都是用宗教和奉神的漂亮幌子掩盖起来的"[①]。因此，凡是反对封建制度的斗争，必然是反对教会的斗争。

推翻封建制度，建立资本主义的政权，是当时英国资产阶级所面临的历史任务。为此，必须剥去封建国家的神学外衣。这样，国家究竟是神造的，还是人造的，君主的权力是神授还是人授的这个问题，就以特别尖锐的形式被提了出来。如果承认国家是神造的，君权是神授的，那么，封建国家和君权就成了神圣不可改变的了，以推翻封建制度为目的的资产阶级革命也就成了不合理的了。霍布斯正是在这个关键的问题上勇敢地站出来，提出了人造国家和君权人授的观点，公开地同神学国家观相对抗。

霍布斯公开批评了基督教所宣扬的神学国家观，断言以基督教为代表的神学没有提出任何立法原则和社会原则，《圣经》上没有提出国家起源的任何根据，人们不应该到基督教的教义中去寻找国家的根据，而应该到人的本性中去寻找。为此，他提出了以人性论为理论基础的社会契约论。

霍布斯指出，人类在组成国家之前，处在一种"自然状态"，在这种状态中所有的人生来都是平等的，对于一切事物都拥有权利。但是由于人的本性是自私的，每个人都想保持自身的自由，都想拥有支配他人的权力，都想占有能够占有的一切；由于每个人都想达到自己的目的，而不顾他人，人和人之间必然发生无情的争斗，"人对人像狼一样"，自然状态便是一种战争状态。只要这种状态继续下去，任何人的生命安全都无法保障，"任何人（不管如何强悍或如何聪明）都不可能完全地活完自然通常许可人们生

[①]《十八世纪法国哲学》，北京：商务印书馆，1963年，第672页。

存的时间"。①

为了保证每个人的利益和安全，必须结束自然状态而出路在哪里呢？霍布斯认为，出路仍然要到人性中去寻找。他说："这一方面要靠人的激情，另一方面则要靠人们的理性。"②在他看来，人们的感情和欲望使人们自然地倾向和平，畏惧死亡，追求舒适而幸福的生活。他又说："理性的一般准则：每个人只要有获得和平的希望，就应该力求和平；在不能得到和平时，他就可以寻求并且利用战争的一切帮助和利益。这个准则的第一部分包含着第一个同时也是基本的自然律，就是寻求和平、信守和平。第二部分是自然权利的概括，就是：利用一切可能的办法来保卫我们自己。"③他还说："这条基本的自然律，是命令人们力求和平，从这条规律又引申出这个第二条规律：如果别人也愿意这样做时，一个人在为了和平与保卫自己的范围内，会想到有必要自愿放弃这种对一切事物的权利；他应该满足于相对着别人而有这么多自由，这恰如他愿意相对着他自己允许给别人的自由那样多。"④在霍布斯看来，人们为了生存，必须结束处于战争中的自然状态，寻求一个和平的环境，于是人们依据理性的原则，根据自然律，即反对战争，求取和平，按照己所不欲，勿施于人的原则，订立契约，转让自己的权力，把权力交给一个人或一些人组成的议会，这种公共权力的出现，标志着自然状态的结束，国家的产生。

我们清楚地看到，在国家起源问题上，霍布斯不是从神的万能中，而是从人的本性中去寻求国家的起源，断言国家是人性的必然产物。在他看来，国家同其他事物一样，都是物体，不过它不同于一般的自然物体，自然物体同物质一样是永恒的。国家不是永恒的，国家则是人们为保卫自身的安全和利益，通过契约而建立起来的。它既然能被人们创造，当然也就能被人们改变和消灭，因此，封建的国家绝不像神学家所宣扬的那样，是神圣不可改变的。霍布斯在国家问题上，一改人们的传统观点，宣告国家不是上帝创造的，而是人们通过契约建立的，君主的权力不是神授的，而是人授的。霍布斯完全剥掉了封建国家的神圣外衣，把国家从一个神造物，变成了一个普通的人造物体，把君主从神的代理人，变成了一个普通的人。

---

① 《十六—十八世纪西欧各国哲学》，北京：商务印书馆，1961年，第95页。
② 霍布斯：《利维坦》，第96页。
③ 《十六—十八世纪西欧各国哲学》，第95页。
④ 《十六—十八世纪西欧各国哲学》，第95页。

他完全否定了神对国家的支配和保护，否定了神的万能，甚至是否定了神的存在。

从封建社会过渡到资本主义社会，是历史的必然，是人类的一大进步。霍布斯关于国家起源和发展的学说，反映了资产阶级同封建制度的对立，在当时的确起到了反对神学、解放思想、组织和动员资产阶级及广大群众、向封建制国家进行斗争的作用，从而在从封建社会向资本主义社会演进的历史过程中，起了进步和推动的作用。

三、君主专制的实质是资产阶级专政

霍布斯是君主专制政体的拥护者。他认为，人们根据自然法建立的国家，是一个君主专制的国家。他把这样的国家比喻为《圣经》上巨大的海兽"利维坦"，并以此作为他的国家学说专著的书名。

霍布斯断言，在君主专制的国家里，君主是国家元首，掌握着国家的最高权力，而人民则必须绝对地服从君主的管辖。因为，在建立国家时，每一个人都自愿地把自己的权力转让给了君主，所以，每个人都甘愿受君主的统治，否则，反对君主，也就是反对自己；君主不是订约的一方，他不受契约的任何限制。在他看来，唯有这样一个拥有绝对权力的君主，才能防止战争，实现和平安定，保证人们正常的生产生活。否则，实行民主制，容易引起人们之间的意见争执，破坏社会安宁，不利于和平。因此，君主专制政体是最好的政体。

有人主张，既然霍布斯主张君主专制，那么，他的国家学说以及他的全部政治观点就是反动的。我们认为，这种看法是不妥的。君主专制是国家的政体形式，即政权的组织形式，国体则不同，它是指社会各阶级在国家中的地位，即哪个阶级掌握政权，占据统治地位，镇压哪些阶级，保护哪些阶级的问题。只有根据不同的国体来区分各种国家，才能揭示出国家的真正本质。任何一个统治阶级可以根据自己的需要，以及客观形势的变化，采取不同的政权组织形式，可以是共和制，也可以是议会制、民主制或君主制。列宁在谈到资产阶级的国家形式问题时说："国家的统治形式可以各不相同，在有这种形式的地方，资本用这种方式表现它的力量，在有另一种形式的地方，资本就用另一种方式表现它的力量，但实质上政权总是操在资本手里。不管权利有没有资格的限制，不管是不是民主共和国，反正都是一样。"①我们研究霍布斯的国家学说时，必须透过君主政体的形式，揭示出国家的阶级实质。我们认为，霍布斯的君主专制不是为了恢复和巩固封建专制制度，更不是封建地主阶级向资产阶级专政的工具，相反，他所主张的君主专制的国家政权归资产阶级和新贵族所有，它是资产阶级反对封建势力，维护资产阶级和资产阶级化了的新贵族的利益，镇压劳动人民的专政工具。因此，霍布斯的君主专制，是资产阶级性质的专政。

霍布斯的君主专制国家，主张人人平等，反对不平等的封建等级制度。等级制是封建制度的核心，如果我们把封建国家比作金字塔的话，那么，君主就是这个塔的顶端，而公侯伯子男则是他脚下的若干不同的等级，劳动人民则是这个塔的最底层。君临天下被看作神圣的天经地义的。封建国家的重要职能，就是维护等级制和等级特权，从而维护封建贵族的利益。霍布斯作为新兴资产阶级的思想家，坚决反对封建的等级制，大胆地提出了人人平等的要求。他断言，人没有天生的不同，人人生来都应该是平等的。这充分表现了霍布斯对封建制度的不满和否定。列宁说："首先提出这种要求（指权利平等——引者）的根本不是社会主义者，不是无产阶级，而是资产阶级。""资产阶级在同中世纪的、封建的、农奴制的等级特权作斗争的时候，提出了全体公民权利平等的要求。"②

霍布斯基于人人平等的原则，提出了反对封建世袭权力的主张。他断言，君主也是人，他在本质上同普通人并没什么差别，他同普通人一样，并不是生来就有特殊的执政权，他的执政权完全是人们给的，因此，君主不应该，更不能够把执政权传给自己的子孙后代。不言而喻，霍布斯的观点，是针对封建等级和等级特权的，他把君主从天上降为资产阶级王国里的普通公民，反对封建的君权世袭制，代表了资产阶级和新贵族要求掌握国家政权，成为国家主人的愿望，反映了工商业资产阶级对贸易平等、竞争自由、发展工商业的要求。

霍布斯对国家元首的职责进行了研究，他从资产阶级的根本利益出发，为国家元首（君主）规定了三项基本职责：一是保卫本国免受外部敌人的侵犯；二是维护国内和平；三是使公民富庶。③从国家元首的这三项基本

---

① 《列宁选集》第 4 卷，第 41、54 页。
② 《列宁全集》第 20 卷，第 137 页。
③ 参见《英国伟大的唯物主义者托玛斯·霍布斯》，北京：商务印书馆，1962 年，第 50 页。

职责上,可以揭示出霍布斯国家观的阶级实质。

霍布斯强调,国家元首的首要任务是保证国家的安全。这就从根本上揭示了国家元首的资产阶级性质。我们知道,资本主义社会是私有制高度发达的社会,保护私有财产权,是资产阶级利益的根本要求,是关系到资产阶级命运的大问题。要使财产得到保障而不受侵犯,首要的条件是保证社会的安全,国家的安全。因此,资产阶级向来是把安全作为资本主义社会的最高的社会概念。霍布斯把"维持国内和平","保卫本国免受外部敌人的侵犯",规定为国家元首的首要职责,就是把对外防止外部敌人的侵略,对内镇压劳动人民的起义和革命,看作国家元首的根本的首要的任务。他认为,要使社会能够安定和平,君主必须有某种强力,他可以用处分和惩罚告诫人们不得破坏自己所缔结的契约,并用强制的手段,使人们履行自己的契约和协议,巩固人们通过契约所获得的和平和所有制。不难看出,安全并不是这个词所显现的要维护普遍和平的意思,安全的实质是保障资产阶级财产所有制的问题,是资产阶级利己主义的保障,是用国家的强力来保证它的每个成员的人身、权利和财产不受侵犯。马克思说:"安全是市民社会的最高社会概念,是警察的概念;按照这个概念,整个社会的存在都只为了保证它的每个成员的人身、权利和财产不受侵犯。……市民社会并没有借助安全这一概念而超越自己的利己主义。相反地,安全却是这种利己主义的保障。"①

"使公民富庶"是国家元首的又一重要职责。霍布斯指出,国家的主要宗旨不仅要保障和平,而且要"制定法律以鼓励各种职业:航海业、农业、渔业,以及需要劳动力的各种制造业"②。国家要保证生产的发展,在其基础上,使财富不断增加,使资产阶级和新贵族拥有最多的财富,成为社会上最富有的人。

关心公民幸福或福利,也被霍布斯规定为国家元首的重要职责。他指出,"统治者的唯一的和最高的职责就是关怀人民的幸福"③。所谓元首关怀人民的幸福,并不是对全体公民说的,在他看来,关心人民幸福,指的是关心资本家的个人利益和幸福,其中主要是用国家机构和法律的权威保障资本家和新贵族的个人财富不被侵犯,保证资本家享受各种精神和物质

---

① 《马克思恩格斯全集》第 1 卷,第 439 页。
② 《利维坦》,第 185 页。
③ 《利维坦》,第 92 页。

的待遇等等。

不难看出，霍布斯所讲的国家元首同封建的专制君主已有了性质上的差别。国家元首虽然还叫君主，但已不是封建统治阶级利益的总代表，而是资产阶级和新贵族利益的代言人与维护者。因此，他的君主专制的国家已不再是封建贵族专政的国家，而是资产阶级用以"反对君主专制，反对封建贵族和反对占统治地位的教会"①的工具，是用来镇压劳动人民的资产阶级专政的机器。霍布斯的理论在反对封建制度，推动资本主义的发展上，都有积极的作用和意义。

我们肯定霍布斯政治观特别是国家观的意义和作用，但并不否认他的观点具有唯心主义和反人民反民主的性质。首先，他把自己的观点建立在人性论的基础上。他断言人的本性是自私的，国家则是人的本性的必然产物，是契约的产物。他完全否定了人的社会性，否定了国家是阶级矛盾不可调和的产物，宣扬国家代表全民的利益，以掩盖资产阶级国家的阶级实质。其次，他仇视民主和人民群众，强调人民不能有任何的民主权利，只能绝对地服从国家元首，任何不满和反抗都应该受到惩罚。这充分反映了霍布斯观点的反人民性质。

（本文原载于《中国人民大学学报》1993年第5期）

---

① 《马克思恩格斯全集》第6卷，第124页。

否定之否定规律的探索

梁 俊

否定之否定是一条怎样的规律,长期以来存在着不同的理解和解释,争论的焦点主要围绕着否定之否定规律的本质、作用、形式等问题而展开,笔者就此谈几点自己的看法、意见。

一、究竟什么是否定之否定

1. 否定之否定规律的本质

把否定之否定规律仅仅归结为是一个通过新事物对旧事物的否定,由低级向高级前进的发展规律,这是不够全面的。因为:

第一,新事物对旧事物的否定,只是旧事物在自身中的矛盾对立达到极端时的转化,是新旧两种不同事物之间的更替。而否定之否定是事物自身的存在运动、发展规律,是同一事物再生产自身的内部的本质关系。它同新事物否定旧事物完全是两码事。

第二,否定之否定是事物自身通过其中介环节,进行自我否定,然后它又扬弃这个否定,再生产自身,求得发展。在否定之否定中,种子被植株否定,植株又生产出种子,种子得到了发展。而旧事物被新事物否定只是一次否定,即单纯否定。如奴隶社会被封建社会所否定,是奴隶社会被淘汰了,它不能再重现,就像八十老翁不能返老还童一样。前者即种子是事物自身发展的一个周期过程,后者是两个不同事物之间的转化更替。前者的特征是螺旋循环的形式,后者是直线上升。

第三,用公式表示,否定之否定是:a—b—a';a—b—a'……,新事物否定旧事物是:a—b—c—d……,在否定之否定的发展形式中,"a"又重现，获得了发展，而"b"作为"a"和再现的"a"之间的中介环节它是"否定"。随着"a"的再现，它被扬弃了。即"否定"之被否定，这就是否定之否定的意思，例如，在小麦的发展过程中，麦粒通过否定又重现，获得了发展。麦株作为麦粒的发展形式，作为麦粒和再现的麦粒之间的中介环节，它是"否定"。当它再生产出麦粒时，它就干枯，被扬弃了。这就是恩格斯所说的："我们不仅应当否定，而且应当重新扬弃这个否定。"① 就是说，事物必须通过对自身的否定，并再扬弃这个否定才能再产生自己，这种通过否定麦株而新产生的麦粒，仍然是同一"类"麦子，所以仍是自我，但又和最初（作为起点环节）的麦子是不完全相同的新产生的第二代麦子。通过这番否定之否定过程，它的数量增多了，而且有新的发展，它不只肯定了自身作为同一"类"的规定性，而且从"否定"的发展中吸取了新的因素。这种"扬弃"与"吸收"使得它既是发展，又继续保持原来的规定性。因此说，否定之否定是事物的自身关系，每一次否定"是事物本身的一个发展阶段"②。通过扬弃其否定，发展事物质的规定性，这就是否定之否定的本质。

2. 否定之否定规律与对立统一规律的区别

把否定之否定规律和对立统一规律混同起来的观点，也是不妥的。当然，否定之否定规律"是从发展的矛盾性质中，从对立面的统一和斗争规律的作用中产生出来的"，说对立统一规律和否定之否定规律是有内在联系的，这是对的，但并不能因此就把否定之否定规律和对立统一规律等同起来，它们是各自有别的，不能混同的，这是因为：

第一，对立统一规律回答的是事物的发展动力和源泉问题，否定之否定规律回答的是发展的道路问题。这正如，鸡是蛋的内在矛盾性，即内因动力和外因作用下的产物，但鸡又不等于蛋一样。也正如列宁指出的："当然，辩证法自身包含着否定的因素，并且这是它的最重要的因素。但是否定之否定并不是这些，而是作为联系环节，作为发展环节的否定，是保持肯定的东西的，即没有任何动摇，没有任何折衷的否定。"③

第二，肯定因素和否定因素是统一体中存在着的两种矛盾的倾向，是两个矛盾着的方面在统一体中的地位。如资本主义这个统一体中，资产阶

---

① 《马克思恩格斯选集》第5卷，北京：人民出版社，1972年，第182页。
② 《马克思恩格斯全集》第20卷，北京：人民出版社，1966年，第673页。
③ 《列宁全集》第38卷，北京：人民出版社，1959年，第244页。

级是肯定的方面，无产阶级是否定的方面。二者是全然不同的两回事。

第三，否定之否定规律同对立统一规律和质量互变一样，都是辩证法的基本规律。只有三个规律的有机统一，才构成马克思主义辩证法的完整体系。

恩格斯指出："辩证法的实质，归结为下面三个规律：是量转化为质和质转化为量的规律；对立的相互渗透的规律；否定之否定规律。"①

列宁在分析马克思主义辩证法的本质特征时，曾在《卡尔·马克思》一文中明确指出，马克思主义发展观同其他的发展观的根本区别，就在于马克思主义辩证法系统地揭示了事物发展的矛盾根源，说明了"量到质的转化"的发展形式，指出了"否定之否定"的螺旋式运动过程，所以，"比流行的进化观念全面得多，内容丰富得多"②。才成为"最完整深刻而无片面性弊病的关于发展的学说"。可见，三个规律密切不可分，是全面揭露事物发展原因、形式和进程的完整体系，丢掉任何一个规律，就割裂了马克思主义辩证法的有机整体，就会背离马克思主义发展观的根本思想。

3. 否定之否定规律的完整含义

那么，应当怎样定义和表述这一规律呢？恩格斯指出："它是一个极其普遍的，因而极其广泛起作用的，重要的，自然、历史、思维的发展规律。"③ 具体地说，我觉得这一规律似应确定为：否定之否定规律，是事物在其内部矛盾作用下，通过其中介环节，以自我否定的形式再生产自身的周期性螺旋式前进的发展过程。这一定义指出了引起否定之否定的原因，确定了否定之否定的中介环节，阐述了事物自身发展的周期过程；揭示了事物自身发展的螺旋式前进这些基本特征；构成了否定之否定这一规律的本质。这一定义中所揭示的所有基本特征，缺少任何一个，对于否定之否定规律的定义就是不完备不准确的，从而对否定之否定规律的理解和解释也就不会全面准确，相反地，倒是歪曲了这个规律的基本意义。

---

① 恩格斯：《自然辩证法》，北京：人民出版社，1971年，第16页。
②《列宁选集》第2卷，北京：人民出版社，1972年，第584页。
③ 恩格斯：《反杜林论》，北京：人民出版社，1962年，第138-139页。

二、否定之否定规律是事物发展必然遵循的规律

有的文章怀疑甚至否定"否定之否定规律"的客观普遍性，认为这一规律在某些领域中不起作用，比方有一种观点认为，否定之否定规律有普遍性的论点缺乏有说服力的证明。根据列宁的有关论述，这个规律的基本思想有三个，即事物发展的前进性、曲折性和重要性，但在机械运动、物理运动中的吸引和排斥，化学运动中的化合与分解，怎样体现前进性？有许多例子存在着非三段式的发展周期，因而怀疑否定之否定规律的客观普遍性，这种意见我认为值得商榷，因为：不论在机械运动中还是在物理和化学运动中，否定之否定规律都以铁的事实证明起着普遍而广泛的作用。

在机械运动中，来回穿梭运动的机械装置是在一前一后的运动中发展的；钟表的摆动是在一左一右的摆动中前进的；波浪和潮汐是在一起一伏、一涨一落的运动中发展的；车轮的滚动是在上下起伏的圆周运动中前进的。

那么机械运动的直线运动又当如何理解？难道也是波浪式前进的运动吗？回答是肯定的，纯粹的直线运动只存在于理想之中，那只是为了数学运算的方便。现实中的直线运动都是相对的，铁轨看来是笔直的，火车的行驶可以按匀速直线运动测算后的时速。但是从高处观察它是左右迂回前进的。从地平面观测，地面是高低不平的，因而它又是在高低、上下起伏中前进的。假如设想火车沿直线一直行驶下去，其结果也只是绕地球一周，仍然没有离开黑格尔所说的"圆圈"、恩格斯和列宁所说的"螺旋式发展"和毛泽东所说的"波浪式前进"的轨道。

在物理运动中，吸引和排斥是基本矛盾，物质形态的接近和分离、收缩和膨胀、辐射和吸收、凝结和扩散等等，都是吸引和排斥的具体表现。比如，天体演化的"形成—破灭—形成"的周期性过程，也就是以吸引为主要倾向的凝聚过程，现代星云说业已证明，天体演化的过程，就是星际物质凝聚和扩散交替发展的曲折前进过程。这是否定之否定规律的生动例证。所有这些事实，都证明了事物前进的道路不是笔直的，而是为否定之否定规律所揭示的波浪式前进的运动。

化学运动也并不例外，"一切化学过程都归结为化学的吸引和排斥的

过程"①，这吸引和排斥就表现为化合和化分的矛盾运动。例如，水分解为氢气和氧气的过程，就是水分子分解为氧原子和氢原子，然后氢原子和氧原子分别化合成氢分子和氧分子这样一个化合—化分—化合的过程。这种过程连续进行，就是化学运动按照否定之否定规律曲折前进的体现。这是否定之否定规律客观普遍性的又一次有力证明。

关于否定之否定规律的客观普遍性，恩格斯曾从自然、社会和人类思维的各个领域进行全面论证。有的同志认为，恩格斯在《反杜林论》中并没有对否定之否定规律的客观普遍性予以全面肯定，至少没有就机械、物理、化学三种运动形式作出具体论证。这是一种误解，由于杜林对马克思主义否定之否定规律的攻击，主要集中在人类社会和人类思维领域，因此，恩格斯集中地就人类社会和人类思维领域对杜林痛加驳斥，同时，恩格斯也强调指出："这个规律在自然界和历史中起着作用，而在它被认识以前，它也在我们头脑中不自觉地起着作用。"②

以上无数事实充分证明：

第一，任何事物的产生只有首先通过否定之否定的过程，才有可能。世间繁多的物种不是从来就有的，而是在逐渐演变中产生出来的。从自然界来说，宇宙间的星体当它还处在星云状态的时候还是一个原子的世界，在那样高温下，除了原子，什么复杂的化合物、有机生命都不存在，而现在它却是一个物种繁多的美丽壮观的世界。宇宙间，大到地壳的形成，小到每一个具体事物的出现，无不是在否定之否定的过程中产生。

第二，任何事物的存在也是一个否定之否定的过程。生命在不断地新陈代谢中存在；商品在交换中存在，即如马克思说的 W—G—W 是商品生存的途径；资本在流通中存在；社会在生产和再生产中存在；等等。所以，否定之否定规律是一切事物发展所必然遵循的规律。

第三，任何事物的发展，都要经历一个由小到大，由不成熟到成熟，由不完善到完善的过程，事物自身的这种发展，不可能在一代中完成，必须将自身再生产出来才有可能。而事物只有通过自我否定的环节，才能再生产出新的自我。例如：鸡卵不能直接变成更多的卵，只有生成鸡，鸡才能再生出卵，鸡卵不断地自我否定，通过鸡的营养、生活环境、生存斗争

---

① 《自然辩证法》，第 189 页。
② 《马克思恩格斯选集》第 3 卷，第 182-183 页。

适应性等因素的变化，使卵逐渐获得新的因素。经过多少代的反复生成，卵才具有能够生成现代的鸡这样一种内在根据的卵。正如达尔文说的："我们不能设想，一切品种会一下子产生出来。就象我们今天所看到的那样完善和有用；的确，有许多情形我们知道它们的历史并不是这样。"① 无论植物界、动物界都是如此，包括人类在内。

总之，一切事物的产生、存在和发展，无不经历一个否定之否定的过程，概没例外，那种一朝降临就完善了的东西，客观世界上是不存在的。

三、否定之否定形式的多样性

任何事物的发展前进和上升运动，都离不开由于事物的内在矛盾（对立面的斗争）而形成的（产生的）否定形式，都必须遵循否定之否定规律。三个环节二度否定是事物发展的基本的普遍的形式，它的主要特征是螺旋式循环，并在循环中实现前进、上升的运动。即它仿佛是回到原先的出发点，但不是简单地重复原先的出发点，而是有所前进、有所上升和发展。螺旋式循环的特征主要表现为下列几点：

（1）这种形式是前进的，上升的，它不同于新事物代替旧事物那种前进的上升运动，又区别于简单循环式。

（2）这种形式反映了事物在否定之否定中既回到原来的出发点，而又有发展，是在更高基础上的重复，不只是数量的增加，而且有质的变化。

（3）这种形式反映了事物自身的不断发展、完善、成熟和提高。

（4）这种形式的连续就形成了一连串的螺旋，显示了一种向前的上升的发展性质。如，原始公有制—私有制—共产主义公有制的过程，就表现为螺旋上升式。螺旋式循环是否定之否定的特征，作为特征它是本质的表现，事物通过中介环节自我否定到再生产，即回到了原来的出发点，必然地表现为螺旋式循环，所以，恩格斯说："否定之否定——发展的螺旋形式。"②

（5）事物发展的周期性，由于受前进性、上升性所制约、所支配，因

---

① 达尔文：《物种起源》，北京：科学出版社，1972年，第32页。
②《马克思恩格斯选集》第3卷，第321页。

而它不是封闭的,而是开放的,每个周期的终点,同时又是下一周期的开端。在事物发展的周期性、节奏性中,就包含了通常所说的回复性或回归性。

现代科学证明宇宙间确实存在着这种循环式,例如小到"还原反应",大到"宇宙变化",均属循环式。恩格斯在《自然辩证法》导言里,以彻底唯物主义者的精神,对这种循环法则作过如下阐述:"世界是物质的,物质是不灭的;物质是运动的,运动的量是不变的,而且是转化的,物理学所提供的这种结果必然指出运动着的物质的永远循环是最终结论。"①天文学已证明了宇宙星岛是由炽热的星云转化而来的。恩格斯指出:"一切产生出来的东西,都一定要灭亡。"②恩格斯引用了《浮士德》的说法:我们的太阳系,我们的宇宙星岛,都要分别地遭到同样死灭的命运。因为"转化是运动着的物质本来具有的"③。宇宙星岛在其生命的行程中,"放射到太空中去的热一定有可能通过某种途径转变为另一种运动形式,在这种运动形式中,它能够重新集结和活动起来。因此,阻碍已死的太阳重新转化为炽热的星云的主要困难消灭了"④,整个宇宙星岛生了又灭,灭了又生,是在永恒的循环中运动。因此,对于整个宇宙来说是一个永恒的循环⑤,不管它以多长的时间为自己的周期,也不管它中间经过多少个环节,总之,这个循环将是必然的规律。

许多人不敢承认这个循环式,实质上这个循环式,非但无损于否定之否定规律所揭示的从自然界、人类社会到思维不断变化螺旋式向上的发展性质,而且它无可辩驳地说明了世界的统一性在于它的物质性。承认这一点,不是放弃了辩证法,而是坚持了唯物辩证法,否认这一点,形式上是坚持了辩证法,实质上是忽视了唯物论。任何存在方式,都在这个否定之否定的大循环中复归于物质的统一,这一点正是显示了否定之否定作为唯物辩证法主要规律所具有的彻底的唯物主义的性质。

总之,否定之否定规律告诉我们,一方面事物发展的总的方向是前进的、上升的;另一方面,事物发展的具体道路又是曲折的、迂回的,所谓波浪式前进,或螺旋式上升,指的正是事物在自我发展过程中的前进性、

---

① 《马克思恩格斯选集》第3卷,第452页。
② 《马克思恩格斯选集》第3卷,第458页。
③ 《马克思恩格斯选集》第3卷,第460页。
④ 《马克思恩格斯选集》第3卷,第461页。
⑤ 《马克思恩格斯选集》第3卷,第461页。

曲折性、上升性和回复性的对立统一，这就是否定之否定规律的普遍性和共同性。正如普遍性和特殊性是对立统一一样，三个阶段二度否定是否定之否定规律的普遍形式，但否定之否定规律表现在社会和自然科学以及一切其他领域也有其特殊性，这也就是说，否定之否定规律的表现形式是多样的，我们不仅要看到否定之否定规律的普遍性，也要看到它在表现形式上的多样性，只有这样，否定之否定规律才能成为我们辩证思维的科学方法，指导实践的理论武器。

否定之否定的形式是必然的，但是，否定之否定的具体方式是丰富多样的。这些方式"首先取决于过程的一般性质，其次，取决于过程的特殊性质"①。

根据事物发展、前进、上升过程的一般性质和特殊性质分析具体的事实，可以看出，否定之否定有下述不同形式。

一度否定式：

例：卵—鸡；鸡—卵；……，公式：a—b；b′—a′；……又例如：变形虫（音译为阿米巴）草履虫是单细胞动物，也是最原始的动物，它们生长发育是靠细胞的分裂而繁殖的，一分为二，二分为四，……它们的生长发育虽有特殊性，但仍遵循着否定之否定规律前进，上升，发展。

两度否定：

例：麦粒—植株—麦粒；公式 a—b—a′……。

在事物的发展中，经过对立面的两次否定，两次转化，即"三个环节，两度否定"，形成一个事物发展的周期。

多度否定式：

例如：昆虫生长发育有两种典型的类型，完全变态和不完全变态，我们以昆虫生长发育的完全变态桑蚕为例，昆虫的完全变态包括：

卵→幼虫→蛹→成虫→卵五个环节，即五个时期。总之，昆虫的生长发育周期表现为多度否定。

无限否定式：

例：祖→父→子→孙→曾孙……

公式 a—b—c—d→……

这种否定之否定规律的特殊表现形式，充分体现了螺旋循环式这个否

---

① 《马克思恩格斯选集》第3卷，第182页。

定之否定规律的多样性特点。

　　事物发展虽然存在多种形式，但是事物自身再生产这种螺旋循环的特征是共同的。具体事物的具体阶段的多样性与否定之否定的普遍性并不相悖，而是相辅相成的，具体事物发展的特殊性，必然使各个事物发展过程的具体阶段是多种多样的。然而，个性中包含着共性，特殊性中包含着普遍性，不管具体事物的具体发展阶段如何千差万别，但它们都有一个共同规律。基于事物内部的矛盾斗争，事物要经过否定自身向对立面转化，并再否定其否定，实现其前进、上升。恩格斯在《反杜林论》中，明确地把一系列事物的发展周期概括为两次否定，如：实数—微分—积分；旧唯物主义—唯物主义—辩证唯物主义；平等—不平等—更高级的平等。

　　所以说，否定之否定规律是事物发展的客观普遍规律。否定之否定规律揭示了事物发展的特点：周期性、重复性、前进性和曲折性。科学的发展愈来愈充分地证明：经过两次否定完成一个周期，在高级阶段重复低级阶段的某些特征、特性，是一切事物共有的、普遍的特点。

　　总之，否定之否定规律是一个极其重要的、普遍的，自然、人类社会和思维的发展规律，每一个革命者必须准确而全面地理解它，自觉而正确地运用它，以便为祖国的四个现代化多做贡献！

（本文原载于《社会科学》1984年第2期）

皮尔士真理观评介

康博文

查尔斯·桑德斯·皮尔士（Charles Sanders Peirce，1839—1914）以美国实用主义首创人、科学家、逻辑学家和科学哲学家的多重身份，对当代美国哲学以至整个20世纪西方哲学发生了深刻而持久的重大影响。他所创始的实用主义作为一种哲学运动，兴起于19世纪末，而在20世纪的前三十年间达到鼎盛时期，并迅速发展为一种世界性的思潮。它是美国的"土产"哲学，同美国的政治、经济及人们的现实生活都有着密切的联系，被认为代表着"美国精神"——求实与进取，并作为"美国特有的哲学传统"而构成了"美国对哲学界的一次独特而重要的贡献"①。因而，实用主义的兴盛时期被西方的特别是美国的哲学家公认为是美国哲学的"黄金时代"。

皮尔士的真理观构成了他的哲学认识论的中心内容。像当代西方主要哲学流派一样，皮尔士的认识论具有明显的"反形而上学"特征，他所着力研究的不是认识的起源问题，而是认识的真理问题。在皮尔士看来，实用主义不是一种"形而上学"，而只是一种"逻辑的格言"或"澄清意义的方法"。但意义清楚的观念仍可能是不符合事实的，因而就要进一步探究真理性问题。他强调逻辑、指号、思想、命题的目的就是要表达真理；科学研究最终目标也是建立真信仰，达到所有探究者最终都会同意的真理。皮尔士的认识论就是这样围绕着真理问题而展开的，体现了其认识论的基本倾向与基本特征。因此，运用马克思主义的立场、观点和方法，对皮尔士的真理观进行批判性研究，有助于我们从整体上深入分析皮尔士的认识论，认清他的实用主义哲学的根本倾向。

---

① 参见 P. 考斯编：《两个世纪的美国哲学》英文版，第1、3页。

皮尔士的真理观的理论基础是一种经验主义的概率理论；它的理论特征是实验主义、假设主义和信仰主义，并带有功利主义的色彩；它的哲学实质是唯心主义的经验论。他对真理作了多种规定，概括起来，可以归结为三个主要方面。

（1）符合说。"真理是代表者（represamtament）与它的对象的符合"（参见 5·554。本文所引原文均出自《皮尔士文集》1—8 卷；中点前为卷数，中点后为该卷节数）。这里所谓的代表者，是指代表着某事物的指号、陈述或命题，这些指号、命题从不同的方面代表着事物本身。代表者与对象的符合，按照皮尔士的见解，不是两者之间的相同、相似，前者也不是后者的摹写。认识的主体，那运用指号表达事物的人，在其中起着重要的作用。因此，代表者与被代表者之间有着一种三元关系。例如，一幢房子的照片之所以能作为某种具有真理性的指号，即能与房子本身相符合，是靠摄影师（认识主体）根据光学规律，迫使胶片接受图像，成为房子的一种表达。在认识主体的参与下，被表达的事物作用于那表达它的代表者，使两者达到符合。

"符合说"强调真理性不在于认识与认识对象的表面相同，相似，突出了人在认识真理过程中的地位和认识对象对认识的作用。真理是同人的经验活动相关的。西方哲学家一般都忽视了"符合说"在皮尔士真理观中的地位，没有看到"符合说"为皮尔士用经验活动、行为目的和实际效果检验认识真理性的观点奠定了前提，蕴含着皮尔士真理观的实用主义特征。

（2）接近说。皮尔士认为，真理就是命题对理想限度的接近，是两者间的和谐一致。关于"理想限度"，一个典型的例子，是数学中的圆周率π。相对于π的任何数字表达式都是命题。相对于来说，任何数字表达式都不是完全的真。因为它们不可能达到"理想限度"。它们必须承认自己的不准确性，承认自己是一种接近，才能保持与理想的和谐。他说："在本质上真理所依据的乃是这一命题并不自诩为确切地真。"（5·565）但是我们可以希望，随着科学的进展，命题与理想限度之间的误差会无限递减，正如π的给定值 3.14159 会进一步精确化为 3.141592653589……π的任何一个近似值都在向π的接近中与之保持着和谐一致。

皮尔士认为，真理既不是命题或陈述的本身，也不是"理想限度"本身，而是这两者之间的"和谐一致"，是前者向后者的无限接近。

皮尔士从概率的角度去规定真理。在一个无限长的经验系列中，一个事物发生的频率会具有确定的值。如果某事件可能在其中发生的那种情况会无限重复的话，并且如果能够记录下该事件发生和不发生的次数的话，那么，发生的次数和不发生的次数之比，将会趋近一个确定的极限（参见 7·210）。例如，如果要从骰子筒中投出一个骰子，而它的点数又能够被 3 整除（即或是 3 点，或是 6 点），那么这个数出现的概率就是投骰子次数的三分之一。

这种以概率理论为基础的真理观，强调经验的决定作用。那种命题向理想限度无限接近的系列，就是经验活动的过程。所谓无限的接近，正是确定了经验在实现真理认识中的地位和作用。认识要通过无数次的经验、实验来检验调整。真理往往与虚假概念混杂在一起，皮尔士认为，"经验则的确通过一种过滤，逐渐地沉淀并滤掉这些假概念，淘汰掉它们，并让真理倾泻出自己的洪波激流"（5·50）。皮尔士的真理观是一种经验主义的真理观。

"接近说"反对真理问题上的个人主义和主观主义，主张真理的非个人性。皮尔士曾批评笛卡尔"我思故我在"的命题，认为这是以个人的确信作为真理标准。这使人误认为形而上学具有远远超过自然科学真理的确定性。他指出，"真理就在于……与独立于任何人对这一问题的意见之外的某物相一致"（5·211），正像概率必定趋向一个极限一样，真理具有一种超出个人意见的作用的外在客观性，"即使我们不能不加思索地接受真结论，但真结论仍是真的；纵然我们不可抵抗相信假结论的习惯，而假结论却依然为假"（5·365）。他认为随着经验的探讨，真理必定会成为所有探究者所同意的意见（5·407）。真理是"公众的"，不是"私有的"。

（3）信仰说。皮尔士认为信仰与真理是等值的，并直接用信仰对认识作真理性的规定，作为认识活动的最终点的真意义，即为所有探究者所同意的意见，就是科学探究所要最终获得的信仰。真理即信仰，信仰即真理。"你完全禁不住要相信的信仰，就不是错误的信仰。换言之，对于你来说，它就是绝对真理。"（5·419）

皮尔士所说的信仰不是盲从，信仰的达到要靠怀疑和探究。他给怀疑以高度的重视，看作认识真理，达到信仰的先决条件。探究活动也要"随着怀疑开始，并随着怀疑的休止而终结"（5·375）。怀疑的根据源于经验，新的经验带来新的怀疑。怀疑引起探究，引起达到信仰状态的努力。探究是实验活动、经验活动，不是武断的钦定、先验的推论，也不是主观的想象。这种探究方法依据这样一个假设：真理-信仰不取决于个人主观，而取决于外在的永恒性，因而是可靠的。以怀疑和探究为前提的信仰又包含着进一步的怀疑和思考，它既是一个终点，又是一个新起点。

皮尔士看来，信仰与习惯也是等值的，信仰的获得，就是习惯的建立；而一种习惯也就是一种行为的信仰（2·148，2·170，6·467）。皮尔士把人的经验行为的习惯与信仰、真理等同起来，一是为了以人的习惯来证明信仰、真理的经验性、可靠性、有效性，二是为了表明信仰、真理是我们必然会按其行事的那种行动方式。这种行动方式是实用主义真理观所寻求的最根本的效果。真理-信仰起着与习惯一样的效果，它引导人们的行动，使之达到令人满意的效果。这种对行为的引导并使之达到人的目的的合理的满足，就是真理-信仰的最大实际的效果。这种观点明显地呈现出功利主义的色彩。

皮尔士不仅对真理作出以上三种主要规定，而且还探讨了真理的效果问题。意义理论是皮尔士实用主义哲学体系的核心，真理观自然与之紧密相关。一种观念的意义，在皮尔士看来，就是与此观念相关的、可以设想到的全部实际效果。人们主动地对它施予作用（操作），因而它产生某种预期的、可以设想到的实现效果（即对人们的有目的的行为发生影响）。真理问题不仅仅涉及观念与对象、被表达者和表达者之间的关系，而且还包含有人与观念、与对象的特定关系，即意义关系，或价值关系。人们不是为认识真理而认识真理，真理不是不结果实的花，它必定要对人们的行为产生实际效果，即它对认识主体来说是有意义的。从这个角度看，实际效果构成了真理与谬误的根本区别。

"'真'就是认识中令人满意的东西"（5·555），它的实际效果使人满意，与人的行为的目的一致。皮尔士反对将"令人满意"作享乐主义的解释，他坚持用人的行为及其目的来解释。"说一个行动或一个行动的结果是令人满意的，只不过是说它是与那一行动的目的相一致。"（5·560）例如，"闷浊的空气是对健康有害的"，这是一个大家都相信的真理。当我感到屋内空气闷浊时，这一真理就会产生一种物理上的效果，即引导我打开窗子。它的效果之所以是令人满意的，是因为这一效果同我行为的目的——保持空气的清洁以有益于健康——相一致的（5·431）。

应当指出，在皮尔士看来，有意义的观念必须是真观念，而真观念当然就是有意义的；观念的意义是真意义，观念之真也就是意义之真。"有意义"只是与"真"不可分割地联系在一起。他并不认为一个有意义的观念可真亦可假。一般讲,在他那里,有意义与真是等值的。"如果我们按真理行事,它就会把我们带到我们的目的地而不迷路。"(5·387)只有真观念才有意义。

综上所述,皮尔士的真理观,从"符合说""接近说"到"信仰说",走了一条客观→经验、实验→主观的发展路线。尽管其中各阶段存在着差异以至相互矛盾的成分,但有一个基本点是共同的,即仅仅强调以经验为根据,把真理限定在人的经验范围内,不承认客观真理。虽然皮尔士讲到真理是命题与独立于个人意见之外的事物的一致,但他所理解的事物并不是客观物质世界,而是在人的经验范围内为人直接地意识到的具体事物。他认为,"在最后的分析中,一切知识和一切思想的直接对象乃是知觉",他把知觉判断作为检验真理的标准。他的真理观的前提并不是唯物主义一元论,他所坚持的"客观性"也不是客观真理。

他反对真理问题上的个人主义、主观主义,但他所谓的为所有探究者同意的意见,并不是客观真理。列宁在批判马赫主义时就曾指出,用人类的意识代替个人的意识,用社会的经验代替个人的经验,并不能取消真理问题上的哲学唯心主义。皮尔士用"公众的"同意取代"私有的"意见,同样,并没能取消他对真理的唯心主义的见解,唯物主义一元论是科学地探讨真理问题的前提。科学的真理观必须首先确认物质世界的第一性,不依赖于人的意识而存在的客观性,承认人的认识归根到底是对物质世界的反映。没有这个前提就将误入歧途。当皮尔士直接把真理规定为人的意见和信仰时,他就把真理完全主观化,暴露出明显的唯心主义特征。这种观点必然导致"人造真理"的谬论。在真理性命题的巨大水库中,其中每一滴"原则之水"都来源于人类精神创造真观念的能力这一唯一源泉(5·50),这就是他的结论,就是他的真理观的归宿,一个唯心主义的归宿。

皮尔士从意义角度探讨真理问题,开辟出一个新的研究领域。但是,他企图避开哲学本体论问题,把真理同意义等同起来,以意义证明认识的真理性,这必然要导致最终以观念对人的功用去判定真理。列宁指出:"认识只有在它反映不以人为转移的客观真理时,才能成为对人类有机体有用的认识。"① 真理有它的效用,理论一经为群众所掌握便会变成巨大的物质

---

① 《列宁选集》第2卷,北京:人民出版社,1972年,139页。

力量。但是，如果避开意识与存在的根本关系，丢开认识是主观对客观的反映这个前提，仅仅从效用的角度看待真理，必然导致否认真理的客观性的主观功利主义的结论。这恰恰是皮尔士真理观的一大失误。

（本文原载于《天津社会科学》1984年第6期）

论康德的目的性学说

毛怡红

长期以来，在我国西方哲学史界，人们对康德哲学的研究一般只限于《纯粹理性批判》和《实践理性批判》，即只注重研究康德的认识论和伦理学，而对康德的另一重要著作、作为三大批判之一的《判断力批判》，以及其中所阐述的关于自然的目的性学说，没有给予应有的重视。这不能不说是当前康德研究中的一种片面性。

应当指出，《判断力批判》在康德整个哲学体系中占有极为特殊重要的地位。这不仅因为在《判断力批判》中，康德通过反思判断力及其先验原则的确立，找到了自由向自然过渡的中介，使理论理性与实践理性统一起来，从而结束了他的全部批判工作；更重要的是，《判断力批判》作为康德晚年的一部作品，前两大批判中提出的一些基本原则在这里得到了具体发挥。特别是通过对有机自然界的考察，使康德对包括人在内的自然总体有了更成熟的看法。

康德的《判断力批判》及其于目的性问题的研究，也历来为国外的一些学者们所重视。文德尔班曾经说过：《纯粹理性批判》只构成康德学说主题的一部分。因此，要在康德的整个世界观内来注释《纯粹理性批判》。而这个世界观又是在《判断力批判》中表现出来的。[1]鲍赫认为，康德哲学发展的真正目标只是在《判断力批判》一书中才向我们展示出来，理论哲学所表达的，从一开始就是为其后的目的性原则服务的。[2]这些看法虽然不乏有片面性，但也的确道出了深入研究《判断力批判》及其目的性学说，对于我们完整地把握康德哲学体系的必要性。

---

[1] 文德尔班：《序曲》，柏林，1921年，第150-151页。
[2] 鲍赫：《伊曼努尔·康德》第3版，第300页。

当代，随着自然科学的不断向前发展，特别是控制论、信息论、系统论等新型科学理论的出现，使得目的性问题成了一个十分热门的问题。康德的目的性学说也引起了人们更加广泛的兴趣。因而，以辩证唯物主义为基础，用现代自然科学成果提供给我们的启发，重新考察、评价康德的目的性学说，则是当前康德研究中的一项重要任务。

一

在西方哲学史上，目的性范畴的发展经历了几个阶段。最初，它是由目的范畴演化而来的。

我们知道，"目的"一词本是指人在自己行为之前为自己的活动结果所预先规定的某种明确意图。这个意图支配、控制着人的整个行为过程，并通过人的活动变为某种现实。

在古代，目的范畴被哲学家们推而广之，他们把自然的过程与人的行为活动相类比，认为，"既然技术的产物有目的，自然的产物显然也有目的"①。提出，人长睫毛是为了保护眼睛，而下雨是便于谷物生长，等等。在他们看来，自然的一切事物都是为着"追求某种目标"，是"为着某种目的"而产生的。事物彼此之间的合目的的适应性和有效性是事物联系的最终原因。这就产生了哲学史上最初的合目的性的思想。这一思想在中世纪曾被经院哲学所利用，为宗教神学大加发挥，成为论证上帝存在的根据。由此，合目的性思想便与神学目的论合流了。

文艺复兴以来，随着资本主义生产和它所推动的自然科学的不断向前发展，特别是牛顿力学的创立，使得用机械因果性解释自然的决定论思想不断取得胜利。在机械决定论的观点看来，世界上的一切事物都是精确地按照机械因果性发生作用的，事物的现在状态中蕴藏着它以后必将出现的一切状态的可能性。这种思想曾一度在自然研究的许多领域中占据着统治地位。笛卡尔就曾经把无机物、植物、动物都说成是受机械因果律支配的机器。18 世纪法国唯物主义哲学家们则更进一步认为人也是机器，"宇宙本身不过是一条生生不已的原因和结果构成的链条，……我们所看见的一

---

① 亚里士多德：《物理学》，北京：商务印书馆，1982 年，第 63 页。

切都是必然的"[①]。机械决定论的思想使旧的目的论观念遭到了沉重的打击。但是，目的论思想并没有从此销声匿迹。德国著名自然哲学家莱布尼茨在与机械唯物论的争论中又重新提出目的论思想。他认为，存在着的世界是对"最佳者的选择"，力学的源泉在"形而上学"中。宇宙万物都是按照上帝有目的的制定的"前定和谐"来运动变化的。他的学生沃尔夫则提出了一种更加浅薄的外在目的论。根据这种理论，猫被创造出来是为了吃老鼠，老鼠被创造出来是为了给猫吃。而整个世界被创造出来是为了证明造物主的智慧。

可以看出，目的论思想是人们在探求自然事物运动变化的根据、追寻世界的本体、终极原因时产生的。但是，在古代，由于自然科学发展水平较低，人们的理论思维水平也还很有限，因而，那时的哲学家，包括唯物主义者都不能真正从事物自身的内在联系中，说明事物运动变化的原因。而当"执着的"理性一定要对此做出回答时，人们便不得不把自然的过程拟人化，即把自然本身的客观联系看作为了合乎、趋赴某种意愿的。这样，也就"一劳永逸"地回答了自然事物为何"如此这般"相联系的问题。因此，应当指出，目的论思想是一种拟人化的世界观。它所肯定的客观目的，只是人们在无法说明事物联系的真实原因的情况下，根据自己活动的特点推想自然事物也必定如此的主观产物。尽管这一思想有时也曾把握了事物间某方面的联系，但究其根本而言，它是从事物表面的、外在的联系出发的。它既不能指出作为原因的目的是以怎样方式存在的，也不能说明客观目的的实际作用过程，而最终总是以不同的途径导致神的意志的干预。正因如此，在哲学史上，目的论往往是神学的代名词，它总是与神秘主义、唯心主义相联系，把自然科学的研究引向死胡同。

那么，自然事物之间究竟有没有目的性联系呢？究竟有没有合理的目的论思想？如果有，又应当如何说明它与机械因果律的对立？这就是康德自然目的性学说提出的理论前提。

[①]《十八世纪法国哲学》，第595页。

二

从早年起，康德就曾致力于自然目的性问题的研究。在前批判时期的主要著作《宇宙发展史概论》中，康德提出了他关于自然目的性问题的初步看法。

我们知道，康德早期思想是极为复杂的。一方面，作为哲学家，康德是莱布尼茨-沃尔夫形而上学体系的信奉者。他曾经认为，研究自然现象是为达到对上帝的认识。因而，证明上帝存在之类的神学观念在康德思想中还占有主导地位。另一方面，作为自然科学家，康德又是牛顿力学的支持者和研究者。他力图用牛顿力学原理论证宇宙的结构和起源，认为牛顿力学是唯一真实的自然科学。这种矛盾的思想特征突出地反映在康德的早期自然哲学中。

康德认为，自然界的万事万物是按其固有的自然规律发生作用的。他指出："组成事物的原始物质是和某些规律相联系的，而物质在这种规律下必定会自然而然地产生出美好的结合来。"[①]根据这一思想，康德批判了沃尔夫的外在目的论。认为它从自然事物的有用性和有效性出发，完全随心所欲地把包罗和谐与有用目的的自然的一切安排看作上帝直接的作用，而不相信宇宙的发展会从普遍规律中得到协调一致的结果。[②]可见，当康德从牛顿力学的观点出发，把机械运动的规律引入自然哲学的时候，莱布尼茨的"前定和谐"对于他来说完全是多余的。沃尔夫的那种上帝直接干预自然事物的外在目的论也遭到了他的强烈反对。康德的观点是：宇宙的和谐、完善应当由宇宙自身的机械运动规律来说明。

但是，应当指出，尽管康德站在机械自然观的立场上，批判了外在目的论，但并不意味着在康德那里，机械运动规律可以解释一切，也不能证明，康德就完全否定了神学目的论，成了机械唯物论者，康德说："给我物质，我将给你们指出，宇宙是怎样由此生成的……。但是，难道人们敢说，在微小的植物或昆虫身上也能找出发生发展的原因吗？难道人们能够说，

[①] 康德：《宇宙发展史概论》，上海：上海人民出版社，1972年，第196页。
[②] 康德：《宇宙发展史概论》，第196页。

给我物质，我将向你们指出，幼虫是怎样产生的吗？难道人们在这里不是由于不知道对象的真正内在性质并由于对象的复杂性所以一开始就碰壁了吗？"①在这里，一方面，康德看到了机械力学规律的局限性，认识到，生命有机现象是极为复杂的，它们的内在性质以及运动、变化的方式与机械现象不同，因而，仅仅靠机械力学规律不能说明它们。另一方面，这时的康德还没有根本摆脱旧形而上学思想的束缚。当他意识到机械力学的局限性，而又无法找到说明生命有机现象运动规律时，他不得不向神学作出让步。承认必然有一个至高无上的智慧按照协调一致的目的来设计万物。②

我们看到，在前批判时期里，康德思想处于矛盾之中。在如何说明生命有机现象的内在性质的问题上，康德在机械自然观与旧形而上学独断论之间徘徊，但两者又都不能使他满意。为了寻找新的出路，康德开始重新对目的性问题进行研究，认为有必要把这个本来自然科学中的问题，放到哲学理论的祭坛上加以批判的考察。他指出："形而上学的一个职责就是要通过纯粹理性确立目的性原则，并指出他的用途。"③因此，在康德看来，尽管旧形而上学的浅薄思想使目的论缺乏声誉，但并不能因此就放弃对目的性问题的探讨。相反，应当对以往的目的论作一次根本的改造。而这一改造工作是与对理性本身的批判考察相联系的。

通过对理性的批判考察，康德确立了他的先验唯心主义体系。从而，结束了他在机械论与独断论之间徘徊的状况，开始着手从主观唯心主义立场上探讨目的性问题，提出了他的主观唯心主义的目的性学说。但是，我们认为，从机械论知独断论的矛盾状况中走出来，转向主观唯心论，并不就意味着康德对目的性问题的探讨发生了倒退。相反，正是因为摆脱了机械论和独断论的束缚，才使康德以思辨的目光，把目的性问题的探讨引向深入。

三

在康德以前，人们对目的性问题的研究总是从属于本体论的。目的往往被当作某种独立存在的实体或终极原因来追求。这样，就必然导致神的

---

① 康德：《宇宙发展史概论》，第17页。
② 康德：《宇宙发展史概论》，第7页。
③ 康德：《目的论原则在哲学中的应用》，《康德全集》第4卷，柏林，1922年，第496页。

目的或有目的的神，最终走向神秘主义。与以往的哲学家不同，康德选定了批判的、先验主义的道路，他决意从认识主体的理性活动本身来说明目的性范畴。

康德认为，人的认识活动要经历感性、知性、理性三个阶段。感性借助经验和先天直观形式形成直观知识；知性依据范畴综合感性经验构成科学判断；理性则把知性所得到的各种知识再加以综合统一，以把握绝对无条件的知识。在康德看来，目的性不属于知性范畴，在十二个知性范畴组成的构架中没有它的地位，它也不属于纯粹的理性理念，因为它不是理性在把相对的、有条件的知识综合为绝对的、无条件的知识的过程中产生的概念（如上帝、灵魂和自由）。但是，目的性又的确是与理性活动相关的。它为理性最大限度的使用提供了依据，即理性之所以要追求把握绝对的、无条件的知识，就在于理性已先验地把自然思考为一个完整的、以目的性联系着的统一体。这种自然的目的性联系的概念在整个理性活动中起着支配的作用，因此，在康德看来，目的性是理性主观自生的先验概念。这样，它就与其他三个理念一样：在经验中无与之相应的对象。而以往的目的哲学之所以荒谬，就在于它们独断地把理性中主观的东西当成了客观存在的东西来论证，也就是说，把"思考自然为统一的理性法则"——目的性原则，当成了客观的法则，并由此推求一个有目的的本体或终极原因，殊不知，这一论证本身是没有经验基础的。可见，否认目的性范畴的本体论意义，把目的性仅仅看作一种主观理性中的原则，这就是先验哲学的目的性思想与独断论的目的论的根本分歧之处。

康德认为，目的性概念就其为先验原则而非经验范畴而言，它与其他三个理念有着上述共同之处。但是，它还有着与其他三个理念的不同之处。目的性理念在理性活动中担负着一种特殊的职能，这种职能被康德称为理性中的范导作用。

康德认为，理性的综合统一活动不是毫无目标、任意发生的，而是在理性中的目的性原则指导下进行的。他指出："依据理念之最高方式的统一，乃是事物之有目的的统一。……此种原理在其应用于经验领域时，完全以新的观点开展于吾人理性之前，即世界之事物可以依据目的论之法则而联结之，并使其达到最大系统的统一。"① 他还说："只有此种方法，即有目

---

① 康德：《纯粹理性批判》，北京：商务印书馆，1960年，第482-483页。

的的统一之原理,始能常有助于扩大经验之相关之理性使用。"① 具体说来,目的性作为主观范导原则在理性活动起着这样的双重作用。一方面,它扩展并推动着知性发现一切特殊规律、注意尚未发生的事情,使知识更有一贯性和整体性。另一方面,目的性原则作为经验世界可以被绝对把握的一种先验根据,它引导着认识达到某种最大系统的统一。如果说,灵魂、自由、上帝这三个理念分别代表理性所要达到的一类知识的完整体系,那么,目的性原则则是理性之所具有这种能力的基础。康德指出:"最大可能之系统的统一以及其结果之有目的的统一,乃使用理性之训练学校,且实为理性最大可能之使用所以可能之基础。故此种统一之理念与吾人理性之本性,乃固结而不可分者。"② 这就是说,目的性原则是理性思维的必要条件,是理性活动本身所要求的。没有这一原则,经验知识的理性统一便不可能。为此,康德研究专家恩斯特曾经这样说:"在《纯粹理性批判》中,目的性概念不仅是逻辑的、系统的概念,而且是最高的先验理念。由此,不仅可以得到知性知识的统一,使自然由个别经验的聚集体有可能成为一个可经验的系统,而且使知性本身在其多样性的使用中感到与最高原则的一致,尽可能地推进、扩展知性的用途。……因而,康德的目的性概念与通常使用的目的性概念是有所区别的。通常的目的性概念使认识陷入困惑,并为认识活动的无知提供了避难所。在康德那里,目的性失去了这种消极的性质,获得了积极的使用。"恩斯特的这一评价是十分中肯的。

以上我们看到,在《纯粹理性批判》中,康德对目的性概念作了先验唯心主义的改造。一方面,他强调,目的性仅仅是理性思维活动中的先验范导原则,它不能被经验地、构成性地使用。因而,旧形而上学把理性的主观原则实体化,并以此作为推论上帝存在的根据,这在事实上是站不住脚的。另一方面,康德又指出了目的性作为理性范导原则的积极作用,并由此初步揭示了人的抽象的理性思维活动的特点——方向性、有序性和整体的系统性。从而,破除了以往的神学目的论、本体论及终极因的目的论思想,指明了目的性原则的认识论意义。

但是,我们也还应看到,在《纯粹理性批判》中,康德虽然否定了旧形而上学的目的论,提出了他的先验唯心主义的目的性原则,但是,在这

---

① 康德:《纯粹理性批判》,第485页。
② 康德:《纯粹理性批判》,第487页。

里，康德对目的性问题并没有给予全面的、系统的论述。他强调：在理性活动中，必须把自然思考为"以目的性联系统一起来的整体"，然而，这种起范导作用的目的性原则其本身内容如何？自然又是怎样以目的性联系统一起来的？《纯粹理性批判》没有回答这一问题，只是到了《判断力批判》一书中，康德对此才展开了系统的论证。

四

在长期的哲学以及自然科学许多问题的研究中，康德对目的性问题逐渐形成了更深刻、更成熟的看法。他开始意识到，目的性原则并不仅仅是理性引导知性知识系统化、整体化的原则，其更重要的意义在于，根据这一原则，我们能够揭示单纯机械因果律所无法解释的某些自然现象之间的联系，即生命有机现象的内在联系以及作为整体的自然界的运动、变化。正是由于把理性中目的性原则推广到自然本身，特别是对有机界的考察中，使得康德更加详尽地阐述了他关于自然的目的性联系的一系列重要思想，从而，把《纯粹理性批判》中提出的目的性原则大大地深化和丰富了。

在论述自然的目的性联系之前，康德首先批判了机械论对自然的考察方式。他认为，机械因果律属于知性范畴，它只对数学、力学范围内的经验材料有效。而自然界具有丰富多彩的形式，有些自然现象是不能被单纯的机械因果律所涵盖的。他指出："我们只靠自然的机械作用原理是永远不能有关于有机物与其内部可能性的、足够的知识，更不必说得到对它们的解释了。"①因为机械因果律把事物间的联系仅仅看作一种机械式的联系。犹如钟表，它的各个部件之间以及部件与整体之间的联系完全是一种外在的依存关系，而缺乏内在的有机联系。因此，康德认为，那种以为有一天会有另一个牛顿出来告诉我们，一根草的产生也是由机械力学规律来解释的想法，是极为荒谬可笑的。在康德看来，要深入自然总体以及有机生命现象的内在联系，必须引入目的性原则。

所谓在自然考察中的目的性原则，即一种体现为目的性因果联系的原则，它与机械的因果联系有着重要的不同。康德指出："因果联系，就它单

---

① 康德：《判断力批判》下卷，北京：商务印书馆，1964年，第35页。

纯由知性设想而言，它乃构成一个系列，即一个总是前进的由原因结果组成的系列联系，作为结果而预先把其他东西假定为原因的事物本身，不能反过来又是其他东西的原因，这种因果联系我们称之为有效因的因果联系。但在另一方面，也毕竟可以设想一种符合于理性概念的因果联系，即目的性的因果联系，这种联系在我们把它看作系列时，它自身既可带有前进的依存关系，也可带有后溯的依存关系，在前进的依存关系中曾经被称为结果的事物在后溯的依存关系中还可以成为引起这个事物的那个事物的原因……这样一种因果联系，我们就可以称为目的因的因果联系。"[①]在康德看来，目的性的因果联系这一原则，把我们引导到了一种完全不同于单纯机械关系的有机系统里。在这个系统中，自然事物间的联系不再是那种可以无限类推下去的、单向流动的直线联系，作为原因的事物与作为结果的事物也不再像机械因果联系中那样，彼此处于僵硬的、外在对立的状况。相反，在这里，作为原因的事物以前进的方式产生的结果，同时又会以后溯的方式反作用于同一事物，把它作为它自身的结果。如此，原因和结果是双程的，回路式的，并且往往是同步的，以至人们不能简单地断定哪一方是直接主动的原因，哪一方是直接被动的结果。对此，康德指出："如果一个事物在双重的意义上同时是原因又是自己的结果，它就是作为自然的目的而存在的。"[②]具体说来，康德这一思可以归结为以下三个方面。

第一，在目的性联系中，事物的各部分互为因果、互为手段和目的。比如，叶是树的产物，但反过来，叶也维持树。"自然产物的各部分由于它们互为原因与结果，而把它们结合为一个整体的统一，其中各部分都被设想为一个产生它部分的器官，而每部分都与其他部分有相互产生的关系。"[③]这就是目的性联系的第一个方面的规定。第二，事物的每一部分只有在与其整体相联系的情况下才存在。"一个事物成一个自然目的，首先要求它的各部分都只有与整体相关连才可能。"[④]在一个有机系统中，部分是与整体相联系才存在的，部分以整体的运动为目的，把自身作为手段，为了整体的存在而产生。并且，只有在整体中，部分才能作为有效因发挥作用；反过来，整体的目的也只有在部分的活动中才能实现。因此，康德强

[①] 康德：《判断力批判》下卷，第20页。
[②] 康德：《判断力批判》下卷，第18页。
[③] 康德：《判断力批判》下卷，第22页。
[④] 康德：《判断力批判》下卷，第20页。

调，整体的属性不像机械论所认为的那样，等于各部分机械相加的总和，在这里，整体与部分是有机地结合着的。部分不仅在整体中没有独立性，而且，一旦与整体分离就丧失了其存在的条件。第三，事物的存在不仅是有机的，有组织的，而且是自组织的。这是目的性联系中最重要的一点。康德指出，有机体不是机器，机器仅仅具有运动的力量，有机体则拥有自身形成的力量。他以钟表为例，说明机械运动是被动的、无序的。机械联系的物体之间不具有相互利用、相互组织的能力，因此，它不能修复它自身碰到的偶然失调，不能自我改善、自行弥补它损失的部分。然而，"这一切却可以期待于有机界"。有机体自身具有某种自我调节、自我组织的功能。凭借这种功能，机体能够不断地完善自身。机体内各部分以及机体与环境之间总是能够协调一致、保持某种积极的平衡，趋于一总体的目标。因此，有机体的运动是自主的、随机的，从无序到有序的过程。

　　上述思想，是康德目的性学说中的主要部分。通过这一部分的考察，我们认为，有必要提出这样一个问题，即如何评价康德哲学中的辩证法思想。传统的看法认为，康德的思想方法是形而上学的。即使承认康德哲学中具有一定的辩证法因素，也只限于肯定康德提出了四组二律背反。这样，似乎德国古典哲学的最精华的部分——辩证法思想，应当全部归功于黑格尔，与康德关系不大。应当指出，这种观点是不全面的。我们认为，康德的哲学思想是发展变化的。从《纯粹理性批判》到《判断力批判》，经历了近十年的时间。这期间，康德进行了更广泛的自然科学和哲学问题的研究。因而，康德的思想不是一成不变的。我们说，康德哲学中包含着丰富的辩证法思想，不仅在于在《纯粹理性批判》中，康德发现了理性认识必然要出现矛盾，而且在于在《判断力批判》中，康德把他关于理性中二律背反的思想进一步具体化，考察了自然界中机械因果性（必然性）与目的性（不必然性）之间的对立，并由此揭示了原因与结果、目的与手段、整体与部分等之间的辩证联系。康德目的性学说中的这一思想，是对德国古典哲学的辩证法思想的重要贡献。黑格尔的辩证法中关于相互作用、普遍联系的思想正是由此出发的。不同的是，黑格尔不仅根据这一辩证思想，揭示了现实自然界的运动变化（在自然哲学中），而且进一步把它们抽象化为概念的辩证法，使之成为辩证逻辑的重要内容。当然，我们也还应看到，尽管康德提出了包含上述辩证内容的重要思想，但他又认为，这些联系仅仅是主观的，是我们主观思考自然的原则。这样，辩证联系的丰富内容就只能在主观形式中展示出来。只是在这个意义上,列宁说:"康德主义=形而上学。"①

五

黑格尔曾经说过:关于自然的理念,从亚里士多德起就流传下来了"必然性和目的性之间的古老对立和不同观点。必须注意,在关于自然事物的概念的考察方式中,有着两个环节:第一种方式是按照外在必然性来考察,其实这就等于按照偶然的机缘——即自然事物通常是被认为受外界规定,根据自然原因来考察。另外一种方式是目的论的。但目的性又有双重意义,内在目的和外在目的。在近代教育中,谈到目的时,首先是外在目的性占上风;自然久已被这样的方式来考察。人们在这两种考察方式之间摆来摆去,寻找外在的原因,寻找这个规定那个关系等等有什么目的,又和外在目的论周旋,这种目的论是把目的放在自然事物之外的。"②康德目的学说的一个重要内容,就是考察机械因果性与目的性的同时,进一步区分了内在目的性与外在目的性。

康德认为,我们按照目的性考察自然,出发点不是事物的外在目的,而是它的内在目的性。所谓外在目的,是指达到目的的手段与目的处于一种本质上漠不相关的、彼此外在的关系中。持外在目的论者,或者是从对人的有用性来考察自然,比如,认为植物的生长是为了保证人的生存,下雪是为了雪车的使用,以促进人们之间的来往;或者是从物与物之间的外在适应性来考察自然,认为猫生下来为了吃老鼠,老鼠生下来是为了给猫吃等等。对此,康德指出:"这种相对的目的性尽管以假定的方式指出了自然目的,却决不能证明任何绝对的目的论判断。"③康德所要坚持的是内在目的性的观点。内在目的性,在康德那里有这样三方面的含义:

其一,是指目的与手段的关系而言。在内在的目的性联系中,目的依赖于手段,同时又反作用于手段。手段与目的相互促进、相互推动,任何一方都是另一方存在的必不可少的条件和内在因素。其二,在康德那里,

---

① 列宁:《列宁全集》第38卷,第110页。
② 黑格尔:《哲学史讲演录》第2卷,第308-309页。
③ 康德:《判断力批判》下卷,第15页。

内在目的性又是指事物的内在规定性。他指出:"评定客观的合目的性总是需要一目的概念和一内在目的概念。内在目的性就其不是外在的,而是内在的而言,它包含着对象内在可能性的根据。"①这就是说,目的性联系是事物之所以以这种方式存在的根据,一旦这一联系遭到破坏,事物生存的可能性也就丧失。与此相联,康德提出内在目的性含义的第三方面,即从偶然性与必然性的相互关系上说明内在目的性。他写道:"在自然的特殊(经验)规律中,被我们看作偶然的东西毕竟包含着一种有规律的统一性,它把自己的多样性结合为一种自身可能的经验,虽然我们不能深究,但可以思议;结果,结合中有规律的统一性就被想象成为(自然)各个对象的合目的性,它虽然是按照知性的必然目的被我们认识的,但同时又被我们认为其本身仍然是偶然的。"②在康德看来,目的性相对于知性因果律来说,它是偶然的,是事物之间的一种不必然的联系,但这种不必然的联系又不完全等同于偶然性,偶然性的根据在自身之外,而目的性的根据在自身中。"在偶然的东西中发现的规律性就叫作目的性。"③因此内在目的既是偶然的,又是必然的。它是偶然联系中所包含的内在必然性。

黑格尔极为赞赏康德的内在目的性学说,认为,"只有在这方面的思想里,康德哲学才算达到了思辨的高度"④。我们知道,在《纯粹理性批判》中,康德曾设立了四组"二律背反",其中的一组就是必然与偶然的对立。在那里,康德从形而上学的思维方式出发,只看到了A不等于非A,而不知道A是A与非A的统一,就是说,他在绝对不相容的对立中思维。因而,必然与偶然被看作彼此僵硬对立的。但是,《纯粹理性批判》没有解决的问题,在《判断力批判》中,康德把它以更加具体的形式重新提了出来。通过对有机自然界的考察,他开始意识到,必然性与偶然性并不是绝对对立的。偶然性中包含事物必然如此行为的根据,它体现着必然性和规律性。这样,必然性与偶然性就在内在目的性中达到了统一。

依据内在目的性思想,康德使他的目的性学说与外在目的论和机械论的自然观从根本上划清了界限。可以看出,机械决定论与外在目的论尽管出发点不同,即对目的性问题采取的态度不同,但两者与内在目的性学说

---

① 康德:《判断力批判》上卷,第65页。
② 康德:《判断力批判》上卷,第21-22页。
③ 转引自黑格尔:《哲学史讲演录》第4卷,第301页。
④ 黑格尔:《小逻辑》,北京:商务印书馆,1981年,第144页。

都有着本质的区别。外在目的论只知道事物外部的、非本质的联系，只追求事物间的外在适应性和实用性，放弃对事物内部组织的研究。从而，把一事物人为地归结为为了另一事物的存在而存在，把另一事物又看作为了适用于其他事物。这样无限类推下去，必然要追寻到无穷序列的那端，即超越感性的物理世界，承认一个经验所无法证明的上帝的存在。因此，外在目的论是不可取的。而机械决定论否认任何偶然性，认为一切都是必然发生的，一切都是由一种不可变动的因果锁链、由一种坚定不移的必然性所引起的事实。这种观点，由于它完全抛弃了偶然性，也就不可能真正把握事物的内在必然性，而最终不得不导致宿命论。可见，外在目的论与机械决定论是两极相通的。它们最终都没有逃脱神学自然观的命运。与此不同，康德提出了内在目的性的学说。他力图从事物的内在联系中把握必然性与偶然性，主张用事物内部的互为因果、互为目的与手段的相互作用去说明事物的终极原因，这就大大地高出了他的前人。恩格斯曾经指出："相互作用是事物的真正的终极原因。我们不能追溯到比这个相互作用的认识更远的地方，因此正是在它背后没有什么要认识的了。……只有从这个普遍的相互作用出发，我们才能了解现实的因果关系。"[①]根据恩格斯的这段话，我们将能更深刻地体会康德内在目的性思想的合理因素。

在西方哲学史上，目的论与机械的因果决定论的对立由来已久。因而，调和这两种尖锐对立的学说，划定它们各自不同的有效范围，是康德目的性学说要解决的另一任务。

康德提出，在对自然事物的考察过程中，有着两种根本不同的考察方式，即机械因果论的考察方式和目的论的考察方式。当人们把两者都作为认识自然的构成性的原理时，就必然出现二律背反。机械论主张：物质的东西，与其形式的所有产生都是必然按照单纯的机械规律的鉴定才是可能的。目的论则主张：有些自然的产物是不能按单纯的机械规律鉴定为可能的。就是说，为了对它们作出鉴定需要有完全不同于因果律的目的性原则。[②]如何说明这尖锐对立的正反两题呢？康德首先回顾了哲学史上各种不同的目的论思想，认为有必要通过对历史的考察得出启示。

康德把哲学史上对目的论的看法分为两大类：凡认为自然的目的是无

---

① 恩格斯：《自然辩证法》，《马克思恩格斯选集》第 3 卷，第 552 页。
② 康德：《判断力批判》下卷，第 31 页。

意的，称为目的论的观念论。凡认为自然的目的是有意的，称为目的论的实在论。目的论的观念论又可分为用偶然性解释目的性的观点和用宿命论解释目的性的观点。前一观点的主要代表是伊壁鸠鲁。他把盲目的机会看作事物的根据，否认自然现象是有计划的、为着某个目的产生的。因而，自然界中所呈现的目的性联系的现象，纯属无意的偶然。以斯宾诺莎为代表的宿命论则把一种超感觉的原始存在（即实体）作为决定一切事物的必然原因。把目的性当作实体固有的必然偶性。康德认为，诉诸偶然的机会论者和诉诸必然的宿命论者都没有真正把握目的性问题的本质。前者从偶然性出发，把自然的目的看作无生命的物质。后者则依据绝对必然性，使自然目的说成是无生命的神。两者最终都没有跳出机械论的圈子。同样，康德把目的论的实在论也分为两种。一种观点认为，自然的目的性是建立在一种有意识的物质生命的活动能力之上的。对此，康德称之为物活论。另一种观点试图从宇宙的起源上证明，一定有一个创造世界万物的有理性的存在者为世界的最高目的。从而，把自然的目的断定一种有生命的神，主张神学目的论。因此，目的论的实在论也不能为康德所赞同。康德认为，以往的哲学家对目的性问题的看法都是片面的。他们或者把自然目的当作客观存在的实体加以否定（如上述的机械论者），或者把自然目的当作客观存在的精神加以推崇（如上述种种目的论者）。在他们那里，机械因果性与目的性是绝对对立的，因而，无论是物活论、有神论，还是偶然的机会论、宿命论都无法找到解决上述二律背反的出路。

康德认为，解决目的论与机械论的二律背反，关键在于消除对目的论的误解。这里，康德继续发挥了他在《纯粹理性批判》中提出的目的性是思维的主观范导性原则的思想。他反复强调："目的性原理只是主观范导性的，它只处于鉴定人的观念里，而不处于任何有效因里。"①"自然产物中的目的性这个概念，并不涉及对象的确定，……乃是一条主观原理，这条原理，如果当作是范导性的而不是构成性的，乃是对于我们人类的判断力必然有效的。"②这就是说，在对自然的考察中，目的性原则仅仅是一主观原则，并非客观事物本身所具有的现实联系，也不是任何客观规律，它不能被构成性地使用。而在以往的考察中，人们之所以常常陷入机械论与目

---

① 康德：《判断力批判》下卷，第25页。
② 康德：《判断力批判》下卷，第61页。

的论的二律背反，正是因为把目的性这一主观判断原则，当成了客观的构成性原则，即把本来主观的自律当成了具有客观性的他律，这就必然导致背理。康德认为，只要坚持目的性原理为一条主观原则，那么，机械论与目的论并不矛盾，它们有着各自有效的起作用的范围，因此，主观唯心主义的目的观是解决上述二律背反的唯一途径。

从这一观点出发，康德力图调解目的性与机械因果性这一二律背反，划定两种原则的有效范围。他认为，机械因果律对无机自然界有效，目的性原则对有机自然界有效。他写道："凡在自然中作为感性对象是必然的东西，都应该按照机械论规律来加以考察。但是，各种特殊以及以它们为根据的各种形态，在自然中作为理性对象（整个自然系统）都应该同时按照目的性规律加以考察，应该按照两种原理加以鉴定，而不是机械论的方式为目的性的解释方式所排除。好像这两种方式相互矛盾似的。"①在康德看来，排斥目的性原则，总是墨守单纯的机械因果律，与排斥机械因果观、墨守目的性原则都是错误的。不仅如此，康德还进一步认为，两种考察方式是可以统一起来的。他以动物机体为例，说明机械因果律应当从属于目的性原则。在对动物体的考察中，皮毛的增多，骨骼的变大，这些属于单纯量的变化的现象可以用机械因果律来解释。但就整个动物有机体而言，对这些变化的解释又依赖于对整体的目的性联系的说明。因为在整个动物有机体中，身体各部分的器官是有机联系着的。任何从表面看上去的机体的单纯的量的变化，都是以整体生存的内在必然性为其根据的，都是参与了整体中互为因果、互为目的和手段的有机活动的结果。因而，当理性把自然作为一整体来考察时，目的性原则是优于机械因果律原则的。

在对自然现象作长期深入的哲学思考的过程中，康德敏锐地看到了有机生命现象以及整个自然系统的本质特征是很难用甚至不能用机械因果律来说明的。必须承认目的性原则以补充机械因果律之不足。并且，提出了机械因果性原则应当从属目的性原则等合理思想。但是，由于康德坚持主观唯心主义目的性学说，把目的性联系只看作反思判断力的主观原则，否认它是具有客观现实性的规律，这样，康德在事实上并没有真正解决上述二律背反。相反地，他陷入新的矛盾的困境。一方面，他认为，只有知性因果律才具有普遍必然性和客观有效性。因此，探究和揭示自然界所有的

---

① 康德：《判断力批判》下卷，第67-68页。

奥秘也只能用知性因果律，目的性原则作为主观范导原理只能从主观上指引人们用目的性观念考虑、判断自然，并不能用它构造知识；另一方面，生命有机现象是机械论所无法解释的，要真正说明它们，仍然要用目的性原则。可见，康德并没有找到解决二律背反的实际出路。

六

　　康德在《判断力批判》中曾开门见山地指出：《判断力批判》是联系理论理性与实践理性的中介和桥梁。它使原来相互对峙的认识论与伦理学、自然的因果现象界与自由意志支配的本体界之间的过渡成为可能。这一点也早已为康德研究者们普遍承认。但是，具体说来，康德究竟是如何实现这种统一的？或者说，康德为什么最终要落脚于目的性问题，以对自然目的性问题的研究来结束他的全部批判工作呢？这是长期以来缺乏深入探讨的一个问题。而弄清这一点，是我们进一步理解康德目的性学说，把握它在康德哲学体系中的必不可少的一环。

　　在《纯粹理性批判》和《实践理性批判》中，康德在我们面前展示这样两个世界：一个是以知性行使职能的现象界，它受自然的必然律支配，一个是理性行使职能的本体界，它不受自然律支配，是自由的。这两个世界彼此独立，各有各的界限，当中有着一条不可逾越的鸿沟。然而，经过多年的探索，康德终于发现了联系这彼此对立双方的桥梁。而这一发现是通过对美学（不在本文讨论的范围内，在此不予论述）和有机自然界的考察来完成的。以目的性联系的有机自然系统，是一个既不同于受因果律支配的现象界也不同于体现着自由意志的本体界的一个特殊领域。在这个处于二者之间的中间地带里，康德力图说明这样两个问题：第一，自然的必然与自由是如何统一的。第二，自由意志是如何在自然中实现自身的。而弄清了这两个问题，也就回答了前面提出的，康德为什么以对有机自然界的目的性问题的研究来结束他的全部批判工作这一问题。

　　康德认为，在经验的现象界中，客观对象的一切活动都是必然的、受制于他物的，都是在时间中进行从而为因果律所支配的。在这里，没有任何自由而言。然而，有机自然现象之间联系及其活动方式却提供了另一种状况：在以目的性联系的有机自然系统中，作为原因的事物与作为结果的事物之间并不是一种严格的、必然如此的关系。一事物对于他事物的作用既有接受的能力，也有抗拒的能力。事物自身内部的自组织、自调整功能使得它对自己的行为有着一定的主导作用，从而，使事物的整个活动过程显示出某种自由度。就这个意义上说，以目的性联系的有机现象既是必然的、又是自由的，它具体地体现着必然与自由的统一。黑格尔早就指出，在康德那里，"目的性和机械性的对立，首先是自由和必然这个更普遍的对立"①。那么，在《判断力批判》中，康德对目的性联系所作的深刻阐述，无疑表明着他对必然与自由这一问题的新见解，即：力图在有机现象的目的性联系中揭示必然与自由的统一。

这里，存在着一个如何理解康德的自由概念的问题。有些人认为，在康德那里，自由只是关于道德法则的意识，从道德法则中推出自由概念，是能够说明自由存在的唯一方法。应当说，这种观点还仅限于从《实践理性批判》理解自由。事实上，在康德哲学中，自由并不完全是一个社会实践的范畴。就其概念的思辨含义来说，它还包含着事物自己决定自己、自己是自身运动的原因等思想。而这一思想正是通过自然的目的性联系的考察才揭示出来的。

通过对有机自然界的目的性联系，康德不仅论证了自由与必然在自然中的统一，而且回答了自由意志如何在自然中实现的问题。

对有机自然现象的目的性考察证明，自然是一个庞大的有机系统。其中部分与整体、部分与部分之间有着内在的相互联系。它们通过互为因果、互为目的和手段的运动，使得整个自然都服从于一个整体的目标，表现为一种整体的合目的性。然而，人们总免不了要问，自然整体所趋向的最终目的是什么呢？以往的目的论者无一不是在回答这一问题时，走向神秘主义的。而康德强调，最终目的既不是一个纯自然的东西，也不是一个纯理智的东西，只有自然和理智的统一者——人，才是自然整体的最终目的。

康德认为，人具有两重性。一方面，它是自然目的链条上的一环。它和其他生物一样，与它所生成的自然环境构成一个目的性联系的系统。另一方面，它又不同于其他生物，人是理性的存在者，它不仅是世界上独一无二的能够形成目的性理念的理性存在者，而且只有它能够从一大堆目的性联系的事物中，借助于他的理性构成一个目的性系统。他说："如果没有

---

① 黑格尔：《逻辑学》下卷，北京：商务印书馆，1981年，第426页。

人类，一连串的一个从属于一个的目的就没有完全的根据，整个世界就会成为一个单纯的荒野，徒然的。"①因而，只有在人与自然的关系中，自然目的性才有其现实存在的价值。从这一思想出发，康德还进一步提出了人是自然的主人的思想。他指出："作为世界上唯一拥有知性因而有把他自己有意抉择的目的摆在自己面前的能力的存在者，他确是有资格作为自然的主人的。而假使我们把自然看作为一个目的性的体系，人就是自然趋向的最终目的。"②因此人之所以能够成为自然的主人，成为自然趋向的最终目的，不仅因为人可以对自然进行理性思维，也不仅因为人能够依赖自然而获得幸福，人对自然更深刻的关系在于，人能够按照自己的自由意志去利用自然，获得运用自然的技巧，把自然作为实现自身目的的手段，在自然中达到自由。这就是康德目的性学说的归宿点。也是康德考察目的性联系的自然有机系统的原因所在。

七

以上我们看到，继亚里士多德以来，在近代欧洲哲学史上，康德第一次对目的性问题作全面论述。在批判改造旧的、传统的目的论思想体系过程中，康德对机械因果性与目的性、内在目的与外在目的，以及目的性原则的认识论意义等一系列问题进行了探讨，并力图使原来相互对峙的本体与现象、自由与必然在自然系统的目的性联系中获得统一。总之，他提出了许多合理的思想。但是，由于康德的根本出发点是主观唯心主义的，他否认客观世界本身有目的性联系存在，而把目的性只看作主观思维的原则。这样，丰富的思想内容只得淹没在先验的主观形式中。而他所揭示出来的种种合理思想，也从没跳出主观的范围一步。

然而，评价一种哲学思想，不能离开这一思想提出的社会时代背景，更不能离开它所依据的自然科学条件。在康德的时代，德国无论在经济上还是政治上都很落后。在哲学上，莱布尼茨-沃尔夫的形而上学体系正占据着统治地位。在自然科学、化学、生物学才刚刚兴起，进化论思想还处于

---

① 康德：《判断力批判》下卷，第109页。
② 康德：《判断力批判》下卷，第144页。

萌芽状态，牛顿力学几乎就是唯一真正的自然科学。在这种条件下，康德敢于提出目的性联系的思想与神学目的论和机械决定论抗争，这实在是难能可贵的。康德的功绩在于他提出了许多他的前人没有提出过的问题，尽管他最终无力解决它们，但是，他的思想却深深启发了后人，为目的性问题的进一步深入研究，指出了一条光明大道。

丹皮尔在他的《科学史》一书中谈到这样一种观点："在后来的一切哲学中，康德的形而上学最能代表近年来物理学与生物学指明的境界。有些人说，相对论与量子论，生物物理学与生物化学以及有目的的适应说，这些最新科学的发展把科学的哲学带回到康德那里去。"[①]当然，我们不同意把现代自然科学的哲学思想基础看作对康德思想的简单复归。然而，必须承认，康德哲学与现代自然科学发展有着密切联系。康德所提出的自然的目的性问题，至今仍是自然科学家们着重探讨解决的问题。尤其在一些新兴科学理论，如控制论、系统论、信息论中目的性范畴被广泛地使用。甚至有人把控制论称为"目的性的理论""合理的目的论"以及"关于目的性的科学"等等。这说明，目的性问题的研究在今天仍然具有重要的哲学和自然科学意义。而以辩证唯物主义为指导思想，运用现代自然科学理论提供给我们的启发，去发现、考察那些站在时代前列的伟大思想家们从哲学思辨的角度提出的目的性学说，挖掘其中的合理因素，这对于当前的研究无疑是重要的。

[本文原载于《外国哲学》第 9 辑（1987 年）]

---

① 丹皮尔：《科学史》，北京：商务印书馆，1975 年，第 277 页。

西方哲学中实体思维模式的演变

周振选

实体与属性是西方哲学中的一对最重要的范畴，是两千多年来支配西方哲学思考的根本模式。如果说哲学范畴是人类把握自然之网的"网上纽结"，那么实体与属性就是这网上最关键的纽结。这一模式的变动会引发总体性的改造，从根本上重建"自然之网"。以抛弃实体模式为重要特征的西方现代哲学几大思潮所产生的深远影响，尖锐地反衬出实体模式对于西方哲学的根本意义。

本文着重从方法论角度考察哲学史中若干重要的实体模式，探讨其发展演变的线索及理论功能，展示这种意义上的世界观的转换。

实体模式，抛开各派哲学所赋予它的不同的具体内容来说，其基本特征是把自然实在划分为两大领域，剥离为两大层次，或说区分两种意义的存在。它构成描述自然实在的固定公式。公式两边的存在分别被赋予不同的性质、重要性和功能。一边作为基础，一边作为表层；一边是本质，一边是现象；一边是统一，一边是多样；一边是永恒，一边是变动；一边是绝对、无限，一边是相对、有限；一边是始基，一边是派生物；……用亚里士多德的术语说，一边是实体，另一边是实体的属性。从本体论上讲，这曾被看作自然实在的根本结构；从认识论上说，它决定了人们的基本思维倾向，即只有把关于被称作属性的一边的了解，归结为被称作实体的一边，才算达到真实的存在，才算认识到了真理。实体模式的根本要求，说到底，就是不用现象本身去说明现象，而必须用不同于它的，在它"背后"、在它"底层"的东西去解释。这个作为感性存在之"载体"的东西，同时也是在认识上解释感性存在的前提。

在原始人的神话思维中，我们看不到这种凝固化的结构，看不到这种意义的两种存在的鲜明尖锐的对立。神话思维的基本特征是坚持感觉经验的直接性，当下直接感受到的东西本身就是真实的实在。一切都在表面，没有什么"背后""底层"的东西。用维特根斯坦的话说，"现象并不是某种别的东西的征兆，现象就是实在"。

原始神话意识依附于一种单一平面的世界图景。它信赖看到、听到、触到的东西，还没有经历两个世界的分裂；它顺从现象之流，还没有把变迁不定的感觉系于永恒不易的砥柱，它满足于感性经验的便利，还没有柏拉图式的奢望。从狭义上讲，它尚未形成"物"的意识结构，从广义上讲，它没有在"物"概念基础上形成的、用以建构整个宇宙观的实体框架。随着人类实践水平的提高，人类意识的丰富和深化，以实体、因果、时间、空间等互为前提，相互依存的范畴为基本纽结的"自然之网"被编织出来。

一

哲学的产生是人类意识结构的一次巨大、深刻的变革，是人类认识史的一次飞跃。第一批哲学家是实体模式的始铸者。他们思想学说的重大意义，与其说是在已有的世界图景中添进了新的东西，不如说是勾画出一个新的世界。神话意识中的那种单一平面的世界消失了，人类精神随着从信赖直接的感性意识向热衷于超感觉的思考（爱智慧）的转向拓展出一个新的层次，或说获得一个新的世界。

古希腊米利都学派的哲学家们提出了"本原"概念，这是西方哲学中实体范畴的最原始的形式。他们认为，"一样东西，万物都是由它构成的，都是首先从它产生、最后又化为它的，那就是万物的元素、万物的本原了"[①]。本原概念的提出，标志着人类从神话思维方式向概念思维方式的过渡，标志着人类开始运用实体模式思考世界。用本原概念去理解，世界就必须具有统一性，就不仅仅是感性所反映的多样性，就必须超越"多"而把握"一"，从"多"中求"一"，并用"一"去解释"多"。存在第一次被看作有秩序的整体，包含一的原则。人类有了解释世间万物的中点，有了把握万千变化的轴心，有了确立自己生活、信念、知识的稳固统一的基石。

---

① 北京大学哲学系外国哲学史教研室编译：《西方哲学原著选读》上卷，北京：商务印书馆，1981年，第15-16页。

处于朴素阶段的本原说，其显著特征是把感性万物直接实体化。泰勒士把"水"说成是始基、本原，阿那克西美尼则认为是"气"。前者的宇宙始于汪洋，水生陆地然后万物，后者的世界发于气，气之凝聚稀薄形成风、云、石、火。阿那克西曼德固然把无具体形象的"无限"说成始基，从而有超出经验直观的趋势，但他对"无限"的进一步规定则还是直接从经验中取来的性质，如冷热、干湿。这是个不应忽视的现象，它表明，实体的产生最初基本上是对直接的经验现象进行选择的问题，从现象流转的链条中取下一环作为解释其他环节的中心，或把可观察到的关系作为说明宇宙生成演变的机制。

米利都学派的朴素唯物主义倾向对于那种用神来说明世界的宗教意识是个巨大的进步，但它体现的是一种很肤浅的常识信念，认为只有原原本本接受直接给予的经验现象，才能真实地认识和说明自然。米利都模式解释自然的前提，对自然秩序的描述，都限于既得的感性材料。然而人类认识的辩证法恰恰在于，要真实地说明客观实在就必须超越、背弃它的直接形态，走向理论抽象。而在这种超越的演进中，当时已经发展起来的数学知识以及由毕达哥拉斯学派所传播开来的对数的神秘崇拜，起了重要的作用。"几何学对于哲学与科学方法的影响一直是深远的。""数学是我们信仰永恒的与严格的真理的主要根源，也是信仰有一个超感的可知的世界的主要根源。"[①]数学启示人们到哪里去寻找在感性经验中所得不到的东西：同一、永恒、绝对、无限。毕达哥拉斯确信，宇宙间万事万物都可以归结为数的规定、数的比率。抽象的数是世界的实体。万物都由摹仿数的数量关系而产生。数成了被具体事物摹仿而又永远无法完全符合的绝对完美的原型。在他的影响下，本原说发展到德谟克利特原子论和柏拉图理念论的完备形态。

德谟克利特把原子和虚空作为始基。这两方面都是超感性的理论抽象。原子的根本特征只是空间特性，除占据不可分的空间位置外不具有任何感觉的质。虚空更是一个没有直观对应物的构造，是原子论始基说不可缺少的前提（不可分即没有虚空；原子在虚空中运动），这一理论构造的意义在于，用来说明客观实在的范畴，没有必要束缚于经验中的对应物，尽管这是常识难以接受的。

---

① 罗素：《西方哲学史》上卷，北京：商务印书馆，1981年，第63、64页。

德谟克利特对感性现象的超离，并没有导致客观世界的贬值，没有造成世界的分裂。而到了柏拉图，统一的世界不见了，在现象的此岸世界之外，又树立起一个独立的绝对完美的彼岸世界。实体从自然脚下的基础变成了高悬在上的太阳。柏拉图模式的主旨就是彻底斩断理念实体与感觉事物之间在内容上的牵连。"摹仿说"也好，"分有说"也罢，都不是把实体看作构成事物的要素、材料、基质，而是看作超然地赋予事物意义的前提，是让一堆质料获得特定意义（某物）的绝对完满的形式。

在追溯本原的探讨中，人类精神沿着唯物主义和唯心主义这两条途径，大体实现了对经验的超越，为在抛弃原始意识之后重构知识体系，奠定了基石，为人类观察思考世界找到了新的起点和圆心。

二

实体模式发展到亚里士多德阶段，并没有改变本体论的主导倾向。但在确立实体概念时，亚里士多德主要不是从宇宙、事物的起源、生成着眼，而是从人类自身的思维形式着眼。这无疑是一个注重认识主体结构，突出认识论的新角度、新趋向。

以往各派实体观都没有深究过实体观的方法论问题，没有专门思考过用什么方法构造实体才合理的问题。亚里士多德抓住了这个关键。他从对思维形式的研究入手，通过确立公认的普遍思维法则，力图消除多重解释，构造在他看来唯一科学的实体模式。

人类对自然实在的研究要依赖语言这个工具。古希腊人对自然的认识，到了亚里士多德时代，已反映在丰富的语言材料中，这些又成为继续了解、反映自然的思想工具。因此，从巴门尼德开始，后有苏格拉底、柏拉图，就已有了用对语言概念的研究代替对自然的经验探索的趋势。亚里士多德继承了这种传统。他也认为，科学活动的本质，就是给事物下定义，从确实可信的定义出发对事物作推论。表述定义，进行推论的最基本的语言命题形式，就是主谓结构，即用谓语表述主语"是什么"。主语和谓语的关系要遵循语法的、逻辑的规则，只能用谓语述说主语，不能用主语述说谓语。谓语表述的内容从属于主语，而主语却不从属于谓语。作主语的是表示个别东西的专有名词，作谓语的是形容词以及表示一类事物的一般名词。语言表达实在的内容,语言的结构就是实在的结构。正如语言表述的内容都以专有名词为依从的主语,自然实在中所有现象都以个别的事物为归属的主体。真正实在的东西只有个别物,它是实体。亚里士多德说:"实体,就其最真正的、第一性的,最确切的意义而言,乃是那既不可以用来述语一个主体,又不存在于主体里面的东西。例如,一个个别的人,或某匹马。"[①]这样,他就从语言的语法结构推论出自然实在的结构。他所谓的个别实体,并非个别事物的全部内容,而是独立于事物各种属性而又是所有属性的基础的事物主体。所以,严格说,实体是个别事物的主体。

亚里士多德的实体定义否定了德谟克利特和柏拉图以不同内容体现出的共同的思考方向,即对现象作超经验直观的解释。所谓"不表述主体",就是说,实体应是那被解释说明的对象,而不是借以说明这个对象的东西;所谓"不在主体之中",意即实体不应是构成对象的要素、成分,而是这对象本身。柏拉图的理念不在对象之中,但是用来说明对象的;德谟克利特的原子既是对象的构成要素又是用来说明对象的。这两种实体模式的共同出发点,就是认为直接既成的具体事物并非自然实在的真实基础,必须从超出它的更高原则更深层次去解释它,不能限于它直接的形态。亚里士多德扭转了这种理论思维的方向,把经验可以把握的具体个别物重新确立为中心,把这个被前人贬为围绕超验实体旋转的现象,变成了一切理论抽象都要围绕其旋转的"太阳"。从此,实体便成了感性个别物的摹本。一切理论抽象,所有反映实在的概念是否具有真理性,就取决于其内容能否归纳为,还原为直接特殊的现象,归纳还原为个别的经验事实。以前哲学家的超验的实体,被他贬为属于个别物实体的"属性",如毕达哥拉斯的数、原子论的空间规定、赫拉克利特的"流逝(时间)"等。只有常识经验中的东西才是客观实在,才是说明宇宙的前提,这就是亚里士多德模式的根本动机和意义。

亚里士多德又把实体规定为事物的本质。事物的本质就是事物的实体。事物的本质是由它的定义表述的,并非所有对事物的表述都是定义,像数量、空间、关系等属性就不能形成表述事物本质的定义。只有事物的"属"概念才是表述本质的定义。如"苏格拉底是人"。所以属即本质,属即实体。这样,实体就由表征个别事物的符号,变成表征事物本质的符号。实体概

[①] 亚里士多德:《范畴篇·解释篇》,北京:商务印书馆,1959 年,第 12 页。

念就成了独立于事物其他属性的内在固有质,量的规定、关系规定、空间规定、时间规定等等,都不能解释说明它,相反,这些被看成"偶性"的规定要从属于它,要靠它来说明解释。实际上,这是一个什么也说明不了的空洞的概念,也不能科学地说明事物的现象和运动。种属定义所形成的,只是外在的类名词,这种在自然语言的分析中抽出的一类事物外部行为的共同特征,并不是科学意义上的抽象。比如科学的原子概念就不是这种空洞的本质,它是由若干精确的数值确定的(原子重量、热值、折射指数、吸收指数、导电性、磁化率等等)。再者,从单个(类)事物的孤立的内在本性出发去解释事物的行为和运动形态,这种方式导致了亚里士多德物理学的种种荒谬武断。如他认为,土的本性决定它向下趋于中心,火的本性决定它向上飞离中心;鸟的本性是在空中飞,鱼的本性是在水中游。这个模式长期阻碍了自然科学的发展。因为,就像后来培根所指出的,它是从语词上对问题提出回答,而不是对事物的内在真理提出解答。

亚里士多德模式既有经验主义的成分又有唯理主义的倾向,既有常识的见解又有逻辑的构造。这使之对后世产生过多种影响。唯名论吸取了个别实体说,而唯实论(如阿奎那)接受并发挥了实体本质说。

三

在16—17世纪机械论物理学的知识背景下形成了唯理主义的模式。由刻卜勒和伽利略开创的近代物理学,恢复了德谟克利特的传统,确立起更为完备的机械论的宇宙图景。整个宇宙只有一种实体。实体间的区别只是量的区别。实体的变化不再是发生于"生命力"而追求目的,质的转变。变化的物体是无灵魂的"死物",一切变动都可以归结为量的变化,由此而来的性质差异都可以用量的差异来解释。整个自然就是一架其结构和运转都可得到精确的数学表达的机器。笛卡尔是近代运用机械论原则构造实体并用之建立哲学体系的第一人。

笛卡尔的物体实体,是剥除了一切感觉性质(色、声、味、硬度、轻重等),只具有广延的东西,它不是经验中具体的如长、宽、高、体积、大小的特殊的"物";而是超经验的纯直观形式,是先天的观念。感觉材料并不直接包含空间规定,空间规定是由精神用于这些材料的复杂的解释过程产生的，不断增加新质的知觉并不能产生这种纯粹的空间形式。

唯理论模式的二元论是由笛卡尔开创的，而这是彻底贯彻机械论原则的结果。如果自然现象中只有几何形状，定量的机械运动是客观实在，那么其他所有现象（感性的性质、人的感性、意志、目的等等）就只能属于另一根源，因为无实体的属性是没有的，所以笛卡尔设定，"除了是在一个能思想的事物内，我们便不能设想想象，感觉和意志"。笛卡尔规定这两个实体各有自己的规律，互不解释，互不干涉，这种分裂世界的主张固然不可取，但从历史上看，它比之柏拉图、亚里士多德的目的论、机体论，是个重大的进步，它抛弃了用灵魂、意志、目的来解释物体运动的陈旧的神学意识，顺应了自然科学的进步。

斯宾诺莎只承认上帝是唯一的实体，广延和思想在他看只是这唯一实体的两个并行独立的属性。"除了神明外，不能有任何实体，也不能设想任何实体。"[①]在他那里，上帝、实体与自然是同义的概念。上帝不仅是自然万物生成的原因，而且也是万物存在的原因，就是自然本身。这个实体也不是单个的"物"的概念，而是自然整体，是自然本身纯粹同一的内容全体。

"实体，我理解为在自身之中并通过自身而被认识的东西。换言之，形成实体的概念可以无须借助于别的事物的概念。""属性，我理解为从理智看来是构成实体本质的东西。""样式，我理解为实体的特殊状态，亦在别的事物中并通过别的事物而被认识的东西。"[②]斯宾诺莎提出了一个独特的模式。理解这个模式的关键在于他那几何学的公理体系方法。几何学的公理体系，是从自明的不须证明（证明就要借助其他概念）的定义出发。这个定义是绝对的前提，具有普遍性、无限性。从此而推论出比较特定的规定、定理、概念、推出体系的多样性内容。其中每一特殊规定都要借其他规定来定义、解释。仿照这样的体系，斯宾诺莎设立了唯一的实体，它是自明的第一前提，它是"自因""无限""永恒"。从这唯一的实体，他推论出实体的特殊状态——样式，即具体的事物。

实体在斯宾诺莎体系中的基本功能，就是从本体论上保证思想与实在的严格一致，保证从真观念推论出的法则与事物本质衍生的规律严格一致，保证几何式的逻辑体系与物理的自然体系严格一致。

[①] 斯宾诺莎：《伦理学》，北京：商务印书馆，1962年，命题3。
[②] 斯宾诺莎：《伦理学》，定义3、4、5。

这种唯理论的模式抹煞了数学几何学与物理学的区别,用逻辑推论取代经验的观察探索;既没有正确认识理论概念的来源,也没有看到数学方法的局限性。物理学不同于数学,不是从同一的前提推论出多样的规定,而是从多样的经验事实出发形成统一的体系。体系的原理不能先验地规定,而要从观察中去总结概括,随着观察的扩展,还要随时修正,提出新的原理。原理的预测推论必须靠进一步的观察来证实。牛顿坚决反对这种模式,他警告人们不要陷入用数学构造实在的形而上学。

四

唯理论的机械论思路到了莱布尼茨就偏出了常轨。莱布尼茨试图把机械论与机体论两大原则结合起来,用后者统帅前者。

机械论物理学保留了物体与运动的二元论。物体的概念本身不包含运动的概念。莱布尼茨看出,从广袤中推论不出运动的含义。动力学只设定物体是运动的,并没有揭示运动的起因。随着物理学抛弃亚里士多德的"隐德来希",研究运动也就只注重"怎么样",而不深究"为什么"。莱布尼茨认为这种不能说明运动根本起因的东西不能称作实体。实体不能是物体的空间形式,而只能是其本身构成运动源泉的东西。为此他提出了单子实体这个概念。

单子概念的形成源于多方面的影响。首先是伽利略对动力学的研究。伽利略关于自由落体的加速运动的分析表明,把运动的距离和时间划分无穷小的量,速度还不是固定的片断连接,任意一点的瞬时速度都是从前一速度到下一速度的连续体,这种分割极限上的速度变化,被融入了单子概念;一个单纯实体的任何现在状态都自然地是它以前状态的后果,那么,现在中就包孕着未来。

于是,实体就由空间的抽象变成了力的抽象,从几何学单位变成动力学单位。它是变化的连续性,是变化中的同一性。实体只有在活动中才算存在,而活动就是从一个新状态到下一个新状态,其现在就包含它的过去和将来。它没有静止的质,只有活动中的质。不能有广袤的东西,在他看来,也就是非物质的东西,是精神表象。表象最能体现这种时间性的连续体。"单子的本性是表象。""在单纯实体中所能找到的……只有知觉和知觉的变化。"①

莱布尼茨既坚持万物有灵，又不完全放弃机械论。他承认物体是照机械规律变化的，但机械运动要受机体欲望支配，他说："在物质中被机械地广袤地展示的东西，都富有生气地单子式地凝聚在圆极本身，在那里，它是机械作用之根源和机械事物之代表；因为现象由来于单子。"②

为了不导致目的论的实体与机械论的现象分裂为二元世界，莱布尼茨用"前定合谐"来加以调节。由于上帝的预先安排，物体的机械活动与实体的生命活动是互相协调的。

唯理论实体模式的失误在于企图为客观世界一举确定某个永固不易的最终基石，而这一徒劳的本体论的努力却在认识论上有着积极的意义和重要的作用：它力图使人类认识不至于丧失客观性价值，以实体之"在"（认识对象）保证知识之"真"。它也保持了人类知识超越感性局限的永恒性、普遍性价值。极端经验主义非实体化所导致的怀疑主义，从另一面证明了唯理论的这一可取之处。

近代西方哲学中一些唯物主义流派，如霍布斯、18世纪法国唯物论的实体观，虽然根本前提异于笛卡尔和莱布尼茨的哲学，但思维方式别无二致，是要以客观物质实体去保证知识的客观、普遍、永恒的价值。在对物质（体）基本属性的见解上，同样可以清楚地看到机械论的深刻影响。

五

近代自然科学的发展也孕育和推进了非实体化的经验主义思潮。经验科学用详细准确的观察、实验取代亚里士多德式的臆断，从大量的观察资料总结出现象的规律，呈现出与数学演绎体系截然不同的方法论特征，它助长了反对超验构造、否定天赋观念，主张用经验描述取代公理推演的经验主义。牛顿体系证明了自然界的数学原理，但牛顿却不相信可以把物理学化约为数学。物理学必须从对特殊事物的观察开始，逐级推进达到最高的普遍公理，其基础不是先验的假设实体而是一套严格的实验-观察方法。

---

① 转引自卡西尔：《符号哲学》，第430页。
②《致沃尔夫的信》，转引自《启蒙运动的哲学》，第83页。

一旦放弃几何学模式，感性经验就成了自然知识的唯一基础，成了构造物理实在的主角，而作为几何学模式根基的超验实体观遭受到从未有过的强烈震撼。这股经验主义思潮的最终趋向，不是要更新实体概念，而是要取消它，形成非实体化的思想模式和无实体假设的知识体系。"实体是观念的集合"就是这股思潮的基本主张。

经验主义的信条是，认识源于感觉经验，一切观念都可以归结为直接的感觉，认识不外是简单感觉观念的组合。实体观念也不例外。洛克认为，实体不过是若干简单观念的集合。

"观念集合说"，完成非实体化有一个发展过程。洛克尚未滑入主观感觉主义，他承认个别事物的客观存在，并把实体看作支撑事物属性的主体。他说："我们不能想象这些简单的观念怎样会自己存在，所以我们便惯于假设一种基层，以为它们存在的归宿，以为它们产生的源泉。这种东西，我们就叫作实体。"①

沿着洛克的方向，贝克莱把经验主义推进到底，取消了物理实在。他把洛克所谓的第一性质也归入主观的意识，认为第一性质与第二性质在经验中绝不能分离。他证明同质的统一的空间结构，只是在经验中通过各感官知觉的习惯协同而形成的，本身也是感觉的产物。这样一来，机械论哲学的实体概念的基石就被挖掉了。

休谟比洛克和贝克莱更深入、彻底的地方，在于他完全否认了意识现象的同一性。洛克也好，贝克莱也好，都默认了这种同一性。洛克将它置于外界支撑之上，贝克莱将它置于心灵"自我""上帝"身上。休谟把印象视为永远在流动着的间断变化的主观状态。为了防止间断或变化，"我们就虚构了我们感官知觉的继续存在，来消除这种间断；并取得了灵魂、自我、实体的概念，也掩饰这种变化"②。实体结构的认识论功能，就是把不同地点不同时间的现象结成同一的对象，进而对自然现象形成统一的认识和解释。如果像休谟所谓作为一切观念基础的印象本无同一性，那么实体模式便没有保留的必要了。

经验论在非实体化方面所作的努力，对于西方哲学从以本体论为主的格局转向以认识论为主的趋势，对于扩展认识主体结构的研究，对于抵制

---

① 洛克：《人类理解论》，北京：商务印书馆，1981年，第265-266页。
② 《16—18世纪欧洲各国哲学》，第994页。

唯理论模式的独断论，教条主义倾向对知识进步的消极作用具有一定的积极意义。但是，在抛弃唯理论的绝对不变的实体时，它却把经验主义推向了极端，陷入唯我论和怀疑论，危及到人类知识的客观基础和真理价值。在人类认识发展的那个特定阶段，保证认识对象的统一性、稳固性，保证认识的普遍性，引导认识超出感觉的局限这种理论功能，只能由这样或那样的实体去担当。经验论并没能在抛弃实体后用更合理的东西去填补这个"空缺"去支撑认识论的体系。极端经验主义者不懂得认识的辩证法，不懂得"一切科学的抽象，都更深刻、更正确、更完全地反映着自然"。他们的片面性同样不利于科学的进步。

六

在康德之前，唯理论和经验论都没有把客观对象的存在，即本体问题，与主体认识对象的思维方式，即认识论问题区分开来。前者把主体的认识结构等同于对象的实在本质，后者（主要是贝克莱、休谟）否定抽象实体连同对象的客观存在一起抛掉。康德力图避开这两方面的失误，他把实体作为认识论的范畴与作为本体概念的"物自体"区分开来。借助"物自体"这个概念，他肯定了主体意识之外对象的客观存在。他指出："唯心主义认为除思想的存在体外无别物，认为直观所感知的不过是思维之内的表象，外界无任何对象与之相应。我的看法相反，我认为，作为我们感官对象在我们之外的东西是存在的。"①

实体在康德这里，就不再关涉客体的存在问题，而只是在现象界使经验性的认识对象成为可能的先验基础。

康德认为，所谓永恒不变的实体，并不是客体本身的性质，并不是反映在主体之外的对象之绝对性质，而是主体赋予现象的恒常性。这种恒常性是形成对象的前提。实体是主体的先验的时间构架，一切知觉只有被安置在这时间序列中，即并存、相续和持续的秩序中，才不会化为感觉之流，而形成稳固的对象表象。时间序列赖以存在的基础就是实体，没有这永恒

---

① 康德：《任何一种能够作为科学出现的未来形而上学导论》，北京：商务印书馆，1978年，§13附释2。

基础，时间序列就是不可能的。"若现象领域中吾人之所名为实体者，应为一切时间规定所固有之基体，则一切存在不问其在过去或未来，自必唯由实体及在实体中始能规定之。"①

康德认为，实体是先天综合命题，以往哲学家所持的实体概念，是从对象抽象得出的分析的同一性，而实体之本意应当是先天的综合统一，不是得之于既成对象的抽象，而是对象形成的基础。说它是综合的，是说综合感觉材料的功能；说它是先天的，是说这种结构不是得自经验的归纳，它是经验的前提。不把实体作为理智思考的对象，它不是独立于现象的先验对象，只是先验的结构形式。"范畴自身并非知识，而能为自所与直观以构成知识之'思维方式'。"所以，他并不把实体视为一个本体概念（现象之外的纯思维对象）。实体本身并无任何客观性，证明此实体概念之客观性，吾人需要空间中（物质之）直观。②

康德对实体概念的另一重要改造是，把实体规定为关系范畴，而不是质的范畴，实体的功能不是构造对象的内在固有本质，而是建构现象的外在关系。他认为，绝不能有什么绝对的内部性质，只有相对的内部性质，而这也是由外部关系构造的。绝对内部性质不过是纯粹知性的"幻影"。实体之永恒，并非事物本质的永恒，而是现象中关系联结的永恒。实体范畴赖以形成经验对象的空间结构，也是主体的直观形式，不是事物本身的性质。

康德模式的深刻性在于，它揭示了实体结构是人类最基本的认识功能。它不是特定的抽象概念也不能还原为具体的经验，是超越这两者的更高层次的主体框架。它不是任何特定的认识成果，也不是若干成果的延续，而是认识的一般前提，认识延续的基础。但是，康德把时间和空间框架绝对化、凝固化了，随着牛顿经典物理学让位于相对论物理学，绝对时间和空间的概念便显露出巨大的局限性。再者，他把实体看成是先验的功能，不懂得这种功能根本上产生于人类改造世界的能动、客观的实践，因而没有正确地说明实体功能的起源，也不能科学地解释这个超验结构普遍适用性的客观基础。

---

① 康德：《纯粹理性批判》，北京：商务印书馆，1960 年，第 171 页。
② 参见《纯粹理性批判》，第 238 页。

七

黑格尔的实体模式是西方传统哲学中最完备的形态。它吸收了哲学史上其他模式的因素和构想，把本体论与认识论、唯理论与经验论、目的论与机械论融为一体，试图借助辩证法扬弃它们之间的对立和分裂。

这个模式有两个方面。一是总体性原理，整个体系的基础；二是体系内部发展过程中的一特定阶段。在黑格尔那里，主体即实体，即客体。实体的发展过程本身就是主体自我认识的过程。尽管实体是主体自身，但是主体要认识到这一点，还要经历一个过程，只有当认识深化、进展到一定的水平，主体才认识到自身即实体。

黑格尔模式与斯宾诺莎的实体一样，是个总体性框架，是知识总体与对象总体的同一。黑格尔不满意斯氏的概念，因为它缺乏主动性原则，没有把实体理解为自我运动的主体，而活的实体，只当它是建立自身的运动时，或者说只当它是自身转化与其自身之间的中介时，它才真正是现实的存在，换个说法也一样，它这个存在才真正是主体。因而他把实体说成是绝对人格，一种有目的性的运动，一种把自身外化为机械运动，然后又超出，最后回归自身的目的。

黑格尔还用本质主义改造了康德的作为关系范畴的实体，提出所谓"内在关系"说。他从实体发展出关系，从内在的质引出关系。他批评经验科学满足于充足理由律，满足于因果关系的无穷递进。充足理由律说到底就是要求，不能用事件本身去说明它本身，而要由其他因素解释。这是科学探索的基本动机。黑格尔自信可以借辩证法消除这种向外的探索，确立一个自己解释自己的实体。自然科学的体系，就这个系统中的一切现象都在这个体系之中得到解释而言，可以说是个自因的实体，但这并不具有绝对性质。绝对自因的体系是没有的。把实体理解为具有绝对性、终极性的内在质，自然是有害于科学进步的绝对主义观念。

八

没有终极的真理，这是认识的辩证法；没有永恒的思维模式，这同样是认识的辩证法。随着人类认识的深化和扩展，随着由此而来的认识水平的飞跃，人类将走进新的境界，同时也将不得不放弃旧的思维方式。总的来讲，从古希腊的"本原说"到黑格尔的"主客同一说"，人类哲学思维所经历的一系列重大进步，并没有冲破传统的实体模式。经验论的非实体化思维，遭到唯理主义的强有力的回击，随之而来的是更为严密，更为庞大，把实体原则发挥得更为淋漓尽致的绝对主义体系。然而，不断开拓进步的自然科学正在自己一系列重大发展中，孕育着新的思维模式。现代自然科学，尤其是现代物理学的革命，从根本上动摇了传统的自然观，冲击着传统自然观借以观察和思考世界的理论框架。西方哲学面临变革传统的大动荡。

大致说来，在现代西方哲学中，除沿袭旧式哲学传统（新托马斯主义、新黑格尔主义等）和轻视，抵制自然科学（现象学、存在主义等）流派，那些以自然科学为基础或背景的流派（实证主义、实用主义、分析哲学、过程哲学、生命哲学等），大都对实体模式持激烈的批判态度，并将它作为陈腐的形而上学加以摒弃。

纵观西方哲学史上实体模式形成、演变乃至衰落的历程，总结各流派的利弊得失，我认为，实体模式是人类在探讨客观世界的特定阶段上和特定范围内必要的思想框架，是在特定的知识领域保证知识客观性的基础，是人类根本性的认识机能——统一化——的一种形态，它的演变本质上是人类在认识客观世界的探索中不断调整和更新自身思维方式的过程。这一进程表现为唯理主义与经验主义对立交融，此消彼长的矛盾运动，呈现出从本体论向认识论、从关注客体到反思主体、从绝对化到相对化的趋势。但是，历史上的各流派，唯心论也好，旧唯物论也好，唯理论也好，经验论也罢，都没能真正揭示实体模式的真实基础，因而没有超出它的局限。在现代自然科学影响下出现的现代西方哲学，在突破旧有思想方式方面起到某种积极作用，但也未能科学地解释这场思想方式变革，引出种种错误结论。

我认为，实体既不是主观精神的先天结构，也不是客观存在的固有载体，它是人类在改造客观世界的物质性的实践活动中能动形成的认识模式。

马克思曾指出："人的思维是否具有客观的真理性，这并不是一个理论的问题，而是一个实践的问题。人应该在实践中证明自己思维的真理性，即自己思维的现实性和力量，亦即自己思维的此岸性。关于离开实践的思维是否具有现实性的争论，是一个纯粹经院哲学的问题。"同样，离开实践的思维模式是否具有现实性，也是个纯玄学问题。

人类的思想模式归根结底取决于人类的实践模式，取决于人类区别于动物界的生存方式。人类的正常状态不同于动物的生存状态，"动物的正常生存，是由它们当时所居住和所适应的环境造成的"，受制于特定的具体自然环境，而人类的正常生存状态是通过劳动实践"由他自己创造出来的"。劳动实践"是人类生活的永恒的自然条件"。人类生存的永恒性取决于主体通过实践与自然之间进行稳定的"物质变换"，因而本质上必须超越特定的具体自然环境的制约，去普遍地"占有自然物"，形成稳固的劳动对象。这就要求人类必须能够把随自然环境的变迁而生灭无常的自然物，通过劳动不断地重复制造出来，把自然物中各种分散的性质以对人类有用的形态统一起来。通过对自然物分离——组合，再分离——再组合的操作，人类形成了一种稳固的动作思维，并最终积淀为稳固的意识结构。劳动过程中的统一功能化为认识的统一功能。恩格斯在谈到因果关系时指出"单凭观察所得的经验，是决不能充分地证明必然性的……必然性的证明是在人类活动中、在实践中、在劳动中"，"由于人的活动，就建立了因果观念的基础"。①同样，单凭观察也不能证明事物诸性质的必然统一，不能证明自然现象对某个自然物的必然从属关系。"物"观念的基础是人的活动，人的活动证明物与其属性的稳固关系（包括因果关系）。以物的观念为基础的哲学上的实体，从根本上讲，就是从这种符合人类"正常状态"的模式，去统一地把握整个自然界，从理论形态上证明人类生存环境的永恒性。米利都模式的"水"和"气"的周而复始，德谟克利特那不随复合体生灭的原子与虚空，机体论那摆脱质料流变的灵魂形式，机械论那种可以复制出一切机器的广袤等，无一不包含这一根本的动机。

实体模式不能归结为经验中现象的共存（洛克），它具有超验性；但也

---

① 《马克思恩格斯全集》第23卷，北京：人民出版社，1972年，第208页。

不能归结为主观的先天构造（康德），它是通过漫长的感性实践的历史进程生成的。正如列宁所说："人的实践经过千百万次的重复它在人的意识中以逻辑的格固定下来。这些格正是（而且只能是）由于千百万次的重复才有着先入之见的巩固性和合理的性质。"

现代物理学产生之前，人类实践的最完备最典型的模式，是牛顿物理学的实验方法。依照这个方法，由绝对的空间结构先行设定绝对客观的实验客体的存在，再用绝对的时间结构去描述它的运动变化。相对论把时间和空间统一为时空连续区"四维空间"。这样，世界就不能被看作由永恒的实体构成，变化是它的属性。在这四维的世界中，时间和空间只有相对性，脱离特定的参照系统某物对一切观察者"同时"存在，已没有意义。相对论证明了物体质量与能量的等价（$E=mc^2$），将物质守恒与能量守恒统一起来，质量被归结为能量的一种形式。能量是一种动态过程，处于动态之流以外的"物"并不存在。量子论证明，在量子场中，脱离整个动态系统无法确定任何孤立的粒子。场不是由物组成，相反，物必须在场中才有确定性，只是场的一种特殊形态。在宏观和微观领域，以观察、描述客观、独立客体为特征的经典物理学实验、思考模式，已不适用。不同的实践模式必然产生不同的思维模式。

放弃实体并不意味着否定实践的客观前提。相对论和量子论的假说，归根到底还要在客观的实践中得到直接现实性的检验，尽管它们的概念不能还原为以"物"为中心经验直观。

放弃实体也不意味着放弃知识的统一性，而是从以"物"为中心的统一性，发展到场的统一性。多样、变动的现象不再被归结为那种孤立于自然界动态的总体关系之外的实体，而是被归结为动态的关系总体。当代数学和逻辑的发展，已经为人们提供了取代实体模式功能的手段。

总之，在实践的一切层次上我们应当坚持世界的客观实在性；在实践的不同层次上，我们可以构成不同的实在概念。这是我们在扬弃传统的实体模式时应持的科学态度。"随着自然科学领域的每个划时代的发现，唯物主义也必须改变自己的形式。"（恩格斯语）它也必须改变自己的思维模式。

[本文原载于《外国哲学》第 12 辑（1993 年）]

反形而上学还是后形而上学

常 健

反形而上学是近几个世纪以来哲学的主题之一，至今"战果"如何？一方面，形而上学似乎并未因不断遭受反对而寿终正寝；另一方面，以反形而上学著称的各种学说总是不断被后来者宣判为形而上学。这不能不引起我们的反思：究竟什么是形而上学？为什么要反形而上学？反形而上学究竟能否彻底？对形而上学到底应该采取何种态度？

本文区分了两种不同意义的形而上学，回顾了近代以来两种反形而上学运动批判和反批判的历程，分析了反形而上学不能彻底的原因，并提出从"反形而上学"向"后形而上学"的哲学转型。

一、形而上学的两种不同意义

对于什么是形而上学的问题，不可能有一个单独的严格定义，而只能以文本间的方式来确定。具体来说，它可以在反形而上学的文本与其所批判的文本之间加以解读。从近代以来的反形而上学历史来看，西方哲学家对形而上学的"讨伐"是沿两个方向进行的。一个是科学主义方向，另一个是非科学主义方向。

近代经验论开始的反形而上学运动，首先是将形而上学作为经验科学的对立面来反对的。作为对经验论反形而上学的总结，康德在《未来形而上学导论》提出了"像形而上学这种东西究竟是否可能"的问题，其发问方式是："如果它是科学，为什么它不能像其他科学一样得到普遍、持久的承认？如果它不是科学，为什么它竟能继续不断地以科学自封，并且使人类理智寄以无限希望而始终没有能够得到满足？"①康德以经验科学为参照，分析了形而上学的特点。他认为，形而上学知识首先的特点是它的非经验性。他写道："形而上学知识这一概念本身就说明它不能是经验的。形而上学知识的原理（不仅包括公理，也包括基本概念）因而一定不是来自经验的，因为它必须不是形而下的（物理学的）知识，而是形而上学的知识，也就是经验以外的知识。这样一来，它就既不能根据作为真正物理学的源泉的外经验，也不能根据作为经验心理学的基础的内经验。所以它是先天的知识，或者说是出于纯粹理智和纯粹理性的知识。"②但形而上学在形式上并不是分析判断，而是先天综合判断。他写道："形而上学只管先天综合命题，而且只有先天综合命题才是形而上学的目的。……产生先天综合命题，这才做成形而上学的基本内容。"③正是在这个意义上，康德将对形而上学的批判归结为"先验综合命题是如何可能的"这样一个问题。他写道："因此，一切形而上学家都要庄严地、依法地把他们的工作搁下来，一直搁到他们把'先天综合命题是怎样可能的？'这一问题圆满地回答出来时为止。因为，如果他们在纯粹理性的名义下有什么东西要提供给我们的话，他们应该呈递的信任状就是对这个问题的回答；如果他们不具备这种信任状，他们就只好等一些受骗多次的明理人把他们赶出去，用不着另外检查他们所提供的是什么。"④

值得注意的是：康德区别了"一般形而上学"和"作为科学的形而上学"。他力图通过分析表明，一般形而上学是理智概念超验使用的结果，因而是虚假的，应当予以禁止。然而，对纯粹理性的批判却可以使形而上学成为科学。他写道："批判，而且只有批判才含有能使形而上学成为科学的、经过充分研究和证实的整个方案，以至一切办法。别的途径和办法是不行的。"⑤他认为，理性批判必须展示出先天概念所包含的全部内容，这些概念按照不同源泉的类别划分，以及这些概念所可能产生的一切结果，包括先天综合知识的可能性、使用原则和使用界限，并将所有这些内容都容纳到一个完整的体系里。在他看来，这样的科学形而上学可以第一次以持久

---

① 康德：《未来形而上学导论》，北京：商务印书馆，1997年，第3-4页。
② 康德：《未来形而上学导论》，第17-18页。
③ 康德：《未来形而上学导论》，第26页。
④ 康德：《未来形而上学导论》，第35页。
⑤ 康德：《未来形而上学导论》，第160-161页。

性的方式满足我们的理性要求，因为它能够达到不可能再有什么改变、不可能再有什么新的发现增加进来的一种完满、稳定的状态，"因为在这里，理性知识的源泉不是在对象和对象的直观里（通过对象和对象的直观不会增加更多的东西），而是在理性本身里，并且当理性全面地、以不容有丝毫误解的确定程度把自己的能力的基本原则摆出来之后，纯粹理性就无需先天认识，也无需提出问题了"①。

  康德所提出的两种形而上学概念，使后世的反形而上学运动分裂为两个方向。一方面，以逻辑经验主义为代表的反形而上学运动，坚持科学与非科学的严格分界，将形而上学作为非科学加以拒斥。卡尔纳普在他那篇著名的《通过语言的逻辑分析清除形而上学》中对形而上学的界定是："'形而上学'：这一术语用在这篇文章里，与欧洲通常的用法一样，是指所谓研究事物本质的知识领域，它超越了以经验为基础的归纳科学的领域。这种意义的形而上学包括费希特、谢林、黑格尔、柏格森、海德格尔等人的体系，但不包括对于各门科学的成果进行综合、概括的努力。"②

  另一方面，从黑格尔开始的反形而上学运动，则将有限性思维作为形而上学的基本特征。黑格尔首先将康德之前的形而上学称为"旧形而上学"。他从三个方面刻画了旧形而上学的特征：第一，认为抽象的、孤立的思想概念即本身自足，可以用来表达真理而有效准；第二，用知性的规定去处理像灵魂、世界、上帝这样的理性的理念；第三，按照这种有限规定的本性，这种形而上学便成为独断论。它们总是要在两个相反的论断之中，肯定其一必真，而另一必错。他认为，形而上学方法的关键，在于坚持抽象的同一性。他指出："试再对于旧形而上学的方法加以概观，则我们便可见到，其主要特点，在于以抽象的有限的知性规定去把握理性的对象，并将抽象的同一性认作最高原则。"③在这个意义上，他将旧形而上学称为"知性形而上学的独断论"，并将其与自己的"思辨哲学"的形而上学相对。他写道："知性形而上学的独断论主要在于坚持孤立化的片面的思想规定，反之，玄思哲学的唯心论则具有全体的原则，表明其自身足以统摄抽象的知

---

① 康德：《未来形而上学导论》，第162页。
② 卡尔纳普：《通过语言的逻辑分析清除形而上学》，洪谦编：《逻辑经验主义》，北京：商务印书馆，1989年，第36页。
③ 黑格尔：《小逻辑》，北京：商务印书馆，1981年，第110页。

性规定的片面性。"①根据这种划分,他认为,以反旧形而上学为己任的科学的经验主义,也没有摆脱旧形而上学的框架。他分析道:"但科学的经验主义者总难免不陷入一个根本的错觉,他应用物质、力、以及一、多、普遍性、无限性等形而上学范畴,更进而依靠这些范畴的线索向前推论,因此他便不能不假定并应用推论的形式。在这些情形下,他不知道,经验主义中即已包含并运用形而上学的原则了。不过他只是完全在无批判的、不自觉的状态中运用形而上学的范畴和范畴的联系罢了。"②"经验主义所处理的是有限材料,而形而上学所探讨的是无限的对象。但这无限的对象却被知性的有限形式有限化了。在经验主义里,其形式的有限性,与形而上学相同,不过它的内容也还是有限的罢了。所以,两派哲学皆坚持一种前提作为出发点,它们所用的方法可以说是一样的。"③在黑格尔看来,康德对旧形而上学的批判,虽然有很大功绩,但仍然是一种有限的思维,没有达到对形而上学的真正克服。他揭示了知性的有限性,但却肯定了这种有限性,不再向无限迈进。他写道:"批判哲学有一很大的消极的功绩,在于它使人确信,知性的范畴是属于有限的范围,并使人确信,在这些范畴内活动的知识没有达到真理。但批判哲学的片面性,在于认为知性范畴之所以有限,乃因为它们仅属于我们的主观思维,而物自体永远停留在彼岸世界里。事实上,知性范畴的有限性却并不由于其主观性,而是由于其本身性质,即可从其本身指出其有限性。……他对于意识各阶段所做的反思,其结果可以总括在'凡我们所认识的一切内容只是现象'一句话里面。既然凡属有限的思维只能涉及现象的说法都是对的,则他这种结论当然也是对的。但须知,到了现象的阶段,思维并没有完结,此外尚有一较高的领域。但这领域对于康德哲学是一个无法问津的'他界'。"④

海德格尔在黑格尔的道路上继续发展。他把形而上学定义为存在者之为存在者整体的真理。他写道:"在下面的讨论中,我们一概把形而上学思为存在者之为存在者整体的真理,而不是把它看作某一位思想家的学说。每个思想家总是在形而上学中有其基本哲学立场。"⑤在这个意义上,他将

---

① 黑格尔:《小逻辑》,第 101 页。
② 黑格尔:《小逻辑》,第 112 页。
③ 黑格尔:《小逻辑》,第 114-115 页。
④ 黑格尔:《小逻辑》,第 150-151 页。
⑤ 海德格尔:《林中路》,上海:上海译文出版社,1997 年,第 210 页。

形而上学视为哲学之根。然而,形而上学的基础是存在。他写道:"'存在'之真理,可以说是作为哲学之树根的形而上学的基础,形而上学是保持在这个基础之上,同时,形而上学也自此获取它的养分。"但形而上学同时也是对存在的遗忘。他写道:"就其常常只表现存在事物之为存在事物而言,形而上学并不思及'存在'本身。哲学并不集中于它的基地。它总是离开它的基地——借助形而上学之助而离开它。不过,它永远不能逃离它的基地。"①对此他作了生动的比喻:形而上学是树根,它输送一切养分和力量到树干和树枝之中。根在土壤蔓延,以使树能够从地上生长起来并离开地面。哲学之树从形而上学所植根的土壤中长出。地是树根所赖以生长的要素,但树的生长决不能使土壤完全消失于树中而成为树的一部分。相反,树根最微细的须蔓却消失于土壤中。地是根的凭借,在地中,根为了树而忘了自己。即使当根深植于土壤之中,根也仍然是属于树的。它们为树消耗自己及土壤要素。作为树根,它们并非献身于土壤。海德格尔认为,自西方思想的开端以来,它所思考的始终是存在者之为存在者,而没有思及存在及其本己的真理。从历史上看,笛卡尔的形而上学基本上继承了柏拉图-亚里士多德的形而上学,但笛卡尔开始了西方形而上学的完成过程。他研究的还是存在者是什么的问题,但他所变换的回答,为一种知识论或知识的形而上学的可能性创造了前提条件。他把人解释为一般主体,从而为后来的形形色色的人类学创造了形而上学的前提条件。莱布尼茨、康德、费希特、黑格尔和谢林都是在此基础上的继续发展。他们与笛卡尔的差别,仅仅在于不是从作为自我和有限实体的主体出发来展开自身,而是从单子、先验的有限理性的本质、无限的自我、作为绝对知识的精神或自由出发来展开自身。而尼采的虚无主义则是西方形而上学的最终阶段,它标志着现代主体性形而上学的完成。

  针对科学主义的反形而上学运动,海德格尔提出,现代科学也是以形而上学作为其基础的。形而上学建立了一个时代,它通过某种存在者的阐释和某种真理观点,为这个时代的本质形态奠定了基础,这个基础完全支配着构成这个时代的特色的所有现象。科学乃是现代的根本现象之一。科学的本质是研究,而研究的本质在于:认识把自身作为程式建立在某个存在者领域中。任何程式事先都需要一个它借以活动的敞开区域,而对这样

---

① 海德格尔:《何谓形而上学》,考夫曼编:《存在主义》,北京:商务印书馆,1987年,第216页。

一个区域的开启，就是研究的基本过程。作为研究，认识对存在者作出说明，说明存在者如何和在何种程度上能够为表象所支配。当且仅当真理已然转变为表象的确定性之际，才达到了作为研究的科学。而最早是在笛卡尔的形而上学中，存在者被规定为表象的对象性，真理被规定为表象的确定性。整个现代形而上学，包括尼采的形而上学，始终保持在由笛卡尔开创的存在者阐释和真理阐释的道路上。海德格尔进一步认为，现代的本质就是世界图像化。世界被把握为图像，这意味着存在者整体以下述方式被看待，即仅就存在者被具有表象和制造作用的人摆置而言，存在者才是存在着的。世界成为图像，与人在存在者范围内成为主体，乃是同一过程。这同希腊和中世纪有着根本性的不同。一旦世界成为图像，人的地位就被把握为一种世界观。人对存在者整体的基本态度被规定为世界观。世界观虽然需要并且利用哲学的博学，但它不需要任何一种哲学，因为它作为世界观已经接受了某种特有的对存在者的解说和构形。同样，笛卡尔把人解释为一般主体，从而为后来的形形色色的人类学创造了形而上学的前提条件。通过人类学，形而上学便开始过渡到那种对所有哲学的简单终止和取消的过程中。但人类学不能克服笛卡尔，甚至也不能反抗笛卡尔，因为，结果怎能与它立身其上的基础作斗争呢？

德里达继续了海德格尔的思想。他将形而上学视为逻各斯中心主义的代名词。他写道："形而上学的历史，尽管千差万别，不仅自柏拉图到黑格尔（甚至包括莱布尼茨），而且超出这些明显的界限，自前苏格拉底到海德格尔，始终认定一般的真理源于逻各斯：真理的历史，真理的真理的历史（不同于我们将要加以解释的形而上学转向），一直是文字的堕落以及文字在'充分'言说之外的压抑。"[①]在他看来，逻各斯中心主义是贯穿西方哲学史的主题。他写道："我的感觉是，尽管在西方哲学史中存在着所有那些差异和断裂，逻各斯中心的母题却是恒常的：我们在所有地方都能找到它。因此，在我所有的文本中，无论涉及的是柏拉图、笛卡尔、康德、胡塞尔还是海德格尔本身，我都尝试着指明这种逻各斯的恒常性，这种被逻各斯的证明。"[②]在德里达看来，逻各斯中心主义派生出能指与所指的区分，所指始终表示一种事物，一种被创造的实体，表示在神圣的逻各斯的永恒现

---

① 德里达：《论文字学》，上海：上海译文出版社，1992年，第3-4页。
② 德里达：《书写与差异》，上海：三联书店，2001年，第11页。

在中。在这个意义上，逻各斯中心主义也就是对最终所指的确定，因此它建立在能指与所指以及各种派生出的二元对立结构之上。

显然，上述两种反形而上学运动对形而上学的把握方式是不一样的。以经验论和逻辑经验主义为代表的反形而上学运动，将形而上学把握为任何超出经验科学的理论思辨，我们可以称其为"科学主义的反形而上学运动"。而从黑格尔开始，经海德格尔继承并由德里达进一步发展的反形而上学运动，将形而上学把握为固定于某一视域的有限思维，科学思维也属于这种有限思维之列。因此，我们可以将这种反形而上学运动称为"非科学主义的反形而上学运动"。对形而上学和反形而上学问题所进行的讨论，应当注意区分形而上学的这两种不同的含义。

二、不反形而上学是不可能的

为什么要反形而上学？对此，两种不同的反形而上学运动提出了不同的回答。

对科学主义的反形而上学运动来说，形而上学那些缺乏经验内容的争辩，限制了经验科学的发展。因此，只有通过反形而上学运动，树立科学思维的绝对权威，将科学的范式和方法作为一切领域研究的普遍准则，才能使经验科学得以发展。从历史上看，科学主义的反形而上学运动的出现和发展，是与科学的大突破要求联系在一起的。在近代自然科学大突破的初期，出现了哲学上以经验主义为代表的反形而上学的运动。它针对的是脱离经验的形而上学思维方式。正如康德所指出的："一切纯粹的理智认识都有这样的特点，即它们的概念都是经验里提供的，它们的原则都是通过经验来证实的。相反，超验的理性认识，它们的理念并不从经验里提供，它们的命题从来既不能通过经验来证实，也不能通过经验来否定。"[①]同样，在19世纪末20世纪初，正值科学方法在自然研究领域取得了突飞猛进的发展，而传统哲学方法所占据的那些社会领域却还处于抽象的概念争论之中。因而出现了科学方法向社会研究领域渗透扩张的要求。正是在这种情况下，造就了以逻辑经验主义为代表的新一轮的科学主义反形而上学运动。

---

① 康德：《未来形而上学导论》，第106页。

石里克在《哲学的转变》一文中明确表达了经验科学的思维方式对一切学科的有效性:"只要存在着一个有意义的问题,在理论上总能指明它的解决办法,因为很显然,从根本上说,指明解决的办法,是与指出问题的意义相一致的。当然,实行这种办法,由于某些实际情况,例如人的能力不足,可能受到阻碍。最后结束解决途径的证实活动永远是一样的,这就是出现了观察和直接体验所验证的某一事实。事实上,在日常生活和一切科学中,每一个陈述的真(或假)全都是这样一种方法确定下来的。因此,除了观察和经验科学以外,没有其他检验和证实真理的方法。每一门科学(我们用这个词是指它的内容,而不是指人们为取得这个内容而作的实际活动)都是一个知识体系,即真的经验命题的体系;而全部科学,包括日常生活中的命题在内,都是知识的体系,在这以外,再没有一个'哲学的'真理的领域。哲学不是一个命题体系,它不是一门科学。"① "过去时代最严重错误之一,是认为哲学命题的真正意义和最后内容可以再用陈述来表述,即可以用知识来阐明,这就是'形而上学'的错误。形而上学者的努力一向集中在这一荒谬的目标上,要用知识来表达纯粹性质的内容(事物的'本质'),也就是要说那不可说的东西。"②

对非科学主义的反形而上学运动来说,形而上学的僵化的、有限的思维方式,限制了思维本身的进一步发展。因此,只有通过反形而上学运动,才能为思维的发展不断开辟更大的可能空间。在黑格尔看来,真理本身是无限的,它是不能用有限的范畴加以表达并带进意识的。但是,旧形而上学恰恰是一种有限的思维。他写道:"旧形而上学的思维是有限的思维,因为它老是活动于有限思维规定的某种界限之内,并把这种界限看成固定的东西,而不对它再加以否定。"③在海德格尔看来,形而上学之所以要反,是因为它遗忘了存在。它不仅不思存在,而且以形而上学的形式掩盖了这种不思。他写道:"在西方思想的历史中,尽管人们自始就着眼于存在而思考了存在者,但存在之真理始终还是未曾被思的,它作为可能的经验不仅向思想隐瞒起来了,而且,西方思想本身以形而上学的形态特别地、但却一无所知地掩盖了这一隐瞒事件。"④对德里达来说,反形而上学是因为它

---

① 石里克:《哲学的转变》,洪谦编:《逻辑经验主义》,北京:商务印书馆,1989年,第8-9页。
② 石里克:《哲学的转变》,第9-10页。
③ 黑格尔:《小逻辑》,第97页。
④ 海德格尔:《林中路》,第219页。

的逻各斯中心主义是一种语言霸权。他写道:"西方形而上学把存在的意义限于在场领域,它成了语言学形式的霸权。"[1]

上述两种关于反形而上学原因的回答,尽管角度不同,但仍然具有共同之处。它们都体现了对某种思维方式的超越,而这正是人类思维的根本特征。就人类思维来说,一方面,它总是有限的,因为人毕竟不具备上帝的视野;但另一方面,它又总是要超越任何既定的限制,因为人毕竟不会像动物那样将自身封闭于一个固定的模式中。每当一种思维模式成为一种阻碍人类思维进一步发展的桎梏时,它就会被人们冠以"形而上学"或其他贬义的名称并加以反对。在这个意义上,反形而上学是人类思维的开放性在哲学上的体现。换句话说,体现人类思维最高境界的哲学,是不可能不反形而上学的。不反形而上学,哲学就会陷入一种有限性思维,无法将自身与其他学科相区别。因而,哲学能够生存至今,并不是由于有一个具体的对象领域需要由哲学来专门研究,而是因为在各个对象领域中存在着形而上学需要哲学去反。哲学要想继续以独立的方式生存下去,就必须以反形而上学为己任,而不是再同其他学科争夺对象领域。

三、反形而上学是不可能彻底的

由于两种反形而上学运动具有不同的具体目标,因此我们应当从它们各自不同的角度来讨论其反形而上学能否彻底的问题。对科学主义的反形而上学运动来说,这涉及的是能否以科学为基础来排斥所有非科学的理论思辨。对于非科学主义的反形而上学运动来说,这涉及的是思维能否彻底排除所有固定化的思维框架。

我们首先来回顾近代以来反形而上学所经历的具体历程。在这种回顾中可以看到,在反形而上学的两个运动之间,一方面存在着相互批判,另一方面也存在着来自自己运动内部的自我批判。而这些批判所显示出的一个耐人寻味的特点,就是前面的反形而上学者总是被后来人批评为形而上学家,这昭示着反形而上学在现实中是难以彻底的。

在近代,经验主义最先在认识论上向笛卡尔的形而上学发起进攻。但

---

[1] 德里达:《论文字学》,第30页。

经验主义理论受到两方面的批评。从科学主义阵营内部来说，康德指出了经验主义的局限性。休谟以因果概念不是来自经验而否认其有效性。康德则指出，因果概念并不是理智用以思维事物连结的唯一概念。康德提出了12范畴，并承认它们并不是来自经验，而是来自纯粹理智。在康德看来，形而上学完全是由像这样的一些概念做成的。但康德紧接着便追问"纯粹自然科学知识如何可能"。他的回答是：纯粹理智概念是使经验成为可能的先天原则，它使经验的判断成为客观有效的。"把一切现象都包摄在这些概念之下的诸原则，就构成一个形而下的体系，也就是一个自然界体系。这个体系先在于全部经验的自然界知识，首先使自然界知识成为可能，然后使它能够被叫作真正普遍纯粹的自然科学。"①这意味着科学知识并不能在经验的基础上独立存在，它须借助于纯粹理智概念作为思维框架。

同时，经验主义也受到了来自非科学主义阵营的黑格尔的攻击。黑格尔认为，形而上学的关键不在于其研究的对象，而在于研究的方法。笛卡尔的唯理论是形而上学，但经验论对笛卡尔的批判并没有脱离形而上学的思维模式。同样，康德的批判也没有摆脱形而上学的非此即彼的思维模式。黑格尔力图通过对概念自身运动的辩证过程的解释，来消解执着于片面知性的形而上学思维。

进入现代以来，黑格尔被作为反形而上学的最主要目标，同时受到来自科学主义和非科学主义的攻击。科学主义的攻击以逻辑经验主义为代表，而非科学主义的攻击则以尼采以及西方马克思主义为代表。但这两种对于黑格尔形而上学的批判，又都被批评为形而上学。

逻辑经验主义对于形而上学的批判，仍然是立足于经验主义立场，但被提升到语言哲学的层面。它提出了命题认识意义的证实标准，并据此标准将所有形而上学命题宣布为无意义。卡尔纳普在他《通过语言的逻辑分析清除形而上学》中明确指出："现代逻辑的发展，已经使我们有可能对形而上学的有效性和合理性问题提出新的、更明确的回答。应用逻辑或认识论的研究，目的在于澄清科学陈述的认识内容，从而澄清这些陈述中的词语的意义，借助于逻辑分析，得到正反两方面的结论。正面结论是在经验科学领域里作出的，澄清了各门科学的各种概念，明确了各种概念之间的表达式逻辑联系和认识论联系。在形而上学领域里，包括全部价值哲学和

---

① 康德：《未来形而上学导论》，第73-74页。

规范理论，逻辑分析得出反面结论：这个领域里的全部断言陈述全都是无意义的。这就做到了彻底清除形而上学，这是早期的反形而上学观点还不可能做到的。"①

但是，逻辑经验主义的观点受到来自科学主义阵营内部的批评。首先，逻辑经验主义所提出的证实原则本身，按照它自己的标准，是否能算是有意义的命题？对此问题，逻辑实证主义的各种回答难以令人满意。其次，正像卡尔纳普自己也意识到的，早期的意义证实原则由于过分简化，因而不仅排除了形而上学语句，也排除了某些有事实意义的科学语句。②为此，证实原则几经修改，却仍然不能令人满意。最后，将形而上学语句说成是完全无意义的，也令人难以接受。正像波普所指出的："我在一份手稿中批评过这样一种理论，它断言形而上学毫无意义，由一些胡说八道的假命题所组成。人们以为这样一种理论能导致'推翻'形而上学，而且能比以往任何一种反形而上学的哲学更加彻底、更加有效地摧毁形而上学。但我在我的批评中指出，这个理论建立在对意义问题的朴素的、'自然主义'观点基础上，而其鼓吹者一面在渴望赶走形而上学，一面却忽略了他们把一切科学理论统统抛进了同一个'无意义的'形而上学理论垃圾堆。"③波普将无意义问题作为假问题而取消，因为要证明一个陈述无意义，就要证明它对每一种具有一贯性的语言都是如此，而不能仅仅根据其在经验科学的语言中的情况。在他看来，形而上学者很少会说形而上学陈述属于经验科学领域，也没有人会因为听说形而上学陈述不能在经验科学范围内加以表述而放弃形而上学。为了在科学与非科学之间划出界线，波普提出了可反驳性或可证伪性作为新的划界标准。

蒯因对逻辑经验主义的两个教条的批判，更是击中了要害。他指出："我们关于外在世界的陈述不是个别地、而是仅仅作为一个整体来面对感觉经验的法庭的。"④而知识的整体，是一个人工的织造物。它只是沿着边缘同经验紧密接触。而在网络内部的比较中心的位置，却是物理学、逻辑学或本体论的高度理论性的陈述，它们是关于物理对象的，而不是关于感觉经验的。这意味着科学作为一种系统的知识，在结构上也同样需要被逻辑

---

① 卡尔纳普：《通过语言的逻辑分析清除形而上学》，第13-14页。
② 卡尔纳普：《可检验性和意义》，洪谦编：《逻辑经验主义》，北京：商务印书馆，1989年，第71页。
③ 波普：《猜想与反驳》，上海：上海译文出版社，1986年，第368-369页。
④ 蒯因：《从逻辑的观点看》，上海：上海译文出版社，1987年，第38-39页。

经验主义判定为形而上学的本体论陈述。正像蒯因自己指出的,对逻辑经验主义两个教条的抛弃,其后果是"模糊了思辨形而上学与自然科学之间的假定分界线"①,这标志着科学主义反形而上学态度的软化。

逻辑经验主义的观点,也遭到了来自非科学主义阵营的批判。霍克海默指出,实证主义并没有摆脱传统形而上学的特征。它把实在解释为孤立的材料的总和,将自然规律视为不可改变的教条,认为只有科学已经承认的严格意义上的纯粹经验才能叫作知识。"这种哲学自命为反对形而上学最彻底的学派。可是,这种哲学在其现有的形式下,仍然受到现存社会秩序的牢固束缚,与形而上学毫无区别。"②他认为,逻辑经验主义无法动摇形而上学的根本基础。

另一方面,黑格尔也受到了来自非科学主义的反形而上学运动内部的批判。法兰克福学派的阿道尔诺用否定的辩证法来批判黑格尔的肯定辩证法。他在《否定的辩证法》中指出,黑格尔提出"否定之否定就是肯定",这是用同一性平息辩证矛盾,是向纯粹推论的思维的复归。他写道:"没有'否定之否定就是肯定'的原则,黑格尔的体系结构毫无疑问就会倒塌。但辩证法的经验实质不是这个原则,而是他者对同一性的抵制,这才是辩证法的力量所在。"③他指出,辩证法不能像本体论和先验哲学那样固守它的原则,不能被继续当作一种不管如何变更都得坚持的结构。在批判本体论时,不应再建另一种本体论,甚至一种非本体论的本体论。在这个意义上,他将辩证法视为一种瓦解的逻辑。他写道:"这种辩证法不是能再与黑格尔和好的。它的运动不是倾向于每一客体和其概念之间的差异中的同一性,而是怀疑一切同一性;它的逻辑是一瓦解的逻辑:瓦解认识主体首先直接面对的概念的、准备好的和对象化的形式。"④

尼采也是反对以黑格尔为代表的理性主义哲学的急先锋。他提出"上帝死了",要对以往一切价值进行重估。他力图用强力意志的非理性主义来反对传统的理性主义形而上学。他的虚无主义被认为是反形而上学最极端的表现。

然而,尼采对形而上学的批判,却被海德格尔说成是"现代形而上学

---

① 蒯因:《从逻辑的观点看》,第19页。
② 霍克海默:《批判理论》,重庆:重庆出版社,1989年,第136页。
③ 阿道尔诺:《否定的辩证法》,重庆:重庆出版社,1993年,第158页。
④ 阿道尔诺:《否定的辩证法》,第26页。

的完成"。在海德格尔看来，尼采在"上帝死了"的口号中所说的上帝，指的是超感性世界，即形而上学的世界。宣布上帝死了，这是对形而上学的反动，它宣告的是自柏拉图以来的西方形而上学哲学的终结。但海德格尔指出："作为单纯的反动，尼采的哲学必然如同所有的'反……'一样，还拘执于它所反对的东西的本质之中。作为对形而上学的单纯颠倒，尼采对于形而上学的反动绝望地陷入形而上学中了，而且情形是，这种形而上学实际上并没有自绝于它的本质，并且作为形而上学，它从来就不能思考自己的本质。因此，在形而上学中并且作为形而上学本身而真正发生的事情，对形而上学来说并且通过形而上学，始终是被遮蔽着的。"①他分析道，虚无主义的本质领域和发生领域乃是形而上学本身。尼采提出的"对以往一切价值的重估"，一方面是对以往的最高价值的单纯废黜，另一方面又是对这种废黜过程的绝对反动。尼采的强力意志，同时也是一种新的价值设定的原则。尼采将强力意志说成是"存在的最内在的本质"。而这里的存在，在海德格尔看来，指的是存在者整体。这显然还是没有摆脱形而上学的语言。从历史上看，形而上学自古以来就把存在者思考为根据和一般主体。在近代，一般主体的存在状态演变为自我意识的主体性，而自我意识则把其本质揭示为求意志的意志。这样，确定性在强力意志中找到了真正的根据。在这个意义上，现代的主体性形而上学在尼采的作为一切现实的"本质"的强力意志的学说中达到了完成。

然而，在德里达看来，海德格尔的反形而上学也是不彻底的。海德格尔将形而上学定义为关于存在者作为存在者整体的真理，是对存在的遗忘。但他对存在的追问，仍然是将存在规定为在场，而这仍然没有摆脱逻各斯中心主义。德里达写道："逻各斯中心主义支持将在者的存在规定为在场。由于海德格尔的思想并未完全摆脱这种逻各斯中心主义，它也许会使这种思想停留于存在—神学的时代，停留于在场哲学中，亦即停留在哲学本身。"②这样一种对存在的追问，并没有消解能指与所指的对立，而仍然是对第一所指的追求。但德里达仍然认为，海德格尔向形而上学提出存在问题，并随之提出了真理问题、意义问题和逻各斯问题，这是具有积极意义的。因为所涉及的存在的意义问题比人们通常想象的困难得多。因此，这

---

① 海德格尔：《林中路》，第224页。
② 德里达：《论文字学》，第16页。

种对存在的考察，促进了存在意义的统一性的瓦解，最终促进了语词统一性的瓦解。特别是海德格尔后期在《论存在问题》中将"存在"这个词打了"×"号，这意味着海德格尔不再将存在视为最终的第一所指。在德里达看来，要彻底颠覆形而上学，就要对意义进行彻底的延异。他写道："无处不在的延异要动摇的正是存在者的支配。动摇是这个意义上的：意味着整体性的晃动，意味着完全性的颤抖。因此，将存在确定为在场或存在状态正是延异思想所质疑的，如果存在和存在者之间的差异没有在别处提出的话，这样一个问题就不会出现，也不会被理解。第一个结论：延异不是。它不是一个在场存在者，不论如何卓越、独特、重要和超验。它什么也不控制，什么也不统治，它不施展任何权威，它不用任何大写字母显示。延异没有王国，而且它还激励对王国的颠覆。这就使它明显地威胁和绝对地恐吓着我们内心想做国王的一切欲望、想做过去或未来的国王的一切欲望。"①

但以德里达为代表的后现代主义也同样受到所谓"否定形而上学"的指责。哈贝马斯指出，自柏拉图以来，形而上学就明确表现为普遍统一的学说。以利奥塔和罗蒂为代表的激进语境主义，以语义的多元性反对形而上学的同一性学说。但它只是拯救那些由于唯心主义而被牺牲掉的环节，如非同一性和非整合性、杂乱性和异质性、矛盾性和冲突性、瞬间性和偶然性等等。但这只是一种否定性的形而上学。他写道："激进语境主义本身依赖的就是否定的形而上学，而否定的形而上学则是围绕着形而上学唯心主义始终想要获得却一直未能如愿的绝对内容来不断展开的。"②在他看来，同一性与差异性的关系是辩证的，因为暂时的同一性产生于语言共识所形成的松散的主体间性，这种同一性不仅支持而且深化和促进生活方式的多元化和个性化。共识越是抽象，分歧就越是多样。因此，只有以交往范式来替代意识哲学范式，对逻各斯中心主义的批判才能真正有效。

以上对反形而上学历史的回顾，向我们提出了一个尖锐的问题：如果在现实中几乎所有的反形而上学的哲学观点最终都难逃被批评为形而上学命运，那么在理论上反形而上学究竟能否彻底？换句话说，彻底的反形而上学是否可能？由于反形而上学是在两种不同意义上展开的，所以，对彻

---

① 德里达：《延异》，汪民安编：《后现代性的哲学话语》，杭州：浙江人民出版社，2000年，第85页。
② 哈贝马斯：《后形而上学思想》，上海：译林出版社，2001年，第138页。

底的反形而上学是否可能这一问题的回答，也应当从这两个不同角度来回答。

首先，科学主义的反形而上学是无法彻底的。科学主义所反的形而上学，是超出经验范围的抽象理论研究。但一方面，如果承认科学是一种理论形态，而不局限于零碎的经验，那么组织这些经验的核心理论概念就不可能是纯经验的。这意味着彻底的反形而上学会使科学不再以理论知识的形态存在。另一方面，将经验作为知识的可靠性基础，这本身也是近代的一种形而上学设定。尽管它对于近代科学的发展发挥了积极的推动作用，但它同样也会限制人们的眼界。因此，如果彻底地反对形而上学，那么就会将科学本身的视野也一同抹去。

其次，非科学主义的反形而上学也是无法彻底的。非科学主义所反的形而上学，是包括科学主义在内的一切有限的和固定化的理论设定。然而，对任何固定化的理论设定的批判，总是站在另外一种理论设定的基础上。因此，历史上的反形而上学理论总是被后人批判为新的形而上学。正因为如此，后现代主义提出用"解构"的概念替代"摧毁"的概念。"摧毁"意味着从外部批判，而这种批判本身一定是从另外一种理论出发的。而"解构"则意味着从内部顺势拆解，它似乎并不从一个新的立足点出发，也不再建立新的理论。但正像哈贝马斯所指出的，这最终还是将差异绝对化。而这种绝对的差异就是这种解构过程的最终理论设定。

最后，从总体上看，追求反形而上学的彻底性，这本身就是一种形而上学。它不过是以绝对否定的方式表达出的形而上学。从理论上说，追求彻底的反形而上学，永远不会摆脱重新陷入形而上学的怪圈。

四、后形而上学的可能性

在本文的第二部分，我们论证了不反形而上学是不可能的；在第三部分，我们又指出了彻底的反形而上学也是不可能的。那么，我们是否还有第三条道路可走？一种可能的选择，就是向"后形而上学"转型。

所谓"后形而上学"，我指的是在形而上学与反形而上学之间的辩证运动。实际上，形而上学与反形而上学是人类思维的两极支撑点。人们追求形而上学，是为了在思维中找到一个落脚点，使思维得以展开。而人们反形而上学，又是为了使思维突破原有的局限，不断向前发展。这两点对于人类思维的进行和发展来说，是缺一不可的。因此所谓"后形而上学"，既坚持对各种具体的形而上学理论的不断克服和超越，又不期望在理论上彻底根除所有形而上学，它要在形而上学与反形而上学之间保持适当的张力。

以后形而上学的立场来看待形而上学，首先要承认形而上学在人类思维中的合理功能。康德和海德格尔都曾对形而上学的合理功能作出过分析。在康德看来，形而上学的产生，是由于人们追求思维的彻底性。而感性世界并不能含有彻底性，为理解感性世界所用的空间、时间和纯粹理智概念也都不能含有彻底性。这迫使纯粹理性离开单纯观念自然界，超出全部可能经验，并且在这样做的过程中产生出形而上学。那些先验的理念的目的，乃是为了从经验的枷锁中把概念解放出来，使它至少看到在它面前开展着一个包含为感性所绝对达不到的、仅仅作为理智对象的境界。海德格尔也同意康德的观点，他写道："只要人还是理性的动物，他也是形而上学的动物。只要人了解他自己为理性的动物，像康德所说，形而上学还是属于人的本性。"[1]形而上学之所以被海德格尔说成是"人的本性"，是因为人的思维的根本特性是它的超越性。它总是要超出经验的局限，从总体上理解和把握整个世界。而这种理解必须要借助于一种形而上学的支点，没有这种支点，人类的思维就无法展开。在这个意义上，形而上学在人类思维中具有其不可或缺的功能。

但从后形而上学出发，又意味着清醒地意识到各种形而上学的局限性。尽管每一种形而上学体系都向人们展开了一个思维的视角，但它同时也是对视角外的视线的遮蔽。正像海德格尔在分析科学主义的形而上学时所指出的，一旦科学主义思维将存在视为可计算的，那些不可计算的东西便成为一种不可见的"阴影"。这种阴影指示着一个拒绝为我们今人所知的其他东西。因此，固执于一种形而上学，就会使我们的思维局限于一个狭隘的范围。在这个意义上，反形而上学具有"破界"的作用。因此，如果说形而上学是人的本性，反形而上学同样是人的本性，它同样是人类思维超越性的表现。

然而，后形而上学不同于反形而上学。反形而上学要完全取消一切形而上学，而这种取消在理论上是不可能的，在实践上则会使理论思维无法

---

[1] 海德格尔：《何谓形而上学》，第217页。

进行。因此，应当以后形而上学替代反形而上学。后形而上学的任务，是对任何既有的形而上学进行解构。通过解构，去除遮蔽，使新的可能性得以展现。当然，新的可能视野的展现，会导致新的形而上学的产生。但建立新形而上学并不是作为后形而上学的哲学本身的任务。后形而上学解构每一种形而上学，永远不会停留在任何形而上学基础上止步不前。

后形而上学概念的提出，反映了哲学历史发展的一个新的阶段。在科学发展之前，建立形而上学和反形而上学的任务都是由哲学来承担的，在这个意义上，哲学总是成为形而上学的代名词。哲学家们力图为对世界的解释找到绝对确定的基础，因而提出一个又一个形而上学体系。同时，思想的发展又使人们对先前的体系作出批判。但这种批判总是力图推翻原有的形而上学体系，建立新的对世界的解释体系。在这个意义上，对一种形而上学哲学的批判，导致的是另一种形而上学哲学的产生。然而，随着科学的发展和成熟，它已经能够承担起建立知识体系的任务，而且其体系的严密性不仅不亚于哲学，而且还常常胜于哲学。在这种历史条件下，作为承担建立形而上学任务的哲学开始衰落。而在这种条件下，哲学的反形而上学功能也不能不向后形而上学转型。正是在这种历史转型过程中，许多哲学家提出了哲学功能和形态的转变。如维特根斯坦提出将哲学作为一种分析活动，海德格尔将哲学作为一种去蔽活动，德里达将哲学看作一种解构活动。一方面，他们都从整体上反对哲学作为形而上学的形态来存在；另一方面，他们又都不认为哲学就此结束其存在。就连反形而上学最激进的德里达也指出："当时人们谈得最多的是哲学的局限，有时甚至是哲学的'终结'或'死亡'。就我个人而言，那时我虽然对于形而上学的关闭充满兴趣，但我从不赞成哲学已经完结的说法。因此我尝试在关闭和终结之间寻找某种道路。"①

在哲学的后形而上学阶段，一方面，各种"部门哲学"正在不断涌现和繁荣，它们本质上不过是各门具体科学的形而上学原理，而不是后形而上学意义上的主流哲学。另一方面，主流哲学的任务不断集中于形而上学批判，通过这种批判，从否定的角度为各门具体学科拓展其形而上学的视野。

（本文原载于《文史哲》2002 年第 6 期）

---

① 德里达：《书写与差异》，第 2-3 页。

实体（ousia）

——从术语解析看亚里士多德的实体论

颜 一

正如巴门尼德使存在成为哲学中一个主导性概念一样，亚里士多德使得实体成为一个极其重要的哲学词汇。《形而上学》（以下简称《形》）中有一个著名的论断：那个很久以前直至如今永远在被追问却永远令人疑惑的问题"存在（to on）是什么"，不过是在问"实体（ousia）是什么"（《形》1028^{b}2）。亚里士多德哲学完全建立在关于实体问题的讨论上，我们可以贴切地称之为"实体论"。在这里，"实体"看来比"存在"更加重要，甚至不啻于此。然而由于亚里士多德著作中对实体的讨论庞杂而分散，时常有含混与反复——特别是在《形》中，导致无论在思想诠释还是在包括"实体"在内的一些术语翻译上都存在很多问题。本文拟详细解析亚里士多德实体说中几个最关键的术语，尤其是探讨其翻译及转译中存在的问题，以期有助于我们确切地理解亚里士多德的实体概念及实体论。

一、实体（ousia）

希腊文中，ousia 是来自动词 eimi（是，存在）的阴性分词 ousa 的一个名词，按字义就是"是或存在之物"，其通常的含义是"所有物""财产"。在较早的哲学文献中，ousia 作为 phusis（自然物，自然构成或本性）的同义词在使用。柏拉图对话中 ousia 已经有了较专门的运用，主要指与可感事物、与非存在相对立的真实存在，即永不变灭的可知世界的存在。（见《泰阿泰德篇》185c, 219b；《国家篇》509b；《蒂迈欧篇》29c；《智者篇》232c

等)。《国家篇》第 6 卷中较为奇特地讲到,善自身并不是 ousia,而是在荣耀和能力上都超出 ousia,真理与知识的真实存在都来自善。这里的 ousia 一般翻译为存在、实在或本质。《蒂迈欧篇》35a 以下讲述了神如何从不可分的、永恒同一的存在(ousia)和可分的、变灭的存在混合出中间形式的第三种存在,进而制造出宇宙灵魂的过程。三种存在分别为同一、差异和混合的形式。这段话的诠释争议甚多,但 ousia 的意思是清楚的,即存在或实在。尽管有的地方也用来指变灭无常的可感事物的存在,柏拉图对话中的 ousia 大体是指理念或原型永恒同一的真实存在。

亚里士多德建立了以 ousia 为中心的一套哲学,可是他在实体的界定、分类中,在什么是或不是实体的有关讨论中甚不清楚一贯,以实体的分类为例,《形》第 12 卷中把实体分为三类,即有毁灭的可感实体、永恒的可感实体和不运动的实体,这是最能为人接受的实体分类。但紧接此处分类不远就又把实体分为质料、本性(phusis)和二者的结合三类(1070^a9-13)。而且亚里士多德更经常地把体分为质料、形式或形状和二者的结合三类(《论灵魂》412^a7,414^a15;《形》1035^a2,1043^a27,1070^b12),显然,从中得出一个一致的实体概念是十分困难的。

关于实体的界定性论述,集中见于《范畴篇》(以下简称《范》)和《形》Z 卷。前者虽属逻辑学著作,并被认为是亚里士多德早期著作,却对实体作了严格界定,提出了有名的第一实体与第二实体之分。《范》第 5 章指出,实体最严格、最原初、最充分的意义是既不(可用来)表述某一载体(或译"主体")也不存在于某一载体之中的东西,如"这某个人""这某匹马",这就是"第一实体"。包含第一实体的属(eidos)与包含属的种(genos)被称为"第二实体"。《形》中整卷讨论实体问题的 Z 卷对最有可能是实体的四种东西即"是其所是"、普遍、种与载体作了详细讨论,结论是"是其所是"才是实体。以上论述涉及的一些术语及问题,后文中要详加探讨,这里我们暂且指出,亚里士多德的 ousia 最严格的意义是指实际存在的可感事物,如这某个人,但也可指较为抽象的某种东西,如"是其所是"、质料、形式、载体以及属、种等。如果要寻求一个统一的解释,那就是"实体"是某种真实存在的东西,这基本符合 ousia 的本义。撇开对理念世界的假定,在真实存在或实在之物的意义上,这个 ousia 与柏拉图所讲的 ousia 并非不可相通。

中世纪普遍采用 substantia 来翻译亚里士多德的 ousia,substantia 进入英语就是 substance，所以 substance 实际上是有历史渊源的对 ousia 的转译。经院哲学家们对实体问题的讨论，大多是把亚里士多德的实体论神学化，如托马斯·阿奎那就接受和改造了亚里士多德关于实体与偶性、形式与质料、潜能与现实等学说，他把实体分为神圣实体、理智或精神实体、物质实体三类。经过阿奎那改造过的亚里士多德实体论成为中世纪后期西欧流行的权威性理论。近代哲学就最高实体或神、精神实体和物质实体展开了一系列论战，笛卡尔、斯宾诺莎、莱布尼茨、洛克、贝克莱、休谟等都阐述了各自的实体观。洛克对实体观念的分析，尤为切合本文的讨论。洛克指出，对于纯粹的实体概念其实我们别无所知，那不过是关于我们并不知晓的支撑物的一种假定，它支撑着在我们中产生简单观念的那些性质；"由于不能设想这些简单观念如何能够独立自存，我们习惯于假定一种承载物（substratum，或译'基质'），它们存在于其中并由之而来，故尔我们称之为 substance"（《人类理解论》第 2 卷第 23 章）。依洛克观点，实体观念是一个晦暗的、无确切含意的关于假想支撑物的观念，我们确切知道各种性质，但对性质"下面"或背后的所谓实体却一无所知。不过洛克踌躇于抛弃实体观念，因为它在他极为敬佩的"微粒论"科学家如波义耳、牛顿等人的理论中醒目地起着中心作用。[①]与此对照，贝克莱令人震惊地抛弃了物质实体，休谟则否定了心灵实体。洛克对实体观念的质疑为人熟知，它对亚里士多德的实体论能有多大冲击则甚少有人细究。在亚里士多德那里，实体对于属性的确有承载、支撑作用，属性或偶性可以发生变化，它们所依存于其中的实体并不随之改变。这就是载体（hupokeimenon）意义上的实体。但是，《形》Z 卷中论证到，载体虽然看来最像是实体，但是载体等同于终极的质料，它既非某物（ti），亦非数量或其他任何东西，甚至不是否定的东西，因此，质料从而载体不可能是实体（1029^a1-30）。姑且不管把载体等同于质料的奇怪论点，我们说，亚里士多德清楚看到属性背后的承载或支撑物毫无任何确定性，几乎是预设了洛克的观点，只不过亚里士多德不把载体意义的实体归之于一种空泛假定，而是在不放弃载体概念的同时，坚定不移地设法从其他途径构建其实体理论。因而洛克的质疑对亚里士多德的实体论不构成多大冲击，它针对的实际上是实体论中已被意识

[①] 参见 E.J.洛（Lowe）：《实体》["Substance"，见 G-Parkinson (ed.) The Encyclopedia of Philosophical Terms, London, 1988 年，第 264-265 页]。

到成问题的载体概念。拉丁文 substantia 字义上是对希腊字 hupostasis 的翻译，后者意为"在下面站着"，因而 substantia 与其英译 substance 字义为"在下面站着或支撑着的东西"，与 hupostasis 意思相近 hupokeimenon 意为"在下面放着、承载着的东西"，其英译正是前文所引洛克语句中出现的 substratum。英语中尽管用不同的词分译 ousia 与 hupokeimenon，但 substance 极易把实体与载体混为一谈，在洛克这里二者完全等同。应该说，洛克所做的恰好暴露了英文 substance 与亚里士多德的 ousia 之间的巨大歧异。"载体"是亚里士多德实体论中无法离舍的概念，每一可感事物都可以看作载体，亚里士多德著作中也不时把载体说成是实体①，可是总起来看，亚里士多德的 ousia 远非载体所能涵括。所以笔者认为，用拉丁字 substantia 译亚里士多德的 ousia 是一个历史的误会，这一误会随 substantia 译入英语及其他西语而承传。

  不少西方学者对 substance 作为 ousia 的译名表示过不满，也提出过这样那样的改译建议②，但 substance 至今仍是最通用的译名，主要原因可能是 substance 已经成为近现代西方哲学中的惯用词汇，约定而俗成，而且在很多情况下人们使用此词不必承诺其字面含义，比如现代西方哲学中从同一性（identity）来讨论实体，不考虑其承载或支撑作用。要想在西方哲学、科学乃至日常语言中完全替换掉 substance 及其他语种中的相应词恐怕不太现实，但在亚里士多德哲学研究中确有必要进行改译。依笔者之见，英文中 entity 是最恰当的译法，其基本含义是实际存在之物，既可指实实在在的事物，又可指抽象的存在物，正好确切地对应亚里士多德 ousia 之所指，而从构词上看，entity 的拉丁文由来是 sum（动词"是，存在"）→esse（不定式）→ens（分词）→entitias，与 ousia 在希腊文中的由来极好地吻合，就是说，entity 完整保留了 ousia 的字面含义：是或存在的东西。这么合适的词未能成为 ousia 的译名，只能归因于历史吧。至于另一个从构词上同样来自 esse 的 essence，其拉丁源词 essentia 也曾被用来译过亚里士多德的 ousia，但其首要含义是"本质"，而且 essentia 及 essence 是亚里士多德实

---

  ①《形而上学》Z 卷中否认载体是实体后，下一卷中 1042a26-30 又断言载体是实体，是质料、形式及二者的结合。
  ② 前些年北京大学李真教授在英国访学时了解到，一些年轻的英国希腊学者主张 ousia 译为 real thing。这应是一个不错的译法，避免了 substance 的不当增添，译出了 ousia 的本意。不足是用词组来译单字，同样也体现不出 ousia 的字面含义。

体论中另一重要术语 to ti en einai 的专用译法，因此基本上不用考虑 essence 作为 ousia 的译名。

中文"实体"字义上没有 substance 之意，可以避免把实体与载体相混，不过它是 substance 的固定译名，多少会受些牵连，中国哲学中的"体"-"用"之分，也有几分类似实体（载体）-偶性之分。另外，"实体"明显倾向于（物质）形体。也就是说实体的"体"字译 ousia 嫌"硬"，"体"字若取"东西"之义就很好了。它也和 substance 一样，译不出 ousia 的字面含义。这一点汉语中几乎没有办法，因为没有希腊文 eimi、拉丁文 sum 那样的动词。笔者反对引入"是"字，把 ousia 译成"某种是（者）"之类，理由见后。总之，"实体"译亚里士多德 ousia 不算恰当，假如能找到一个词正好表达"真实存在的东西"之意，那将解决我们的难题。笔者国学修养有限，只好将此作为一个问题提出，以候赐教。若是找不到合适译法，用"实体"译 ousia 亦无大碍，它毕竟远胜于英译 substance。

关于 ousia，概念上的讨论就到这里，接下来再探讨 ousia 究竟为何物。

二、"这某物"（tode ti）

如果说亚里士多德实体论中有哪个术语最为重要，那一定是"这某物"（tode ti）。这个术语一方面广为人知，在它改头换面成"个别事物"或"个体"之后，一方面又几被遗忘，甚少为人提起。tode 是希腊文指示代词"这"，ti 是不定代词，不确定地指某某事物，比英语中 something 更不确定，译为英语是 something or other。从用词上看，tode 与 ti 都是再寻常不过、意思再明白不过的普通词汇，在实体论中 tode ti 却成了 ousia 的代名词。实体的所指一变再变，但"实体是这某物"却一再得到重申，在《形》中差不多是随处可见。关于什么是实体，什么不是实体的讨论，归结到最根本的一点，就是看其是不是 tode ti。它就是实体的根本标志和判断标准。

这一短语的翻译本来不该出什么疑问，英译应为 this something or other，汉译应为"这某（某）物"或"这东西"，译为"这个"虽说行文上简洁，但是丢掉了不定代词 ti。然而，tode ti 在英语中最常见的译法是 individual 或 individual thing，有时译为斜写或带引号的 this，英文哲学文献中通常论及的是实体是 individual，tode ti 只在少数著述中才得到注意，而作为专门术语，其受注意的程度也远不及 to ti en einai、to on hei on 等。汉语从 individual 把 tode ti 转译为个别事物或个体，"这某物"在汉语的亚里士多德哲学介绍中接近于完全被遗忘了。①

用 individual 来译 ousia 有什么不妥呢？此词来自拉丁文 individuals，原意是"不可分割"。亚里士多德的实体论中虽也涉及可分与不可分问题②，"可分离的（khooriston）"或独立自存才是实体的特性，individual 虽用来指独立自存之物，个别事物或个体，但其字义引向可分性问题，作为译名至少作了不恰当的增添。另外，亚里士多德著作中相当多地用 hekaston（个别物）、takath' hekasta（就个别而言的东西，个别事物）来指个别事物，③ 再把 tode ti 译作个别事物，就难免相混——英译文中确实常常相混。所以单从文字角度来看，用太专门化的、字义会引向歧义的 individual 来译由常用字构成的 tode ti 很不合适。

从 tode ti 的思想内容来辨析会更有说服力，让我们来看看有关的论述。如前一节所引，实体被界定为"最严格、最原初、最充分的意义"是既不表述某一载体也不存在于某一载体之中的东西。这一限制条件中的所谓"不表述"（ou kath' tinos legetai，直译是"不就某物而言"），如我们说"白的是这人"，就用"白的"表述了"这人"，但我们不能说"白的是这人"，即所谓"这人"不能用来表述"白的"。我们似乎明白了表述上的某种逻辑关系，但对"不表述"何以说明实体的存在仍不明白。不存在于某一载体中的意思较清楚，"白的"性质就存在于载体中，它们不能够独立自存，但是，"人"，"动物"就不存在于（它们所表述的）某个人中（见 3^{a}12），它们是"第二实体"——该考虑这一点了。于是，关于第一实体的"最严格"的界定看来大成问题。其实载体既不表述也不存在于某一载体中。不过，《范》中区分第一实体、第二实体后指出，所有的实体看来都表明某一"这某物（tode ti）"，第一实体确凿无疑地表示"这某物"，第二实体"依靠其

---

① 更为糟糕的是，它常被简称为"个别"，被纳入所谓"个别与一般的辩证关系"中去评说，得出些风马牛不相及的结论。

② 《范》3b12 说第一实体表示"这某物"，因为它是不可分的（atomon），《形》中也用"不可分之物"（atoma）来指个别事物（见 995b29, 998b16, 1058a18、20），但亚里士多德显然无意于把实体讲成德谟克利特的原子或"不可分之物"。

③ 例如《形》"问题卷"中提出的著名问题之一就是："本原是普遍的还是个别事物（ta kath' hekasta toon pragmatoon）？"（996a10, 1003a7，并参见 71a20, 86b21）。括号中所列原文直译是"就个别而言的事物（pragmata）"。

名称的形像"似乎也表明某一"这某物",但它们毋宁是表明性质,表明某种性质的实体(3^b10-23)。《形》第 5 卷把"实体"概述为两点:(1)不再表述别的东西,即终极载体;(2)为"这某物"和"可分离的"东西,即每个事物的形状或形式。依表述关系和依存关系,将会得出实体是载体,而正如前述亚里士多德否认载体是实体,理由恰是它和质料一样不能表示"这某物"。可见,《范》中给出的严密界定并不能厘定(第一)实体的存在。实体只有唯一的限定条件或判别标准,简明表示就是:实体(ousia)= "这某物"(tode ti)。

其实,有着决定性说明作用的是亚里士多德为第一实体举出的例子——"这某个(ho tis)人""这某匹马"让人立即就明白了第一实体究竟指什么,而 ho tis 稍加改变为一个中性形式的名词性表达就是 tode ti。我们说第一实体是实实在在的可感事物,正是依据此处举例。确定了这点后再来看上述界定,会发现更严重的问题。既是事物,哪会有是否表述它物的问题呢?第一实体怎么能像"人"归属于"动物"一样归属于"人"中?应当注意到,第一实体与第二实体本就极不相称,前者是我们面前实实在在的事物,后者是用以表述这些事物的述词,严格说来算不上是什么实体。称其为"第二实体",无非是说属、种传达关于实体的信息,从而特殊地具有某种实在性。《形》中就不再提第一实体与第二实体之分,并明确断定"种不是实体"。只有对应于第一实体的某个语词才有恰当表述的问题,才可纳入属、种关系之中。(第一)实体作为独立存在的事物,与表述这事物的语词是两回事。再则,表述实体的语词(实体范畴)与表述性质、数量等的语词(其他范畴)之间能够维持恰如实际存在着的实体、性质、数量等之间的差异吗?即是说,把这某个人表述为"人"和表述为"白"从语言表述的角度有可能是"平等的",而不是代表实际存在着的两种东西,实际存在着的只是"这某个人"。当然在这里不可能讨论清这些问题,但是指出亚里士多德关于实体与范畴的论述中没有区分开事物与语词、存在与表述无疑非常重要。现在可以聚焦于"这某物"来理解实体了。tode ti 中 ti 是不确定的,可以是人、马或别的某某东西,确定的是"tode(这)"。事实上,单单 tode 就可指代实体(见《形》38^b24,69^b11,89^b11,89^b32)。当我们以"这"来指称某一事物时是一种什么状况呢?是一种直接面对,一种亲历。我们可能不知面对的"这某物"究竟为何物,但确实无误地感受到其存在,很想像亚里士多德一样称其为"实体"。每一"这某物"的存在是一件直接的、不经判断与表述的事实，众多的"这某物"就构成人所面对的这个世界。据笔者解读，亚里士多德实体论的初衷亦是精要即在于此。

亚里士多德激烈有余地反驳柏拉图的理念论，最基本的一条指责是理念被当作与可感世界中个别事物相分离的"另一类事物"，而亚里士多德相信"此间的事物"（ta entautha）就是真实存在着的，在"此间的实体"之外再无存在于彼处的另一类实体（参见《形》990^{b}34，991^{b}13，1002^{b}17）。实体论立足于可感世界中日常可见的事物。亚里士多德把一个特别的字眼 to katholou[①]（普遍）引入哲学，经常作为理念的同义语。"所谓普遍，我指的是自然而然地可用以表述众多事物的东西，如'人'；个别（kath' hekaston）则不然，如'卡里亚斯'。"（《解释篇》17^{a}39）《形》Z 卷把普遍列为实体的四种候选者之一，讨论的结果是普遍绝不是实体。因为实体是每一事物所独有（idios）的东西，而普遍是"共同的述词"，不能表示"这某物"（tode ti），只能表示"这类"（toionde）。"普遍不是实体"是实体论中反复强调的一个基本主张，明白告诉我们实体或"这某物"是每一事物之独一无二的东西。

至此就容易理解，ousia 或 tode ti 本指如"第一实体"那样的真实事物，又可较抽象地指只为每一事物所独有的东西。把第一实体称为个别事物尚可接受，当质料、可感事物遭到贬抑，亚里士多德说形式、"是其所是"代表了实体是"这某物"时，把形式、"是其所是"称作个别事物就很奇怪了。ousia 就变得含混难解。个别事物（individual）表达不出"这某物"中"这"（tode）所强调的内容（直接面对），并且很容易滑入"个体"与"类"的逻辑关联中——"这某物"对应于某种独一无二性，并不进入以具有相同特性的个体为分子的"类"，或者说"在逻辑之外"。归总而言，用 indivdual 及"个别事物"译 tode ti 十分不当，应当按亚里士多德所用词汇还其本来面目，英译为"this something"，汉译为"这某物"。tode ti 虽在《形》Z 卷中未被列为 ousia 的候选者之一，但它是判定所有候选者是不是 ousia 的标准且在实体论中始终不变地、最经常地作为 ousia 的代名词，理应倍受

[①] katholou 本是副词，意为"就全体（holon）而言"，"从总的方面"，亚里士多德为其加上冠词 to 后作名词用，译成汉语为"普遍"，在逻辑学中也译作"全称"。中世纪把 to katholou 与柏拉图的 eide 和 ideal 都译成 universalia（常译为"共相"），成为实在论与唯名论争论的焦点。16 世纪英文中 universal 开始作为名词使用，关于 universals 的争论在今天的逻辑、语言哲学中还在延续着。

重视。

三、"是其所是"（to ti en einai）

在 tode ti 之外，最接近于实体同义语的就是 to ti en einai。这是一个固定搭配的短语，to 是冠词"这"，ti 是疑问代词"什么"，[①]en 是"是"动词 eimi 的过去未完成时态[②]，einai 是 eimi 的不定式，英文直译该是"to be what it was"，但最常见的是据拉丁译法 essentia 译作 essence，汉译据此译作"本质"，我的导师苗力田教授恢复其直译为"是其所是"。[③]随着汉译《亚里士多德全集》的出版，这一译法已逐渐为人熟悉。

或许亚里士多德认为 to ti en einai 本身就清楚明了，在频繁且甚为倚重的使用中并不专加解释，给后世的诠释者留下了很大的争论空间。最明显的疑问是，亚里士多德为何要用过去未完成态 en（it was）而不用现在时 esti（it is）？en 显然是有意用的，可是无论从文法还是从思想关联都无法确切断定其所指。较为自然的猜测是 en 指明某种持续性——过去是现在仍是，不变的实体相对于变动不居的偶性就表现出持续性，但 to ti en

---

[①] 这与 tode ti 中的不定代词 ti（某物）不同。希腊文中公元前 2 世纪开始使用重音，疑问代词 ti 带重音符号，不定代词则不带。汉语拼法出于简便只拼字母，不管重音，使得两者拼法相同。

[②] 希腊文动词过去时分成未完成时态（imperfect）与不定态（aorist），前者表示动作持续进行，后者表示间断发生。在现在时中则无此区分。eimi 的过去时只有未完成态，没有不定态。en 相当于英文中的 it was。

[③] 关于此种译法有些情况兹列如下，以供读者参考。汉译《亚里士多德全集》之初，苗先生本来提出两种译法，另外一种是"何以是"（在中国人民大学出版社 1989 年 4 月第 1 版《古希腊哲学》中采用，1995 年 3 月第 4 次刷印时修订为"是其所是"）。先生认为这样译正好与亚里士多德另一短语的汉译"何所为"（目的）相对，出于这种考虑，先生决定采用"何以是"。我认为"是其所是"更属直译，并发现在亚氏著作中此短语经常拆开在用（见文中讨论），因此在一篇论文中依然使用"是其所是"，先生看时先是一一改回"何以是"，但改到中间他觉得我讲得有道理，又让我重新改成"是其所是"。从《全集》第 1 卷开始就采用此译。当时反对直译的意见甚多。学兄余纪元博士在意大利求学时与我通信讨论过这种译法，他主张简单地译为"本质"，并针对我的理由表示这是一个专门术语，不能拆开，他特别指出，若按中国古代墨家所言"是其所是，非其所不是"，"是其所是"就成了"固执己见"。另外，1999 年《亚里士多德选集》出版时，苗先生告诉我他要把"是其所是"改为"何以是的是"，与"作为存在的存在"相对。我回答说改掉刚为人接受的"是其所是"不大好，实在要改也宜按字义改为"其所是的是"，先生欣然同意，在《选集》中改用此译。如今细加推敲，to ti en einai 重心在 ti（什么），"其所是的是"重心则在"是"（einai），应该还是用"是其所是"好。憾乎先生在世时我没能想到这一点，现已听不到先生指点。

einai 既与载体竞争实体身份（《形》Z 卷），恐怕不能朝这个方向去理解。亚里士多德使用 en 究竟用意何在，也许永远是一个谜，但这不等于说 to ti en einai 也不可确解。有一条不难发现的诠解途径，即 ti, ti estin 以及 estin 分别都与 to ti en einai 一样经常用以指代实体——通常加上冠词 to 构成名词，tiesti 尤为常用，就好比 to ti en einai 拆开在用。即便无法断定亚里士多德有意拆开这一短语，我们也毫无理由认为单独指代实体的 ti 与 to ti en einai 中的 ti 有何不同，ti esti 与 ti en，esti 与 en 也仅有时态上的不同，其所指则都是实体。这样，借助没有什么疑义的 ti（what）、ti esti（what it is）及 esti（it is）就可以确定 to ti en einai 之含义。

显然，用"本质"（拉丁文 essentia 及西语中相应词汇）来译 to ti en einai，在译文中就会看不到上述这些表达之间的联系，造成相关意义的断裂。必须看到，"本质"在后世哲学中获得了一些特定含义，比如在托马斯·阿奎那、黑格尔、萨特哲学中与"存在"（拉丁文 existentia 及西语中相应词汇）相对立，在黑格尔、胡塞尔哲学中与"现象"相对立，而亚里士多德的名字虽常与"本质主义"相联，但被译成"本质"的 to ti en einai 实无这些含义。长期流行的"本质"一译不仅过于简化，而且极易引起曲解，所以苗力田教授恢复直译之举学术意义非同寻常。to ti eneinai 译得更完整一些为"是其（曾）是的那个东西"，"是其所是"基本上译出了这一短语的本意，若把 ti（"什么"）、ti esti（"是什么"）译成"所是""其所是"，其间关联更会一目了然。

亚里士多德说，"是其所是"是"恰如某物"（hoper ti）的东西，它与"是什么"（ti estin）、与"是"（to estin）一样，在原初的、单纯的意义上表明实体或"这某物"（to deti），实体外其他各类范畴虽然亦可称"是""是什么"或"是其所是"，但只是在附随的意义上，所以"是其所是"严格说来只属于实体[①]。仅此就很清楚，ti、ti estin、estin、to ti en einai 都与"是什么"问题相关，旨在从判断、知识方面揭示实体或"这某物"。

既然宇宙万物以实体为首要部分，是实体及性质、数量等等的系列（《形》第 12 卷卷首），哲学或形而上学的根本问题就是"实体是什么"。实体或"是什么"（ti estin）被规定为一切推理知识的始点或本原。怎样回答实体是什么呢？最严格的形式莫过于定义。定义是关于"是其所是"的言

---

① 以上见《形》1030a2-b6，这恰如实体在最原初、单纯的意义上只是"第一实体"。

说（logos），即以言辞形式表达出事物是什么，而且与"是什么""是其所是"一样，定义在最严格的意义上只属于实体（1030^{a}18-25，1031^{a}1-14）。而实体是"这某物"，定义就必须说出事物独一无二的东西。亚里士多德提出了著名的"种+属差"的定义方法，如果一直划分下去，达到一个其下再无属差的终极属差，就找到了实体的言说或定义（《后分析篇》97^{a}18，参见 96^{b}12；《形》1037^{b}29-38^{a}35）。然而，果真能够达到那样的定义吗？譬如他经常提到的定义"人是两足的动物"，"两足的"未必就是终极属差，不像是能代表"这某个人"的实体，"这某个人"不作为"两足的"——更不用说"人""动物"，作为什么才算是实体？只要诉诸定义式表述，我们看不出普遍的语词如何可能表达出独一无二的实体。

亚里士多德在一定程度上意识到了这种困难，《形》Z 卷第 13 章论证说普遍不是实体后总结到，实体若不由普遍的东西组成，关于任何实体不能有言说或定义（logos）。第 15 章中说，个别可感实体中由于有允许存在和不存在的质料，都会归于毁灭，而必然性的证明与知识性的定义不允许像意见一样变来变去，所以个别可感实体既无定义亦无证明；对个别事物所下的定义总会被推翻，个别事物不可定义；永恒的特别是那些独一无二的事物（hosa monakha）如太阳、月亮，也不可能有定义。从主张实体才有定义到一切实体都无定义或不可言说，实体论明显陷入难以摆脱的困境。① 而对于亚里士多德问题并没多么严重。他娓详而论的形式与质料、潜能的现实化、原因及目的等，都可说是"实体是什么"的理论解答，虽然每一事物独有的"是什么"依然无从知晓。需要注意的是，不能以知识形式表达出实体并不妨碍一个人近乎直观地肯定其面对的某事物之存在，即说不清实体是什么仍可肯定其为不可替代的"这某物"。"实体"范畴理所当然地作为实体或"这某物"的语词对等物，而"什么""是什么""是其所是"等，无异于把疑问词"什么"（ti）变成了名词性指称，问题成了答案。它们同样没说出事物是什么，但断定每一事物是它所是的那个东西，那便是实体或"这某物"所指的东西。一言以蔽之，"是其所是"直指事物

---

① 详见拙著：《流变、理念与实体》第 3 章"六、实体与知识"，北京：中国人民大学出版社，1997 年。

自身。①

关于 to ti en einai、ti esti，通过以上讨论已很明朗了。有一点要做些补充，即其中 esti、einai 都涉及希腊文动词 eimi，ousia 本身也由之而来。近来学界对以往较少注意的希腊文 to on, to einai（英译 being, to be）的翻译问题颇多关注，一个倾向是主张译成"是"而不是惯用的"存在""有"等。②那么在亚里士多德实体论中如何译解来自 eimi 的一些词汇呢？首先，笔者以为 eimi 及拉丁文 sum 除有含义"是"外，的确同时具有英文 existence 所表达的"存在"之义，只要还不得不承认"存在"等（而非"是"）是 existence 或 eimi 的"存在用法"之恰当译法，并且不能像英语中以大写字首、斜体给 to be 的一些变形加上 existence 之义那样给全无此义的"是"加上此义，单用"是"来译 eimi、to be 及其变形就过于牵强。大概只好在能明确断定为 eimi 的存在用法或系词用法的地方分别译成"存在"等或"是"，在不能明确断定的地方译"是"较稳妥。如 to ti en einai、ti esti 中，en（it was）、esti（it is）无疑为系词用法，不定式 einai 则不明确，既可理解为"是"ti，也可理解为 ti 之"存在"。同样，to on 为纯"是"还是纯"存在"都可讲通；而亚里士多德常用的 onta（"存在物"，on 的复数形式）及 ousia，应属"存在"用法。其次，关于 to on, to einai（及英文 being）作为有别于一切实际存在物的某种终极之物——不论译成"是"还是"存

---

① 这令人不由想起"苏格拉底对话"中的那些问题："美（勇敢、节制等）是什么？"没有答案。唯一安全可靠的答案只能是"美自身（auto to kalon）"，普遍、自身同一的观念自身正是理念论的秘密所在。亚里士多德经常讲到"就其自身（kath' hauto）"的东西，与"是其所是"（因而也与实体）相连（《形》1022a24 以下，1029b14 以下），与就偶性而言的东西相对。但他显然惧怕理念论的"自身"，不愿把实体讲成"事物自身"，而一再断言实体是"这某物"。如果考虑到"这某物"作为语词也可以普遍地称谓或表述一切事物，断言一事物为"这某物"时也不过是向事物自身。从观念自身到事物自身，又令人想到克里普克的著名论断"没有同一性就没有实体"。是不是可以说"没有认知就没有同一性"呢？不经认知就无所谓"自身"。

② 见王路：《"是"之研究述评》，《哲学动态》1999 年第 6 期；并请参较王路关于《形而上学》中术语翻译的《"是""所是""是其所是""所是者"》。

在"，亚里士多德彻底加以否定，笔者曾撰文①阐明了这一点。常被视作哲学"最高范畴"的"存在"在亚里士多德这里什么都不是，实体当然存在着，却无所谓是不是"存在"，所以把 ousia 译作某种形式的"是"，或把实体论（ousiaology）理解为某种"是论"（ontology），是对亚里士多德哲学基本倾向的无视。更何况唯一标明实体的 tode ti 与"是"字毫不相干。

实体论中另外一些重要术语，如形式、质料、潜能、现实、原因、目的等，由于在翻译方面没有多大的问题，②并且限于篇幅，在此就不一一讨论了。通过对实体、"这某物""是其所是"以及载体、第一实体、普遍等术语的探析，我们看到，实体论尽管观点上不乏含混与反复，其基本构思是十分清楚的。实体主要不是作为承载偶性变化之不变载体而是作为"这某物"，体现了实体论肯定这个可感世界中每一事物的初衷和一贯立场；"是其所是"则从判断、知识方面揭示实体。"实体是什么"取代"存在是什么"成为哲学或形而上学的根本问题，实体论并没能够成功地加以解答。真真切切地肯定"这某物"存在，却又说不出它是什么。独一无二的事物之于普遍的语词间，不止是亚里士多与柏拉图的不解难题，也足以吸引任

---

① 《"存在（to on）是"什么？》，《求是学刊》1998 年第 4 期，中国人民大学报刊复印资料 B6《外国哲学》1998 年第 9 期全文转载。为更好地引起重视并配合此处的讨论，特将要简介如下：(1) to on 及 to einai（"存在"或"是"）是最普遍的述词，同其他普遍物一样绝不可能是实体，没有什么自身同一的"存在自身"（auto on）；(2) 虽为普遍述词，"存在"却不是一个"种"（genos），即不能像把"人"归于"动物"（"人"的种）一样把任何东西归之于"存在"，它是一个完全空洞的、多余的述词，说"一个存在的人"跟只说"这人"完全一样，没有表达另外任何意思，"是其所是"、实体"直接地"（euthus）就是存在，其存在是一个不经表述的事实；(3) 亚里士多德从存在、从知识两方面对巴门尼德以来普遍而单纯的存在概念进行了双重否定，to on 其实什么都不是，所以那个著名论断"存在（to on）是什么"不过是在问"实体（ousia）"是什么，实际上宣告一次哲学的转向——从 to on 等普遍的语词转向实实在在的事物；(4) 引进混淆的是亚里士多德提出哲学研究"作为存在的存在"（to on hei on），字面上很容易导致人们认为哲学研究 to on 自身，这一提法在至今的两千多年里掩盖了亚里士多德对 to on 的激烈否定态度，to on 不幸地还是成为 ontology（"存在论"或"本体论"）的至高对象，然而"作为存在的存在"指的只是实体或"作为实体的存在"，亚里士多德所说的不过是哲学研究实体而已；(5) 有关"存在"的正面阐述，即"事物在多种方式下都称为存在"，存在或指实体，或指性质等各范畴，"存在"现象学地附着或消解于实体、性质、数量等的序列中，可以说亚里士多德没有关于"存在"的学说。

② 值得一提的是"形式"（eidos）与柏拉图的"理念"用了同一个词，在英译中可以统一于字首大写的 Form，在汉译中则完全被隔断了，不过那是如何译柏拉图 eidos 及 idea 的问题，亚里士多德的 eidos 正该译成"形式"，在其逻辑学中译成"属"。

何一个思索事物（实在）-语言（思想）问题的人。如果不把语言、思想视为事物、实在之外的东西，而是将其置入事物、实在之中进行审视，即在思想中探察失去界限的思想与事物，将会使这一难题变得更加困难，也更具吸引力。

(本文原载于《世界哲学》2002年第2期)

悖论与真理

钱 捷

一

1902年，罗素（B. Russell）发现定义"所有不是自己的元素的集所组成的集"将导致悖论。因为考察这个集合本身是否自己的元素，我们就会看到，如果它是自己的元素，则按照定义，它不是自己的元素；如果它不是自己的元素，同样按照定义，它是自己的元素。在此前后，人们还发现了另一些类似的悖论，如康托（Cantor）悖论、布拉里-福蒂（Burali Forti）悖论、理查德（Richard）悖论、贝尔利（Berry）悖论等。这些悖论都让我们想起一个有着古老历史的悖论，即说谎者悖论：当某人说"我正在说的是句谎话"，我们将无法断定这句话的真假。[①]除了最后这个悖论外，上面的悖论都是在18—19世纪之交发现的，它们对于正在数学基础领域兴起的公理化思想，无疑是一个很大的冲击。因为这些悖论暗示我们在逻辑和集合论的基础中存在着问题。"给可怜者以安慰，给痛苦者以支援吧。如果这是一种安慰的话，那么我也就得到这种安慰了；因为在证明中使用了概念的外延、类、集合的每一个人都与我处于同样的地位。成为问题的恰恰不是我建立算术的特殊方式，而是算术是否完全可能有一个逻辑基础。"这是弗雷格（G. Frege）在得知罗素发现的悖论后写下的话，它代表了当时数学基础领域对于悖论冲击的反应。[②]事实上，这个冲击还引起了更为广泛的反响，例如，大数学家彭加勒（H. Poincaré）几乎是立即对这个并非他

[①] 克林：《元数学导论》，莫绍揆译，北京：科学出版社，1984年，第36-40页。
[②] 威廉·涅尔、玛莎·涅尔：《逻辑学的发展》，张家龙、洪汉鼎译，北京：商务印书馆，1985年，第808页。

自己专业领域的问题发表了极为深刻的见解。

二

彭加勒对所发现的悖论的分析是从理查德悖论开始的。设想集合 E 是能够用有限个字来定义的所有十进位小数的集合，现在定义一个小数 N：依次从 E 中取第 n 个小数，使 N 的第 n 位数字为 E 中第 n 个小数的第 n 位数字的值（当此值小于 9 时）加上 1 或为 0（此即所谓对角线程序）。显然，N 将不属于 E。但由于我们的数 N 的定义本身恰恰只使用了有限个字，所以它属于 E。这就是所谓理查德悖论。彭加勒指出这个悖论的产生是由于在定义 N 时，我们借助了（它所属的）集合 E。因此，这里存在着一个不合法的恶性循环。彭加勒认为这种恶性循环对于解释前面那些悖论是普遍有效的。这种不合法的定义，彭加勒称之为非直谓的（non-predicative）。罗素在反复的思索之后，其实是采纳了彭加勒上述关于悖论的观点，从而将禁止恶性循环作为避免悖论的一个原则，并给出了实施这一原则的具体方案，即他的"分支类型论"。[①]

分支类型论以下述方法排除涉嫌恶性循环的非直谓定义：将不再作进一步逻辑分析的东西，即个体，指定为类型 0，进而依次将个体的性质指定为类型 1，个体性质的性质指定为类型 2，……然后再于类型 0 以上的类型中作出阶的区分，如就类型 1 而言，不提及任何总体的性质便属于 0 阶，而用到某一阶性质的总体来定义的性质便属于更高一阶。[②]这样，罗素悖论的产生显然就是由于我们在问到"所有不是自己的元素的集所组成的集"本身是否为自己的元素时，混淆了类型，即将某种性质所规定的对象作为这种性质的一个项了。通过一定的解释——正如罗素告诉我们的——所发现的那些悖论都可以被指出或者是由于类型的混淆，或者是由于阶的混淆所致，从而可以按照禁止恶性循环的原则加以排除。

但是，问题事实上似乎并不如此简单。罗素的分支类型论其实并未清

---

① 关于罗素和彭加勒达到对悖论的这一理解的具体历史关系，可参见 F. de Rouilhan: Russell and the vicious circle principle, in philosophical Studies, 1992 (65), pp.167-182.

② 这里基本上采用了克林的而不是罗素原初的分支类型论的表述。见《元数学导论》，第 3 章，第 12 节。

楚地揭示非直谓定义或类型及阶的混淆导致悖论产生的机制，因而使其自身显出很强的特设性。但这并不是说罗素没有作过这方面的努力，只是他的努力很难说是成功的。罗素显然是想从逻辑或语义的角度来说明类型或阶的混淆可能导致悖论的原因。他认为这里涉及"隐藏在真和假这样通常的逻辑词中的模糊性"[①]。罗素指出了这种模糊性的所在："所有"这个词使用在命题中并非总是有确定的意义域的。例如，"所有的真命题具有性质Φ"等价于"P（命题）是真的恒蕴含ΦP"，因此，"所有的真命题具有性质Φ"这个命题所涉及的变项并不只是那些为真的命题，它也涉及假命题。因为在这两种情况下，"P（命题）是真的恒蕴含ΦP"都可以是真的。[②]然而我们在罗素的论述中却无法进一步看到这种模糊性是如何导致悖论的。这意味着，我们知道类型与阶的区分可以排除悖论，但我们并不真正知道何以能够如此。

分支类型论还有一个麻烦，即它将使数学中的一些基本的定理被认定为不合法。众所周知，数学归纳法是许多数学定理的证明必须用到的方法，它更是广泛使用的皮亚诺（G. Peano）算术公理系统的公理之一，但正是在对它的运用中，就不免要发生阶的混淆：由数学归纳法所定义的数的性质要比数学归纳法的表述中所陈述的性质的阶数高。[③]针对这个困难，罗素给出了"可化归性公理"，它的意思是说，对于每一个性质 X，无论其阶数 k 是多少，都存在一个 1 阶的性质 Y 在外延上等价于 X：

$$\forall X^k \ \exists \ Y^1 \ \forall x \ (X^k(x) \leftrightarrow Y^1(x)) \tag{1}$$

这实际上等于取消了阶的区分，它所带来的困难自然也就不复存在了。然而这个公理不仅特设性更强，而且它由于基于"类"的假定而与罗素的"无类"思想直接冲突，从而使得整个体系显得十分牵强。这种情况引出了兰姆塞（F. P. Ramsey）的批评性建议。他指出罗素关于类型和阶的区分的表述是不清楚的。特别是，他认为分支类型论方法混淆了两类不同性质的悖论，即他所谓的逻辑悖论（如布拉里-福蒂悖论、康托悖论和罗素悖论）和认识论的或语义的悖论（如说谎者悖论、格里宁悖论和理查德或贝尔利

[①] 罗素：《逻辑与知识》，苑莉均译，北京：商务印书馆，1996年，第90页。
[②] 罗素：《逻辑与知识》，第84—91页。或 A. N. Whitehead & B. Russell: Principia Mathematica, vol.1, Cambrige, Carnbrige University Press, 1927, pp.45-46.
[③] 罗素：《逻辑与知识》，第97页。

悖论)。他认为只有逻辑悖论才是我们在数学基础中所遇到的悖论,而要解决这些悖论,实际上只需简单类型论,即类型的区分便可。①然而,兰姆塞并没有对上述对悖论的划分给出一个充分的根据,更没有使我们对其中任何一种悖论的实质有更进一步的认识。

我们在前面谈到过,彭加勒曾对悖论的成因作过分析,并指出它们是由包含了恶性循环的非直谓定义引起的。这些见解实际上为罗素所认同。并且他们两人也都没有像兰姆塞那样将悖论区分为逻辑的和语义的。然而在悖论成因的更深的层次上,即不合法的非直谓定义何以引起悖论的机制的问题上,他们之间却存在着根本的分歧。罗素认为这个机制的实质是"真""假"概念在语义方面的含糊性。而彭加勒却认为问题的关键在于我们的语言和逻辑使我们在对待无限性上所表现的无能。彭加勒在分析理查德悖论时指出,在这个悖论中出现的非直谓定义是将无限,例如无穷集合,看成是自在的或完成了的。这也就是通常所说的实无限观念。"正是对于实无限存在的相信,使这些非直谓的定义得以诞生。"他解释说:"在这些定义中,出现了'所有'一词,正如我们在上面引用的例子(罗素悖论或理查德悖论等——引者注)中所看到的那样。当'所有'一词是有穷数目的对象的问题时,'所有'一词具有十分明确的意义;当对象为数无穷时,要想具有这样一个明确的意义,则必须在这里存在实无穷。"但是"不存在实无穷"。因此,在这种情况下,使概念的定义通过"所有"而依赖于无穷的对象,"那么便可能发生这样的情况:新对象的出现要求修正分类,从而使我们面临矛盾"。因为"形式逻辑的法则仅仅表示所有可能分类的性质。但是,要使它们可以应用,那就必须使这些分类是不变的"②。但是,贝尔利悖论(这个悖论可以表述为:用具有不到一百个字不能够表达的最小的整数;但是恰恰这个定义本身就用了不到一百个字来表达这同一个整数。它可以看作理查德悖论的简化形式)和说谎者悖论看来加强了罗素的论点,因为它们与无穷并没有必然关系。面对这种情况,彭加勒其实是有所"退却"的。他最终选择了一种不十分确定的说法,"某些逻辑学家所导致的悖论是由这样的事实引起的:他们不能避免某些循环论证。当他们考虑有限集合时,

---

① F. P. Ramsey, The foundations of mathematics, in The Foundations of Mathematics, and Other Logical Essays, Routledge & Kegan Paul, London, 1931, p.20, p.24.

② 彭加勒:Science et Méthode, Paris: Flammarion, 1909, p.212. 见彭加勒:《科学的价值》,李醒民译,北京:光明日报出版社,1988年。以后凡涉及此书均简称李译本。

就已发生这种情况,而当他们企图处理无限集合时,这种情况会更经常得多地发生"①。显然,彭加勒对悖论实质的理解之自始至终的障碍在于被兰姆塞称为语义的悖论之存在。

因此,围绕着悖论的性质和成因的这些不无深刻的见解,无论是罗素的还是彭加勒的,抑或是兰姆塞的都没有穷尽这样一个问题:所涉及的那些悖论是否有一个共同的深刻根源?相反,它们使这个问题更加尖锐地摆在了我们的面前。

三

为了回答这个问题,我们必须进一步深入所发现的那些悖论的内部。让我们从兰姆塞的逻辑悖论和语义悖论的划分开始。从直观上看这两种悖论的区别何在?在于后者涉及符合论意义上的"真""假"等语义概念而前者则与之无关。例如说谎者悖论:"我正在说的这句话是假的。"若这句话是真的,则它是假的;若它是假的,显然,它则是真的。这是一个典型的"自指示(self-reference)"句子。现在设想:如果在说谎者悖论中以"真的"取代"假的",则悖论是否依然存在?回答无疑是否定的。但为什么呢?仅仅分析两个句子的句法结构,肯定是没有结果的,因为"这句话是假的"和"这句话是真的"在句法结构上并无差别。区别只存在于词"真的"和"假的"之间。因此应当加以分析的是这两个词的语义差别。

首先,必须知道"真"和"假"并不必然具有其符合论意义。如果我们将自己限制在句法逻辑内,我们可以只将"真"理解为对一个或几个语句本身的断定,而没有任何符合论意义。例如,我们可以用"P"表示对一个语句的断定,也就是说在这里,"P是真的"等价于"P"。同理,我们可以将"P是假的"写作"¬P",这时它也没有涉及符合论的意义。这样看来,首先"真"与符合论之间并不存在一个本质的关联。也许正因为如此,存在着一种叫作"冗余论"的真理论。不过这个理论会使问题变得平庸。因为,即使我们可以说"真"是多余的,我们却不能不加限定地以此

---

① 彭加勒:La dernières Pensées, Paris: Flarnmarion, 1913, p.137.见彭加勒:《最后的沉思》,李醒民译,北京:商务印书馆,1995年,第72-73页。

看法来对待"假"。为什么？因为存在着说谎者悖论。让我们更仔细地来察看一下。

我们说过"P 是假的"可以改写作"¬P"。但是，在自指示的情况下就有所不同了，即在这时转换不再能保持同一。"这句话是假的。"在这里，"这句话"指的正是前一句话。显然我们不能将这句话改写作"¬'这句话'"——原因正是这里涉及了一个自指示。如果不考虑"说谎者"的说话事件的物理时空效应，则这个句子将构成一个无穷倒退。如果我们以 S 表示谓词"我说的（这句话）"，我们可以将这个句子形式地写作：

$$(\exists x)\{S[(\exists x)(S(\cdots) \wedge \neg \cdots)] \wedge \neg[(\exists x)(S(\cdots) \wedge \neg \cdots)]\} \quad (2)$$

其中"…"意指无限次地以"$(\exists x)(S(x) \wedge \neg x)$"取代"x"，因为"x"作为"我说的这句话"，永远是"$(\exists x)(S(x) \wedge \neg x)$"。同时注意"我说的（这句话）"至少就句法上来说，等价于我正在说的那句话（即构成自指示）。所以在这个意义上，"$S(x)$"等价于"x"本身。一俟我们将此等价关系应用于公式（2），我们立即得到一个有趣的结果，即我们得到了矛盾：$(\exists x)(x \wedge \neg x)$。这告诉我们，在使用"假"时，像这样的具有自指示特征的句子不能够自动地停止在句法的水平上，否则它将产生矛盾。换言之，它有一种与外界的某种东西相符合的自发要求，这就是说，它本身存在着一种从句法水平跃向语义水平的自发性。但是，自指示却又阻止我们跳出这同一（水平）的语言，也就是使得符合关系只能在这个语义地闭合的语言之内寻找它的位置。然而这却是不可能的。如果我们不想陷入矛盾，我们就只能断开自指示，从而停留在公式（2）所表明的无穷倒退之中。这正是塔尔斯基（A. Tarski）的语言层次理论的实质，也是它所以能使我们逃避悖论的原因：就"说谎者"的例子来说，塔尔斯基的理论不允许"我正在说的这句话是假的"针对其自身，从而避免了悖论。但是显然，如果不仅仅满足于形式上的正确，建立在如此无穷倒退上的真理概念或语义学是难以令人感到满意的。不过，重要的是，我们不难看到上述议论中存在着这样一个深刻的基本关系：

$$语义地闭合 + 悖论 \; w \; 无穷倒退（语义地开放） \quad (3)^*$$

因此，在无穷的倒退之中，若是我们想象我们能在什么地方停下来——这

---

* 式中"w"表示"（公式的两边）二者必具并且仅具其一"。

意味着我们成功地在我们正使用的语言自身中与某种东西建立了符合论的关系，即我们以绝对的方式（当然不再陷在无穷之倒退中）达到了真理——那么在这一刻就会自发地出现某种悖论似的东西。反过来说，如果我们不愿意接受悖论，则我们就不得不留驻在无穷倒退之中。

这种情况唯独与在自指示中使用"假"，即否定概念有关。相反，当我们在类似的语句中使用"真"时，却不会遇到如此的尴尬。因为这时我们得到

$$(\exists x)\{S[(\exists x)(S(\cdots)\wedge\cdots)]\wedge[(\exists x)(S(\cdots)\wedge\cdots)]\} \quad (4)$$

或它的简化形式$(\exists x)(S(x)\wedge x)$。同样由于这个句子的自指示性质，我们可以从中消去"S"，所得到的却是$(\exists x)x$。这说明只有"真"本质上并不要求一个符合论的关系。换言之，符合论对于"真"并不是本质的。

由此可以得到结论，能够构造出语义悖论的语义结构是：自指示+（语义学的）否定。

四

罗素针对彭加勒将悖论之起源与无穷相关联的做法而提出的反例都属于语义悖论。我们现在已经看到它们的起因与语句所带有的符合论意义有直接的关系。这种符合论意义并不存在于逻辑和数学系统之中。在后面这些系统中，"真""假"概念只表明一种一致性的要求。因此，将数学系统的真理性与该系统的一致性等同看待是一个合理的做法。彭加勒就认为，数学系统的存在性仅仅在于它的一致性。[①]如果对这种存在给予一种柏拉图主义的解释，则数学系统的这种存在性便是它的真理性了。这即是说，数学系统的真理性在于它的一致性。如此给出的数学的"真""假"意味着，数学系统的真理性由它的公理的真理性来保证。它的公理的真理性意指从这些公理出发，不会导出矛盾的逻辑后承。同时，真公理的逻辑后承亦真。数学的非符合论意义的真理性立即说明了我们前面提到过的罗素的可化归性公理的根据：阶的区分只对具有符合论意义的语句（命题）才是有意义

[①] Science et Méthode, p.162；李译本，第448页。

的。虽然罗素本人对这一层根据全然不知。因此，尽管兰姆塞并没有指明逻辑悖论和语义悖论的区别的根据，但就他对两种悖论加以区分这件事本身来说，他却是对的。然而，看到区分只是对问题深入的第一步，进而看到其联系，才能将我们引向问题的底蕴。而这第二步的迈出，则与哥德尔（K. Gödel）在 1931 年所做的工作[①]有直接的关系。

哥德尔这项工作的直接结果是他得到的两个定理。定理 1 告诉我们，在一个丰富到足以包含算术的形式系统中，存在着一个真公式，它和它的否定都是不可证的。定理 2 则告诉我们，这样的形式系统的一致性不能在这个系统自身中得到证明。哥德尔用以得到他的定理的方法是特殊的。简单地说，它是将元数学（关于给定数学系统的一致性、完备性等的形式理论）命题映射到算术系统，如怀特海和罗素的《数学原理》中所表达的系统中去，使这些命题都成为算术中的一些公式，即所谓"哥德尔数"。然后在算术系统中构造一个这样的公式，它代表的元命题是："这个命题自身是不可证的"。因为"这个命题"正是这个公式自身，所以它在算术系统中是可证的，当且仅当它的否定亦是可证的。而这意味着系统将是不一致的。因此，如果算术或包含算术的系统是一致的，则这个公式在此系统中就是不可判定的。在得到这个结果（定理 1）之后，哥德尔进一步构造出一个公式，它所代表的元数学命题是"算术（系统）是一致的"，进而证明它在算术系统中是不可证的（定理 2）。

一方面，存在着这样一个关系，如果形式系统是不一致的，则它能够推出任何公式（即任何公式在系统中可证），因此可以认为这样的系统具有绝对的完备性；另一方面，哥德尔的结果表明，如果算术系统是一致的，则关于它的一致性的证明不能在这个系统内部给出。因此，要想证明算术系统的一致性，就必须求助于另一个更强的系统，然而，这样又将引出为证明后一系统的一致性而必须去借助的第三个系统，如此无穷倒退下去。（正是在这个意义上，哥德尔的结果打破了希尔伯特在其元数学纲领中所表达的希望。）于是，我们在这里看到了一个与前面的基本公式（3）相类似的关系：

$$完备的 + 不一致 w 无穷倒退 \qquad (5)$$

这种相似的关系无疑表明了数学系统和语义系统之间的相似性。这种

[①] 即 "Über formal unentscheidbare Sätze der principia Mathematica und verwandter Systeme I"。

相似性已被哥德尔本人所肯定，他曾这样说道：

> 我想我的理论……不是关于不可判定命题的存在或证明的长度的，而是关于这样一个事实的，即在语言 A 的内部不可能给出一个对于它自身的完全的认识论描述，因为 A 的句子的真理概念不能在 A 的内部得到定义。这个定理乃是包含算术的形式系统中不可判定命题的存在的真正根据。然而，在 1931 年的论文中我并没有将这一点形式地表明，这样一个说明只是在 1934 年我在普林斯敦的讲座上才给出的。同样的定理也曾被塔尔斯基在其发表于 1933 年的关于真理的概念的论文中加以证明。①

我们曾指出过，罗素的阶的区分在数学系统中并没有意义。在数学系统中有意义的是类型的区分。同时，在语义关系方面，塔尔斯基的语言层次的划分也要比阶的区分更加自然明了。威廉·涅尔（W. Kneale）正是这样看的。他并且认为，这塔尔斯基的区分是可以从类型的区分中推导出来的。②这一可推导关系显然是上述相似关系的一个结果。从这个结果中，反过来，我们也可看到语义悖论与逻辑悖论之间的平行性。

塔尔斯基告诉我们一个不区分语言层次的语义闭合系统是无限丰富的。而一个不一致的形式（数学）系统，也是无限丰富的。然而这种无限丰富系统的达成所需要的代价则是系统的瓦解。因此，由于我们的理智之局限，我们不得不在基本关系（3）和（5）中选择右边的项。也就是说，我们不得不驻留在无穷倒退之中。然而，在哥德尔的定理 1 中，我们似乎可以看到一种另外的可能性。这个定理对于算术系统的不完备性的断言是以该系统的一致性为前提的。我们指出过，对于数学系统来说，一致性就意味着真理性。因此，哥德尔的定理 1 告诉我们的其实是：数学系统为真的一个必要条件是，在这个真理系统中存在着某种不确定性。这样一来，我们的精神就不必然只能在基本关系（3）或（5）的两端徘徊并且不得不选择无穷倒退这样一个对于真理无望的世界作为栖居之地了。因为哥德尔的定理 1 给予我们另一种关系：

---

① S. Feferman, Kurt Gödel: conviction and caution, in Gödel's theorem in focus, ed., S. G. Shanker, Croom Helm, London, 1988, p.105. 关于这段引文中所涉及的史实，可以参见王浩：《哥德尔》，康宏逵译，上海：上海译文出版社，1997 年，第 10 章，第 2 节。

② 威廉·涅尔、玛莎·涅尔：《逻辑学的发展》，第 822-823 页。

一致的（真的）+不可判定的（不确定的）w 无穷倒退　　　（6）

我们于是可以选择这个关系的左边项而拒绝无穷倒退。但这意味着什么呢？意味着我们接受这样一种数学哲学：它断言数学是真理的系统。这个断言必然蕴含着对绝对的数学实在的设定。因此，这种数学哲学可以追溯到柏拉图主义的古老传统。事实上，当哥德尔在评论罗素的数学哲学时说出下面的话时，他心中想到的便是这样的哲学："仅当所牵涉的实体是由我们自己构造时，才能应用禁止恶性循环原则……但是，如果说的是独立于我们的构造而存在的对象的话，那么说存在着包含那些只有通过提及这个总体才能被描述的（即唯一地刻划的）分子的总体，就一点也不荒唐。"①这句话显然已经将关系式（6）两端的真实含义揭示出来了。这个关系式的左边是我们所说的柏拉图主义的，或确切地说，哥德尔所理解的柏拉图主义的数学实在论图景，右边则是人类在对待数学真理时所遇到的困境。正因为如此，哥德尔认为应该将"对存在的预先假定"和"对可认识性的预先假定"加以区别。1962 年，他为自己的 1934 年论文 *On undecidable propositions of formal mathematical systems* 所作的一个后记中，更为明确地说道，他的证明"并非对人类理性的力量设限，而是对数学中的纯形式主义的可能性做出了限制"②。

五

　　从哥德尔的结果中揭示出来的东西是惊人的，但这还不是我们所能得到的全部，更重要的东西来自他的证明本身，因为这个证明同时牵涉到了我们谈论的两种悖论所存在的领域。一方面，作为元数学，它讨论作为对象的数学系统的一致性等，因而具有语义特性，因为它是关于对象的，从而存在着符合论意义上的真假。另一方面，它谈论的不是别的什么东西，而恰恰是数学系统的特性，在其自身中没有任何符合论的意义。然而，通过哥德尔配数法（对角线法），这个证明将两个看上去是这般截然不同的东

---

① 哥德尔：《罗素的数理逻辑》，《数理哲学译文集》，北京：商务印书馆，1988 年，第 168-169 页。
② K. Gödel, Collection Works, vol.I, Oxford, 1986, p.370.

西深刻地关联起来。

哥德尔本人在他最初的证明中，就指出这个证明与理查德悖论及说谎者悖论之间的相似性，虽然他没有对此关系作任何进一步的说明。哥德尔构造的那个关键的句子（"这个命题自身是不可证的"）与这些语义悖论的共同之处，在于它们都具有一种自指示的结构。但是，以哥德尔的句子与说谎者悖论的关系为例，由于前者用"不可证的"代替了"假的"，所以它所代表的元数学语言并不是一个逻辑谬误。并且，唯有通过这一置换，才能使哥德尔的证明成为可能。因为这一置换使得我们能够在并不具有任何符合论意义的算术系统中构造这样一个特殊的句子。显然，尽管我们赞叹哥德尔在这里表现出的罕世天才，但这个置换所以可能以及由此揭示的真理，却并非仅仅是一个灵机一动的巧作，它是数学存在自身性质的必然。这个性质就是，数学系统是一个自足的存在，它的真理性并不依靠某个对于它自身来说是超越的存在。它的真理性在于其自身的一致性。这种一致性不是一个有穷的事物的内部关系，而是一个无穷的存在的属性。哥德尔的证明对这个属性作了最好的说明：如果我们希望以我们的某种认识能力（在这里就是体现在希尔伯特纲领中的元数学方法）达成它的真理，我们就会陷入困难之中。因为在数学系统中，"真"与"可证性"并非等同。而哥德尔的结果的根本意义，可以说，正在于揭示了这一点。

因此，哥德尔通过"映射"而关联起来的其实是关于真理性的语义相关和真理本身之间的关系。如果我们要以逻辑的方法去证明（数学系统的）真理，我们就会陷入无穷倒退；而（数学系统的）真理并非不存在。这也就是我们对哥德尔的定理的诠释所得到的基本关系（5）和（6）告诉我们的东西。在上一节中，我们还通过基本关系（3）和（5）揭示了语义悖论和逻辑（数学）悖论之间的平行性。由于语义悖论也完全可以看作一种因为我们的语言逻辑所造成的形式限制的结果，这种平行性的内在根据就十分明显了。这个根据不是别的，正是这种限制本身。所有这些思考，都自然地促使我们设想存在着一个如下的关系：

一致的+不可判定的 w 无穷倒退（数学世界）

↔　　　　↔　　　　↔

真理的+不确定的　w 无穷倒退（语义世界）

这个关系表示了数学系统和一般语义系统的全面的平行性。其中上面的式子本身以及上下式子右边项的平行或对应关系都是已知的，只有下面式子的左边项是推论的，这一推论立即确立了下面式子本身并构成了上、下式子的全面的对应关系。我们知道，上面式子左边项的含义是，在一致的数学系统（亦即数学存在）中，存在着不能为形式思维（逻辑）所穷尽的东西。这立即使我们想起了彭加勒。彭加勒在肯定数学系统的存在只意味着它的一致性的同时，从一个与我们这里不同的角度指出，它因此是不能归化为逻辑的。他认为，这种不可归化为逻辑的、保证了数学的一致性的从而数学的真理性的东西，正是我们的先天直观。（在这里，我们看到了彭加勒的直观主义和哥德尔的柏拉图主义之间的贯通性）彭加勒的这种先天直观的实质则在于它对于无穷的先天的亲缘，我们可以从数学归纳法对于算术的必要性和它对于逻辑的不可归化性中清楚地看到这一点。[①]于是，接踵而来的一个十分自然的问题是：在语义世界中，是否存在着与数学直观相应的直观？如果回答是肯定的，那么它究竟是什么呢？

（本文原载于《哲学研究》2000 年第 5 期）

[①] 钱捷：《彭加勒的数学直觉主义》，《自然辩证法通讯》2000 年第 2 期。

前期维特根斯坦的艺术价值论

李国山

前期维特根斯坦在《逻辑哲学论》中提出了关于命题意义的图像论。这一理论主要用来说明科学命题如何作为事实的逻辑图像而具有意义的。不过,仔细研读这部著作,我们却惊奇地发现,维特根斯坦同时也将图像论用于解释艺术作品的理论价值。我们知道,他在该书中严格区分了事实和价值两个领域,并主张前者是可说并能说清楚的,而后者则是不可说且必须对之保持沉默的。按传统理解,艺术源于生活又高于生活,涉及价值呈现问题。那么,维特根斯坦将图像思维用于艺术理论研究到底是何用意呢?他的理论中是否包含着难以调和的矛盾呢?本文拟通过对其前期著述以及他在开始后期哲学探讨之前所做的《伦理学演讲》的解读,尝试回答上述问题。

一

维特根斯坦在《逻辑哲学论》中探讨了音乐作品是如何表达思想的:

4.014 留声机唱片、音乐思想、乐谱、声波,彼此之间都处在一种图示的内在关系之中,这就是语言和世界之间具有的关系。

它们之间的逻辑结构都是共同的。

(就像童话里的两个少年,他们的两匹马和他们的百合花。在某种意义上,他们都是同一的。)

4.014 有一条总的规则,使得音乐家能从总谱读出交响乐,使得我们能够通过唱片的沟纹放出交响乐来,而且应用原规则还可以从交响乐重新推得总谱。这些看起来完全不同的东西之间的内在相似性正在于此。这条规则就是将交响乐投射到音符语言上去的投影法则，也是把这种音符语言翻译为唱片语言的规则。①

这里，维特根斯坦将音乐语言同字词语言等量齐观，突出其图像特征。然而，我们知道，维特根斯坦的图像论主要用于阐明科学命题如何通过图示事实而表达思想的。在他看来，命题要成为事实的逻辑图像，需满足以下两个条件：作为命题的简单组成部分的名称与作为事实的简单组成部分的对象之间严格地一一对应；命题与它所图示的事实拥有相同的逻辑形式。满足这两个条件的命题便可表达关于世界的思想："事实的逻辑图像是思想。""真的思想的总体就是一幅世界的图像。"②我们看到，维特根斯坦认为，音乐语言也是表达思想的。然而，我们不禁要问：乐句也是事实的逻辑图像吗？如果回答是肯定的，那么，乐句所图示的是怎样的事实呢？

维特根斯坦是这样界定事实的："世界是一切发生的事情。""发生的事情，即事实，就是诸事态的存在。""事态是对象（事物）的结合。"③这么一来，如果音乐语言确实图示事实，那么这样的事实也必定是实际发生的事情。因此，当作曲家创作音乐作品时，他就是试图表现某种独特的事实。或许，我们可以将这类事实称作情感事实或主观事实，以区别于无情事实或客观事实。抑或，可称之为心理事实，以区别于物理事实。这些都只是推测，因为维特根斯坦并没有明确做出这些区分。但是，这种推测似乎又是顺理成章的。他之所以没有这样做，或许是因为他当时只专注于弗雷格、罗素的逻辑学成就及其在哲学中的运用，尚无暇顾及以詹姆士为代表的心理学成就对哲学的重大影响，尽管他此时已经开始阅读后者的著作了。此外，他还在剑桥大学做过一些心理学实验以探究音乐何以能给人带来美的享受："除了哲学之外，维特根斯坦在剑桥还做了一些心理学的实验工作。他在心理学实验室搞过一项关于音乐中节奏的研究。他希望实验会阐明他感兴趣的一些美学问题。即使以高标准来衡量，维特根斯坦也是一个极富音乐才能的人。"④不过，只有到了1929年重返剑桥开始新的哲学探讨之

---

① 维特根斯坦：《逻辑哲学论》，贺绍甲译，北京：商务印书馆，2010年，第42-43页。
② 维特根斯坦：《逻辑哲学论》，第31页。
③ 维特根斯坦：《逻辑哲学论》，第25页。
④ 赖特：《传略》，见马尔康姆《回忆维特根斯坦》，李步楼、贺绍甲译，北京：商务印书馆，2012年，第10页。

时，他才充分意识到了詹姆士心理学的巨大魅力，并从中汲取源源不断的滋养。这种滋养既包括语言哲学、心灵哲学方面的，也包括艺术哲学方面的。

可是，维特根斯坦在这一时期对与心理学相关的东西却避而不谈。当罗素写信问他构成思想的简单要素是什么时，他只是回答说，那必定是某种心理的东西，而不愿意直接谈论它。① 在《逻辑哲学论》中，他甚至直言不讳地表达出对当时流行的心理学理论及其哲学应用的不屑态度：

> 5.54　在一般的命题形式中，命题只是作为真值运算基础而出现于别的命题之中。
>
> 5.541　初看起来，一个命题也可能以别种方式在另一个命题中出现。
>
> 特别是在某些心理学命题形式中，如"A 相信 p 是真的"，或者"A 思考 p"等等。
>
> 这里如果只是肤浅地考察，就好像命题 p 同对象 A 处在某种关系之中。
>
> （在当今的知识论中[罗素、摩尔等]，正是这样来理解这些命题的。）
>
> 5.542　但是很清楚，"A 相信 p""A 思考 p""A 说 p"都是"'p' 说 p"的形式：这里涉及到的不是一个事实和一个对象的相关，而是借助于其对象的相关的诸事实的相关。
>
> 5.542　这也表明，没有像当今肤浅的心理学中所设想的心灵——主体等等——这类东西。
>
> 的确，一个组合的心灵就已经不再是心灵了。②

这几段论述是为了反证他的真值函项理论。根据这一理论，所有命题都是基本命题的真值函项，亦即，只有基本命题才直接作为事态的逻辑图像，所有复杂命题都是借助逻辑联结词对基本命题做运算所得的结果，因此它们的真值由构成它们的基本命题的真值唯一地确定。不过，假如在命题前面加上命题态度词，我们也可以得到像"A 相信 p""A 怀疑 p"之类

---

① Brian McGuinness,ed., Wittgenstein in Cambridge Letters and Documents 1911-1951, Blackwell, 2008, pp.98-9.

② 维特根斯坦：《逻辑哲学论》，第 81-82 页。

的命题，这样的命题显然不是"p"这个命题的真值函项，因为它们的真值不是由 p 确定的。但维特根斯坦却否认它们是真正的命题。

这样看来，维特根斯坦似乎并不认为命题可以表达心理事实，比如艺术家的心理体验。这样的话，如何能把音乐语言视作图像语言呢？其实，这里存在一个误解，因为维特根斯坦只是否认命题态度词可像逻辑联结词那样作为命题运算符号而已。关键在于：一个基本命题可否图示某个心理事实（或称主观事实、情感事实、艺术事实）？常识告诉我们，情感也是实际发生的事情。我们常说，艺术家的创作依靠艺术灵感和想象力，而他们创作的艺术品就表达了他们真实的艺术体验。我们知道，维特根斯坦明确主张科学命题所图示的就是经验事实"经验的实在受到对象总体的限制。这种限制也在基本命题的总体中表现出来"①。这样，既然艺术体验也是实际发生的经验事实，我们也可以为它们制造图像，而这便是艺术家们所做的事情。如此一来，艺术家就和科学家一样，都是图像建构者，只是由于他们所图示的事实在类型上不同于科学事实，这才彼此有别。

二

如果上述解读是对的，那么，前期维特根斯坦的艺术哲学就接近传统的模仿论或反映论。但是，要下这样的结论，还是缺乏充分的依据。不过，在 1929 年的《伦理学演讲》中，维特根斯坦在谈到绝对价值与相对价值的区分时，却透露出这样一条重要信息：

> 很明显，这种区别的本质在于：每一个相对的价值判断只是事实的陈述，因此可以不用带有任何价值判断迹象的形式加以表述，例如，"这是去格兰彻斯特的正确之路"这句话，我也可以这样说"如果你想在最短的时间内到达格兰彻斯特，这便是你必定要走的正确之路"。"这个人是一位好赛跑者"这句话仅仅意味着他在一定时间内跑完一定的路程，如此等等。现在我想争辩的是，尽管所有相对价值的判断可以用纯粹的事实判断表述，但并不是事实陈述都能够或者意味着是绝对价值的判断。……所有被描述的事实都处于同一层次，所有的命题都

---

① 维特根斯坦：《逻辑哲学论》，第 84 页。

同样处于同一层次。在任何绝对的意义上，一切命题都不是崇高的、重要的或不重要的。①

这篇演讲稿写于维特根斯坦思想尚未发生转变的时期，所以可视作对《逻辑哲学论》语焉未详的价值论思想的展开论述。从上述引文中可明显看出，维特根斯坦将包括艺术语言在内的一切关于相对价值的言说都包括在关于世界的有意义的描述当中。在他看来，所有关于相对价值的命题都可翻译为（或还原为）关于事实的命题。这样一来，任何一部艺术作品，无论是音乐、绘画还是诗歌、小说，都是由表现相对价值的命题构成的，而所有这些命题都等价于事实命题。

维特根斯坦在同恩格尔曼的书信往来中谈到他对乌兰德的诗歌《艾伯哈德伯爵的山楂树》的喜爱，称他用讲述事实的方式表达了他的真情实感。这首诗是这样写的：

艾伯哈德伯爵的山楂树

［德］乌兰德

艾伯哈德·拉瑟-比尔德伯爵 / 离别符滕堡

他美丽的家乡 / 追随圣战队伍 / 抵达巴勒斯坦海疆 / 骑马缓缓路过一片林场 / 行进在山楂树丛旁 / 他砍下一根嫩绿的枝条 / 把她栽在头盔里 / 东征西战 / 过海漂洋 / 不曾离身旁 / 回到故乡 / 将她移植土地上 / 春风和煦 / 催生叶芽和花蕾 / 伯爵他真诚又豪放 / 岁岁将她守望 / 看着她一天天成长 / 他欣喜若狂 / 细枝长成了大树 / 伯爵也上了岁数 / 疲惫沧桑 / 时常坐在树下 / 他陷入默想 / 枝叶如盖 / 沙沙作响 / 老人仿佛回到了以往 / 回到了巴勒斯坦海岸旁②

诗人讲述的是艾伯哈德伯爵和他的山楂树的故事，语言平实自然，却饱含深情。维特根斯坦在信中这样写道："乌兰德的诗真的太棒了。是这样：人们不试图言说不可说的东西时，不会有任何损失。然而，不可说的东西

---

① 《维特根斯坦的伦理学演讲》，万俊人译，《哲学译丛》1987年第4期，第24页。

② 原诗见于 Paul Engelmann, Ludwig Wittgenstein, Briefe und Begegnungen, R. Oldenbourg Wien, 1970, s. 63，李国山译。

却——不可思议地——包含在所说出的东西之中了！"①这便是前期维特根斯坦关于言说与显示的区分所表达的部分意思。蒙克评论道：

> 恩格尔曼和维特根斯坦如此喜爱的乌兰德的这首诗毕竟包含一些词语。只是这些词语并不是关于生命之意义的；而是关于艾伯哈德伯爵和他的山楂树的。尽管如此，恩格尔曼和维特根斯坦似乎相信，恰恰因为诗中没有说出任何关于其更深意义的东西，它才得以传达出关于生活之本性的无以言表的真理。维特根斯坦曾写道："我觉得，这样说可以概括我对哲学的态度：哲学确实只该作为诗文来写。"我以为，他对乌兰德诗歌的赞赏给了我们一条通往其内心世界的线索。要传达哲学理解的话，不可能以传达科学知识的方式来进行——亦即直接以字面语言陈述出来——而只能通过某种类似于诗歌的东西来实现。哲学家要时刻铭记在心的是，他们真正要说的东西是不可说的，因此，必须以另一种方式传达出来：必须显示出来。②

相比于科学语言，艺术语言是那么的不可思议！岂止是诗歌、小说等文学作品，像美术、音乐等等艺术作品，所注重的原都是画外之意、弦外之音。

不过，如前所述，维特根斯坦还是强调艺术语言同科学语言一样带有图像性质，亦即，艺术语言同样表现出了某种实际发生的事实。我们倾向于说，它们所图示的乃是艺术事实而非外在世界中发生的事情。按照《伦理学演讲》中的说法，这样的事实本身包含着相对价值。就是说，艺术家们在创作过程中，将相对价值判断以事实命题的形式表现了出来。而我们在欣赏他们的作品时，则是在这些事实命题背后读出了相对价值判断，从而获得审美体验。比如，我们在阅读乌兰德的平铺直叙的诗歌时，可以感受到艾伯哈德伯爵投注给他的山楂树的情感，还可以体会到诗人对于人生的意义和价值的感悟。艺术的感染力正在于此吧！

---

① Paul Engelmann, Ludwig Wittgenstein, Briefe und Begegnungen, R. Oldenbourg Wien, 1970, s. 16-17.
② Ray Monk, How to Read Wittgenstein, Granta Books, 2005, pp.26-7.

三

　　如果说艺术作品仅仅表达了相对价值的话，那么，维特根斯坦所说的绝对价值又是什么呢？他为什么要设定这种价值呢？简单地说，维特根斯坦提到的绝对价值就是任何一种价值理论所假定为研究对象的东西。他坚决否认这种价值可以成为言说对象，从而主张任何一种价值论都不可能成为科学理论。伦理学是最典型的价值论，而维特根斯坦在《逻辑哲学论》中极富创见地提出："伦理和美学是同一个东西。"①在《伦理学演讲》中，他又重申了这一点："事实上这种意义上的伦理学包括我以为被人一般称为美学的最本质的部分。"②因此，他的这个演讲在一定意义上也可视为美学演讲。即是说，他就伦理学所持的观点也适用于美学。他的师友、著名伦理学家摩尔将伦理学定义为"对什么是善的一般研究"（相应地，我们也可以将美学定义为"对什么是美的一般研究"）。维特根斯坦表示赞同，但他又主张换换表述方式："现在我就说伦理学研究什么是有价值的；或者研究什么是真正重要的；或者我说伦理学是研究生活意义的；或者是研究什么使得我们感到生活是值得的；或者研究生活的正确方式；而不说'伦理学是研究什么是善的。'"③这实际是把伦理学当作了一般价值论的代名词。在接下来的探讨中，维特根斯坦逐步揭示出一切价值论的荒谬性，并最终得出这样的结论："我整个的倾向和我相信所有试图撰写或谈论伦理学或宗教的人的倾向都碰到了语言的边界，这种在我们囚笼的墙壁上碰撞是完全地、绝对地没有希望。就伦理学渊源于想谈论某种关于生活之终极意义、绝对善、绝对价值的欲望来看，它不能成为科学。伦理学谈论的在任何意义上都对我们的知识无所补益。但它是人类思想中一种倾向的纪实，对此，我个人不得不对它深表敬重，而且，说什么我也不会对它妄加奚落。"④

　　前期维特根斯坦尽管否认一般价值论的可能性，却十分看重艺术家们的创作活动，并尝试在其整体思想背景下探讨艺术鉴赏问题。我们在他为

---

① 维特根斯坦：《逻辑哲学论》，第102页。
② 《维特根斯坦的伦理学演讲》，万俊人译，《哲学译丛》1987年第4期，第23-24页。
③ 《维特根斯坦的伦理学演讲》，万俊人译，第24页。
④ 《维特根斯坦的伦理学演讲》，万俊人译，第27页。

撰写《逻辑哲学论》而做的笔记中看到了他关于艺术的一般探讨,尽管这些探讨最终没有完全纳入该书。他在1916年9月19日的笔记中这样写道:"艺术是一种表达方式。好的艺术品是完美的表达。"[①]如前所述,维特根斯坦在构建图像论时主要参照的是科学命题与外界客观事实之间的表达关系,而艺术作品所表达的则是艺术家的主观心理事实。我们在笔记中也可以找到他关于这种平行关系的探讨:"那么按照心理生理学的看法,我的性格真的只有在我的身体或我的大脑的构造中而不是同样也在全部其余世界的构造中表露出来吗?一个关键之点即在于此。因此这种平行关系确实存在于我的精神,即精神,和世界之间。"[②]

如此一来,我们或可这样来理解维特根斯坦关于艺术与科学之关系的见解:首先,艺术作为一种表达手段,也像科学一样对世界有所言说,从而也同样可以表达思想;其次,艺术呈现的是艺术家的主观经验,而科学描述的则是世界中实际发生的客观事实,因此,二者又是截然不同的两种表达方式。

这便可以进一步解释艺术作品不同于科学理论的特点。我们知道,科学的特点是如实地再现事实及其规律,具有严格性和精确性,其应用在于改善人们的物质生活。而艺术作品则是一种主观情感表达方式。一件艺术作品的成功与否,取决于艺术家的灵感和想象力,而其社会价值体现为它给人们带来的精神愉悦和道德洗礼。我们经常把艺术和科学相提并论,也就是想以对照的方式道出人们的不同层次的需求及其满足方式。

四

从以上的叙述来看,在艺术作品的创作和欣赏这个问题上,前期维特根斯坦似乎持有相对保守的传统看法,即艺术模仿论。而他在《伦理学演讲》中关于相对价值的论述甚至表现出接近于还原主义的倾向:相对价值判断可还原为事实判断。当然,他举出的只是"正确的道路""好的赛跑手"这样的例子。那么,当"美妙的音乐""伟大的绘画""悲壮的史诗"等这

[①] 维特根斯坦:《1914—1916年笔记》,《逻辑哲学论及其他》,陈启伟译,北京:商务印书馆,2014年,第276页。

[②] 维特根斯坦:《逻辑哲学论及其他》,第279页。

样一些通常用于描述好的艺术作品的短语出现在价值判断中时，我们可否将它们翻译或还原为事实性的描述呢？

要回答上述问题，须得仔细考察维特根斯坦关于言说与显示的区分。他明确主张，所有有意义的命题都通过为之建构图像的方式言说世界中的事实，但他同时又指出"命题中不包含命题的意义，而只包含表达其意义的可能性""命题显示其意义""能显示出来的东西，不能说出来"。[1]这么一来，包括艺术语言在内的所有有意义的命题都只是通过言说事实而显示其意义。这就不难理解，维特根斯坦为什么认为音乐作品也像科学命题那样表达思想；也不难理解，他为什么认为乌兰德的诗歌《艾伯哈德伯爵的山楂树》尽管只是叙述伯爵的经历却可以成功地显示其意义，亦即这首诗的字里行间流露出的真挚情感。

不过，维特根斯坦这里所指的还是借助命题的语言形式所显示出来的意义。这种意义是被命题显示出来的。他在《逻辑哲学论》中还谈及另外一种显示，一种主动的"显示自己"："确实有不可说的东西。它们显示自己，它们是神秘的东西。"[2]这种自我显示的神秘之物就是处于事实世界之外的绝对价值。关于这种绝对价值，他这样写道：

> 世界的意义必定在世界之外。世界中一切事情就如它们之所是而是，如它们之所发生而发生；世界中不存在价值——如果存在价值，那它也会是无价值的。
>
> 如果存在任何有价值的价值，那么它必定处在一切发生的和既存的东西之外。因为一切发生的和既存的东西都是偶然的。
>
> 使它们成为非偶然的那种东西，不可能在世界之中，因为如果在世界之中，它本身就是偶然的了。
>
> 它必定在世界之外。[3]

这里，我们已经看到了他在《伦理学演讲》中才明确说出的绝对价值和相对价值的区分。世界中存在的只是相对价值，因而不成其为真正的价值。因此，假如所有艺术作品只呈现了相对价值的话，那它们总归缺乏永恒的价值。我们不禁会问：前期维特根斯坦真的就是这样看待一切艺术作

---

[1] 维特根斯坦：《逻辑哲学论》，第32、3、9页。
[2] 维特根斯坦：《逻辑哲学论》，第104页。
[3] 维特根斯坦：《逻辑哲学论》，第102页。

品的吗？前面提到，他笔记中断言"好的艺术品是完美的表达。"这里的"完美"一词显然不能理解为"具有更高的相对价值"，而最好理解为关于某种理想性的绝对价值的表述。我们知道，维特根斯坦对音乐具有很高的鉴赏力，尤其对古典音乐推崇备至，认为它们都是天才之作，具有永恒的艺术价值。我们看到，在紧接下来的一则笔记中，他这样写道："艺术品是在永恒的观点下看到的对象；善的生活是在永恒的观点下看到的世界。这就是艺术和伦理学的联系。"[①]

因此，我们似乎不能简单地将前期维特根斯坦的艺术哲学理解为模仿说，更不能将其界定为艺术还原主义，尽管他明确主张音乐语言也具有某种图像性质，表达音乐思想。仔细分析下来，这或许是因为他此时认为，包括各种艺术语言在内的所有人类语言都是关于世界的图像表达，从而都拥有共同的逻辑形式。在提出关于命题意义的图像论之前，维特根斯坦在《逻辑哲学论》的 2.1—2.225 中预先阐述了一种"一般图像论"。其中的 2.171 码段这样写道："图像能够图示其形式为图像所具有的一切实在。空间图像能够图示一切空间的东西，颜色图像能够图示一切有色的东西，等等。"[②]这很容易让人想起各类艺术图像。

五

在阅读国外关于前期维特根斯坦美学思想的研究文献的过程中，我发现很多学者有意忽略《逻辑哲学论》4.013—4.0141 中关于音乐语言的图像性质的论述。这或许是因为他们感到很难将这些论述同他关于价值与事实的区分相协调吧。但我觉得，要弄清楚前期维特根斯坦的艺术价值论，就必须面对他的不同表述之间的张力。

2014 年，荷兰学者 Béla Szabados 在其专著《作为哲学调诗人的维特根斯坦》中，从音乐在维特根斯坦哲学思考中的作用入手，探讨了他的艺术哲学思想。他的主要观点是，前期维特根斯坦持音乐形式主义立场，后期则抛弃了这种立场。且不管后期维特根斯坦的美学见解如何，这里仅关

[①] 维特根斯坦：《逻辑哲学论及其他》，第 276 页。
[②] 维特根斯坦：《逻辑哲学论》，第 30 页。

注 Béla Szabados 关于其前期思想的解读。他写道：

> 维特根斯坦说："音乐的主旋律在某种意义上也是命题。因此对逻辑的本质的认识会引向对音乐的本质的认识。"那么，音乐主旋律在何种意义上是命题呢？由于它们不同于事实命题，所以，这种类比只能是同逻辑命题之间的，而这类命题又被他说成是空无内容的"重言式"："所有重言式都没有说出任何东西。"（《逻辑哲学论》4.461）"一支曲子是一种重言式，它在自身中完成，它自满自足。"逻辑和音乐都不言说任何东西；宁可说，逻辑显示世界的结构，而曲子和主旋律显示音乐的结构。前期维特根斯坦实际上就是一名音乐形式主义者：他将音乐视作，或者更确切地说，听作一个无法阐释和翻译的形式系统。①

这里所引用的关于音乐的两个论断均出自《1914—1916 年笔记》，而 Béla Szabados 恰恰依据它们得出了"前期维特根斯坦是音乐形式主义者"的结论。我们说，最能代表前期维特根斯坦观点的就是经过他精心编排的《逻辑哲学论》，而不是他之前写下的笔记。但是，Béla Szabados 却避而不谈《逻辑哲学论》中关于音乐作为图像语言的明确论断：音乐命题类似于科学命题，而不是逻辑命题。因此，在笔记和《逻辑哲学论》之间存在着尖锐的矛盾，而笔记中的一系列论断之所以没有被收入正式出版的著作中，或许是因为他觉得这些思考还不够成熟。因此，显然没有充分理由断定此时的维特根斯坦是一名音乐形式主义者。

不过，正如前文所述，维特根斯坦关于艺术的价值问题尚未形成十分确定的观点。既不能说他坚持艺术还原主义，也不能说他坚持艺术形式主义。一方面，他并不满足于仅将艺术语言同科学语言相类比，仅仅认同其中包含的相对价值；另一方面，他并没有把笔记中的一些试探性的想法融进《逻辑哲学论》。他显然没有坚持把音乐语言视同逻辑命题，因为这样的话，就会导致明显的矛盾。

那么，到底该如何理解前期维特根斯坦的艺术价值论呢？我觉得，还是得从他关于绝对价值和相对价值的区分入手。我们注意到，他不仅提醒

---

① Béla Szabados, Wittgenstein as a Philosophical Tone-Poet, Philosophy and Music in Dialogue, Rodopi B. V., Amsterdam-New York, NY 2014, pp.45-46.

我们二者之间的严格区分,还暗示了它们之间的联系:相对价值存在于世界之中,因而是偶然的,而存在于世界之外的绝对价值却可以使得这些相对价值成为非偶然的。

这种联系如何可能?我们尝试做点探讨。在1916年10月20日的笔记中,维特根斯坦这样写道:"艺术上的奇迹是世界存在,是存在者存在。用幸福的眼睛看世界,这是不是艺术的考察方式的本质呢?生活是严肃的,艺术是快活的。"①第二天的笔记接着写道:"因为美是艺术的目的这个看法确乎有点道理。而且美正是使人幸福的东西。"②这两则笔记的部分观点在《逻辑哲学论》中被凝练为"伦理和美学是一个东西"的论断。而其中包含的关于永恒视角的观点同样被吸纳进了《逻辑哲学论》:

> 6.44　世界是怎样的这一点并不神秘,而世界存在着,这一点是神秘的。
>
> 6.45　用永恒的观点来观察世界,就是把它看作一个整体——一个有界限的整体。
> 把世界作为一个有限整体的感觉是神秘的。③

结合维特根斯坦关于"好的艺术品是完美的表达"的论断,似乎可以认为,他将真正的艺术视作从永恒的观点对世界作为一个有限整体的存在所做的表达。尽管所要表达的东西总归是不可言传的,而只有真正的艺术天才才有望达到常人难以企及的高度,但是,艺术作为对美和幸福的追求却彰显出人们对永恒价值的热切渴望。即便我们日常的一切审美和向善行动都只能得到相对价值,这也不影响艺术天才们对绝对价值的苦苦追寻。而正是有了这种绝对价值作为目标和参照,人们在现实世界中所进行的一切艺术实践才获得其意义,而不至于仅仅停留在偶然的层面,失去其重要性。

因此,当维特根斯坦在《逻辑哲学论》中断言美学和伦理学均不可言说时,他所强调的便是:绝对价值确实存在但只能自我显示出来,而不能通过任何方式被表达出来。这让人不由自主地想到柏拉图的理念论:美的理念永恒存在,而艺术品只是分有美的理念而成为美的。当一切形而上学

---

① 维特根斯坦:《逻辑哲学论及其他》,第281页。
② 维特根斯坦:《逻辑哲学论及其他》,第281页。
③ 维特根斯坦:《逻辑哲学论》,第104页。

追求都被视作无意义的时，艺术便成了人们体验和捕捉人生意义的一种可行途径，尽管艺术创作和欣赏只能带来相对价值，绝难实现永恒。

至此，我们可以尝试对前期维特根斯坦的艺术价值论做如下总结。尽管他在笔记中曾试图以音乐为例，将艺术作品比作自成一体却不表达任何内容的逻辑系统，但他最终放弃了这种想法。相反，他明确指出了艺术语言和科学语言的某种相似性。只是，他虽然试图通过心理学实验来探究音乐审美的性质，找到艺术表达与一般科学表达的不同之处，却没有得出确定的结论。他还试图通过区分绝对价值和相对价值来阐述他的艺术价值论，但又苦于不能很好地解释二者之间的关联，除非诉诸柏拉图主义。所以，他在《逻辑哲学论》中除了谈到音乐的图像性质之外，并没有一般地就艺术的永恒价值做明确的断言，尽管在此前的笔记中流露过类似的想法。因此可以说，前期维特根斯坦虽试图参照关于命题意义的图像论来解释艺术价值，但又不甘于就此止步，表现出十分矛盾的心理。因此，他前期的艺术价值论带着强大的内在张力：他坚持认为，艺术创作和审美活动是对人生意义的追寻，却又无法对此提出完全融会贯通的解释。正因为这一重大问题一直悬而未决，他才在后期哲学探讨中持续关注这一问题，并提出更加丰富的美学思想。

［本文原载于《北京大学学报（哲学社会科学版）》2020 年第 1 期］

论康德对真理概念的判断力奠基

王建军

康德哲学以其在认识论领域中发动了"哥白尼式的革命"而闻名于世,但作为其认识论之核心的真理理论至今仍然纠缠于一个最基本的问题,即这种真理理论究竟属于符合论还是属于融贯论?大多数学者一般都认为,康德在真理问题上显然是持一种符合论的立场,因为所谓的"哥白尼式的革命"其实只不过是把知识与对象之间的"符合"关系作了一下颠倒而已。劳里·安德伍德(L. J. Underwood)在其《康德的真理符合论》一书中对这种符合论的立场进行了比较详细的概括和总结,她最后得出的结论也是属于符合论的。她说:"真理之符合的方面乃是真理的本质;对于康德而言,真理的根本属性就是符合,而不是融贯。"[①]

但是,那些持融贯论立场的学者对此并不认同。拉夫·沃克(R. Walker)认为,真理并不是某种与独立于我们信念之外的实在性相符合的东西,因此符合论就其将真理的含义理解为"与事实相符"而言,只不过是真理的一个否定性的标准,而从肯定的意义上看,判断的"真"应被理解为一套信念的一致与融贯。既然康德认为真理的对象只包含现象而不包括自在之物,那么他的真理理论只能被纳入融贯论的阵营,而不是符合论的阵营。[②]康蒲·斯密(K. Smith)也认为,在康德那里,虽然自在之物不可知,但真理在诸判断之间毕竟是融贯一致的,因此康德是一位融贯论者,

---

① L.J. Underwood, Kant's Correspondence Theory of Truth, New York: Peter Lang Publishing Inc., 2003, p.147.

② R. Walker, The Coherence Theory of Truth: Realism, Antirealism, Idealism, London and New York: Routledge, p.62.

而不是一位符合论者。他甚至断言："康德是真理融贯论的真正创立者。"①这种来自融贯论阵营的主张近年来吸引了越来越多的支持者，甚至吸引了一些非融贯论阵营的支持者。比如普特南（H. Putnam）就不属于融贯论阵营，但他同样认为，在康德那里，由于经验的感性属性与知性属性都不是由本体引起的，我们也不可能对本体对象产生任何知识，这就从根本上否认了符合论真理观的基础，因此在康德哲学中"不存在真理的符合论"②。与普特南的观点相类似，有的学者干脆认为康德的真理理论与符合论没有多大关系。比如阿尔伯托·凡佐（A. Vanzo）就这样认为："康德主张把那个符合公式作为真理的名词解释，既不足以证明他坚持或反对符合论的真理论，也不意味着他把符合公式看作无关紧要或陈词滥调的东西。符合公式不过是对谓词'真'以及人们通常的真理概念的地道解释。"③

面对这些批评，符合论主张者试图通过更精微的研究来为自己的观点进行辩护。比如，德国特里尔大学的米歇尔·阿尔布莱希特（M. Albrecht）就认为，康德的真理理论被归结为符合论并没有错，只不过在康德那里，他通过对真理标准的探求而把认识与外部对象的符合转变成主体内部的范畴与直观材料的符合，这是一种更深层次的符合，康德也正是通过这种转换而演绎出范畴的客观实在性的。④

本文认为，无论主张康德的真理理论是符合论还是融贯论，这在康德的文本中都能找到证据。对于符合论的支持者来说，他们的证据可谓比比皆是；与之相比，融贯论的证据要少得多，不过也并非完全没有。比如康德在《逻辑学反思录》中就说："真理是知性与理性的一致。"⑤这或许表明，研究者们在符合论与融贯论之间所造成的那种非此即彼的对立在康德那里其实并不存在，因为康德对"客体"的理解是建立在现象与自在之物二分的基础之上的，这意味着客体本身就是知性的产物，因此知识与客体

---

① K. Smith, A Commentary to Kant's Critique of Pure Reason, Boston/Palgrave Macmillan New York: Brill Academic Publishers, 1923, p.36.

② H. Putnam, Reason, Truth, and History, Cambridge: Cambridge University Press, 1981, p.64.

③ A. Vanzo, "Kant on the nominal definition of truth" in Kant-Studien 101, Berlin: Walter de Gruyter, 2010, p.166.

④ Cf. M. Albrecht,"Wahrheitsbegriffe von Descartes bis Kant", Die Geschichte des philosophischen Begriffs der Wahrheit, hrsg. von M. Enders & J. Szaif, Berlin: Walter de Gruyter, S. 247-248.

⑤ Kant, Kants gesammelte Schriften, Berlin: Königlichen Preussischen Akademie der Wissenschaften, 1902-1983, XVI, S. 250.

的符合并不是外在的，而是可以同时转换为理性系统内部的融贯。

康德在真理问题上真正关心的其实并不是真理是什么的问题，而是真理的基础是什么的问题。各种符合论、融贯论以及兼顾二者的混合论的坚持者们都把眼光集中在前一个问题上，而很少关注康德在探究真理根据方面的真正意图以及为之所付出的巨大努力。因此，关于康德的真理理论究竟是符合论还是融贯论的争论，可能在一开始就走错了方向。

康德在《纯粹理性批判》中谈及"矛盾律"时曾说过这样一句话："这诚然使这条原理（指矛盾律——引者）成为了我们的知识的真理的必要条件，但并没有成为它的规定根据（Bestimmungsgrunde）。"[①]在康德那里，对真理之"规定根据"的揭示成了他的真理理论的根本目标与主要内容。他最终把真理的现实性根据奠定在判断力之上，而判断力又被区分为"规定性的判断力"与"反思性的判断力"，因此他对真理的奠基也就是在这两个层次上进行的。

一、真理是规定性判断力的现实产物

在《纯粹理性批判》的"先验分析论"中，康德明确地把纯粹知性原理宣布为"判断力的法规"并视其为真理的根据。他说："这些知性规则不只是先天真实的，而且甚至是一切真理（即我们的知识与客体的符合）的根源（Quell），因为它们包含有经验可能性的、即客体能在其中被给予我们的一切知识总和的根据（Grund）。"[②]但这里会产生一个问题：如果说真理的根据在于判断力，那么感性和知性与真理又是什么关系？对于康德而言，一切知识（包括真理）都包含两个最基本的构件，即感性直观与知性概念，它们同样为真理提供了某种根据。关于这一问题，康德的看法是：感性与知性为真理提供的只是可能性根据，而不是现实性根据。可能性根据还不足以形成现实的真理。为什么这么说呢？

首先，康德在提到"什么是真理"的时候，往往把真理的标准问题也一同提了出来，这是直接指向判断力的。在《纯粹理性批判》中，他说：

[①] 康德：《纯粹理性批判》，邓晓芒译，杨祖陶校，北京：人民出版社，2004年，A151/B191；页数为边码，下同。

[②] 康德：《纯粹理性批判》，A236/B296。

"什么是真理？对真理这个名词的解释是：真理是知识和它的对象的一致，这个解释在这里是给定了的前提；但人们还要求知道，任何一种知识的普遍而可靠的标准是什么。"① 在《逻辑学反思录》中，他说："什么是真理，这只能通过一个我能够区分对错的规则才能回答。"② 这也就是说，真理的标准涉及的是对错问题，而对错只出现在判断之中。他说："真理与谬误只在判断中。"③ 由于一切判断都是由判断力做出的，因此当他把真理与判断联系在一起的时候，这并不仅仅因为判断是真理的载体，而是因为他要通过这种联结使判断力这一认识机能进入批判哲学的视域，并把真理奠基于其上。

其次，康德认为感性和知性都不会犯错，只有判断力才会犯错，因而也只有判断力才会产生真理。他说："知性单独不会出错（因为它不会与自身的法则相矛盾）。感性也不会出错（因为它根本不作判断）。错误的根据必定出自其他的力。纯粹理性也不会出错。"④ "感官不犯错误，但这并不是由于它们任何时候都正确地做出判断，而是由于它们根本不做出判断。因此真理也好，谬误也好，诱导出谬误的幻相也好，都只是在判断中、即只有在对象与我们知性的关系中才能发现。……知性不会犯错误是由于，当它只按自己的规律行事时，其结果（即判断）必然会与该规律一致。"⑤ 他甚至断言："谁不作判断，谁就不会犯错。"⑥

最后，康德认为真理必须与现实对象发生关联才有可能出现，而单纯囿于知性能力之中是产生不出任何经验性真理的。他说："一般真理的标志是不能被给予的，因为真理必须与客体发生关系，能被给予的只是（知性的）一般知识的条件，即不自相矛盾的一般判断。就是说，知性不能自己去一般地决定是否按照其法则而被判断，这必须是判断力的工作。"⑦ 由此可见，感性、知性和（狭义）理性虽然从可能性的意义上都为真理的产生提供了必要条件，但康德还是立足于现实性的层面，让真理之花开放在判断力的花园里。

---

① 康德：《纯粹理性批判》，A58/B82。
② Kant, Kants gesammelte Schriften XVI, S.244.
③ Kant, Kants gesammelte Schriften XVI, S.244.
④ Kant, Kants gesammelte Schriften XVI, S. 250.
⑤ 康德，《纯粹理性批判》，A293/B350。
⑥ Kant, Kants gesammelte Schriften XVI, S. 287.
⑦ Kant, Kants gesammelte Schriften XVI, S. 247.

当然，在真理根据的可能性与现实性之间也并非存在着不可逾越的鸿沟，现实性总是由可能性转化而来的，所以知性与（规定性的）判断力之间也并非完全割裂或对立的关系。康德把"先验分析论"称为"真理的逻辑"，并将其主体部分称为"判断力的法规"，这本身就暗示了二者之间具有一种"同源同流"的关系，即它们都出自纯粹理性，并且都以经验性真理为目标。正因为如此，所以康德断言，判断力不过是知性的"应用"。他说："判断力只针对知性的应用。"①"规则的具体运用就是判断力。"②"判断力（Urtheilskraft）与健全知性（gesunder Verstand）是一回事，都是应用中的知性能力。"③"知性作为一种后天应用的能力：判断力。"④判断力与知性的这种应用与被应用的关系当然也就是现实性与可能性的关系。由此表明，知性与判断力在真理问题上始终保持着步调一致的协同关系：前者是普遍规则的制定者，后者则是普遍规则的执行者。

作为真理之执行者的判断力，其主要的工作就是"归摄"（subsumieren）。康德说："如果把一般知性解释为规则的能力，那么判断力就是把事物归摄到规则之下的能力，也就是分辨某物是否从属于某个给定的规则之下。"⑤在《判断力批判》中，他虽然做出了"规定性的判断力"与"反思性的判断力"的划分，但这并没有改变判断力的"归摄"功能。他说："规定性的判断力……只是在那些作为原则的给予的规律或概念之下进行归摄。"⑥"反思性的判断力则应当在一个尚未给予、因而事实上只是对对象作反思的一条原则的规律之下来进行归摄。"⑦对于经验性的真理而言，判断力的归摄活动无非是判断者在握有知性普遍规则的前提下将特定的对象归属于其下。在这一过程中，那个特定的对象同时也可以被看成是对普遍规则的"表现"。他说："如果一个对象的概念被给予了，那么在运用这概念达到知识时判断力的工作就在于表现，就是说，在于给这概念提供一个

---

① 康德：《判断力批判》，邓晓芒译，杨祖陶校，北京：人民出版社，2002年，第3页；页数为边码，下同。
② Kant, Kants gesammelte Schriften XVI, S. 137.
③ Kant, Kants gesammelte Schriften XV, S. 139.
④ Kant, Kants gesammelte Schriften XV, S. 166.
⑤ 康德：《纯粹理性批判》，A132/B171。
⑥ 康德：《判断力批判》，第248页。
⑦ 康德：《判断力批判》，第249页。

相应的直观。"①

无论是"归摄"还是"表现",都无非是规定性的判断力将概念与直观这两个知识的基本要素在现实层面上进行具体的关联。当然,这种关联的内在机制并不简单,因为感性材料与知性范畴的联结是通过先验想象力的图形为中介的,而想象力在本质上是一种表象的自由扩展的感性能力,其活动不易受判断者的主观控制,这样,判断力的归摄活动在正确性方面也就无法获得绝对的保证。正因为如此,康德强调,判断者在做出判断时必须具备一定程度的"机敏"与"洞察力"。②他甚至断言:"判断力也是所谓天赋机智的特性,它的缺乏不是任何学习所能补偿的"③,"在实践中缺乏判断力就是糊涂"④。

二、反思性的判断力与真理的情感基础

尽管反思性的判断力也是一种归摄的能力,但它与规定性的判断力有一个很大的区别,即它与愉快或不愉快的情感直接相关。康德认为这是反思性判断力的一个"神秘难解之处"⑤。不过,他对此还是给出了自己的解释,即"每个意图的实现都和愉快的情感结合着"⑥。也就是说,愉快的情感是与判断者的"意图"相联系的,而"意图"与"目的"又有着密切的内在联系,所以康德这样说的用意显然是在把情感往"合目的性"的方面引导,从而揭示出反思判断力先验原则就是合目的性。

对于规定性的判断力而言,由于知性已为其准备好先天的普遍规则(知性原理),所以它的工作只是进行归摄,而无须另外为自己思考出一条原则来指导这种归摄;但对于反思性的判断力来说,它所面对的只有经验中的感官对象,而将感官对象归属于其下的那个普遍原则则需要它自己去寻找,并且这种原则由于是为一切经验性原则提供统一性的原则,所以还

---

① 康德:《判断力批判》,第 30 页。
② Kant, Kants gesammelte Schriften XV, S. 716, 711.
③ 康德:《纯粹理性批判》,A133/B172。
④ Kant, Kants gesammelte Schriften XV, S. 224.
⑤ 康德:《判断力批判》,第 4 页。
⑥ 康德:《判断力批判》,第 24 页。

不能从经验中得来，而只能由它自己为自己建立起这条原则。

这条原则当然也就是合目的性原则。康德认为，规定性的判断力虽然可以直接根据知性原理而对自然对象做出真理性的判断，但是，自然对象的形式有如此之多，它们是有限的知性原理所无法全部涵盖的，所以在知性的眼光下，有大量的自然对象形式被当作偶然的而加以忽略。但是，这些经验性的对象形式毕竟也是可以被看成是符合规律的，即被看成是必然的，只不过我们的知性还不足以认识到它们的必然性而已，这时反思判断力就可以通过合目的性原则而将一切对象的形式都宣布为必然的。因为这个"目的"不过是客体的概念，而"合目的性"则不过是客体的直观表象与客体概念（目的）的协调一致性。他说："一个客体的概念就其同时包含有该客体的现实根据而言，就叫目的。而一物与诸物的那种只有按照目的才有可能的性状的协调一致，就叫作该物的形式的合目的性。"①比如，花具有美的形式，这种形式虽然并不包含在花的概念中，因而不能用规定性的判断力来对之做出判断，但它毕竟可以与花的概念相协调一致。也就是说，花之美即使没有其客观的效用，也可以在我们的主观上引发愉快的情感，因而也是合乎某种自然目的的。由此，花之美也就可以视为某种与花的概念（目的）相契合的东西。当然，愉快的情感只是主观的，它们在对象方面并无任何客观实在性，所以康德又反复强调，一切目的论的评判都不是对对象的认识，合目的性原则也并不涉及对象本身的可能性，而只涉及我们的知性对对象所作的可能的评判。这也就是说，合目的性原则在客体方面并不具有客观的实在性。但即便如此，它在主体方面依然具有一种主观的必然性。康德说："在自然产物中的自然合目的性的概念就将是一个对于人在自然方面的判断力来说是必要的概念，但并不是关系到对客体本身进行规定的概念，因而它是理性对于判断力的一条主观原则，它作为一调节性的（而非构成性的）原则对于我们人类的判断力同样是必然有效的，就好像它是一条客观原则那样。"②

康德之所以认为合目的性原则对于人类的判断力具有主观的必然性，主要还是因为这一原则与不可知的自在之物有某种隐晦的关联。康德虽然没有使用"自在之物"一词，却使用了"超感性的基底""超感官的东西"

---

① 康德：《判断力批判》，第17页。
② 康德：《判断力批判》，第270页。

一类的词。他说:"知性通过它(自然的合目的性概念——引者)为自然建立先天规律的可能性而提供了一个证据,证明自然只是被我们作为现象来认识的,因而同时也就表明了自然的一个超感性的基底,但这个基底却完全被留在未规定之中。判断力通过其按照自然界可能的特殊规律评判自然界的先天原则,而使自然的超感性基底(不论是我们之中的还是我们之外的)获得了以智性能力来规定的可能性。"①"对于那些在我们看来由于只被经验性地认识到因而是偶然的特殊自然规律,我们不可能按照其最初的内部根据而看透其无限的多样性,因而也不能完全达到自然的可能性的内部的、普遍充分的原则(这是处于超感官的东西中的)。所以,是否自然的生产能力即使对于我们评判为按照目的理念而形成或联结起来的东西,也正如同对于我们相信只需要自然的机械作用的东西一样,都是足够的。"②在后面这段引文中,康德将"自然的可能性的内部的、普遍充分的原则"看成是"超感官的东西",其实也就是将它看成是自在之物。因为对于他而言,我们的一切认识所针对的都只不过是对象的外在关系,而事物的"真正的内部"或"绝对的内部"对于我们是隐藏的,这个绝对的内部正是自在之物。

当然,康德把自在之物作为反思判断力所指向的对象,并不是说反思判断力可以"认识"自在之物,他只是借此为人类理性处理这个不可知的自在之物提供了一条可能的途径。也就是说,对于自在之物,我们虽然不能认识,但我们毕竟可以通过合目的性原则去设想它,从而在反思的意义上把一切现象与自在之物统一起来。这种统一不仅使得自然和自由两个领域得以联结起来,而且还使得真理获得了新的、更深层次的基础,即由合目的性原则而衍生出来的情感的基础。

真理被奠定在情感的基础之上,这并不是说我们可以直接从真理中看出某种属于情感的东西——这当然是不可能的。真理的情感基础在康德那里只能这样来理解:我们通过反思判断力而在不同质的经验性规律之间寻找到的统一性使我们感到愉快,正是这种愉快促使我们对自然作更进一步的探究。他说:"实际上,既然我们在自己的心中找不到、也不可能找到从知觉和按照普遍自然概念(范畴)的规律之间的吻合而来的对愉快情感的

---

① 康德:《判断力批判》,第34页。
② 康德:《判断力批判》,第252页。

丝毫影响，因为知性在这时是无意中按其本性必然行事的：那么另一方面，发现两个或多个异质的经验性自然规律在一个将它们两者都包括起来的原则之下的一致性，这就是一种十分明显的愉快的根据，常常甚至是一种惊叹（Bewunderung）的根据，这种惊叹乃至当我们对它的对象已经充分熟悉了时也不会停止。"①他认为这种情感反过来又进一步引导我们对自然规律作更高层次的统一，从而让我们感到更加愉快；相反，如果我们在某个自然对象那里不能进行这种统一，那么我们就会极其讨厌这个自然对象的表象，因为它在其种类上的主观合目的性原则与我们以此为目的的反思性判断力发生了冲突。

正因为在科学真理的下面隐藏着这样一层情感的基础，所以康德十分重视反思判断力对自然研究的作用。在他看来，如果没有合目的性的原则，我们尽管可以运用知性对自然做出众多片断式的判断，但永远也不会形成一个真理的系统。这样，反思性的判断力及其合目的性原则也就构成了隐藏在真理下面的一个深厚的基础。这个基础同样也是现实的，因为我们的情感本身就是现实的。只不过这种现实的基础不能理解为我们可以在经验性真理中直接体现到这种情感，而是能理解为，人类对真理的探究总是被某种现实的情感曲折地指引着的。

三、真理的绝对性与相对性

当康德将真理的现实性根据奠定在判断力的基础之上时，他也就宣告了西方传统的绝对真理观的终结，并使真理的相对性突显了出来。当然，这里所谓的真理的相对性是就现象与自在之物的区分而言的，因而它既不可以被理解成那种与怀疑论有某种关联的"相对真理"，也不可被理解成马克思主义哲学中所说的真理的"螺旋式上升"（因为现象的真理无论如何上升也达不到自在之物那里）。康德作为一位理性主义者，他对真理的态度是相当严肃的，他甚至把哲学本身视为对真理的追求。他说："诗把幻相当成游戏，哲学则把真理当成职业。"②因此，他在真理问题上坚决反对怀疑论。

---

① 康德：《判断力批判》，第 24 页。
② Kant, Kants gesammelte Schriften XV, S. 289.

在《纯粹理性批判》中,他把怀疑论比喻成居无定所、到处搞破坏的游牧民族。在《逻辑学反思录》中,他还以思辨的方式指出绝对怀疑论的不可能性。他说:"绝对怀疑论把一切都视为幻相。它因此就要对幻相与真理进行区分,而这就必须有一个区分的标志,因此它也就预先假定了真理的知识。"①

但是,康德所主张的真理毕竟只是属于现象界的经验性的真理。尽管他也提到过"先验的真理"(transzendentale Wahrheit)和"逻辑的真理"(logische Warheit),但前者指的不过是关于范畴的客观实在性的知识:"只有凭借这些概念先天地表达了任何经验中的诸知觉的关系这一点,我们才认识到这些概念的客观实在性,即它们的先验的真理。"②至于后者,如果从严格的意义上说它们其实都不能算作真理,因为康德说过:"没有人敢于单凭逻辑就对于对象做出判断"③,"一个知识可以在逻辑上是正确的(recht),但并不因此就是真实的(wahr)"④。经验性的真理也被康德称为"实在的真理"(reale Wahrheit)。他说:"逻辑的真理是谓词与客体的假定的表象的一致。实在的真理是表象与现实客体的符合关系。"⑤这种实在的真理只有在现象的领域才具有普遍性和必然性,并显示出某种绝对性,但经验性真理一旦超出现象的范围,其客观有效性也就立刻丧失了。这也就是说,经验性真理只是在人类理性的范围内才是实在的,一旦进入自在之物的领域,它便没有什么实在性可言了。在这一意义上,真理的本质并不是客观的(或关涉自在之物的),而是主观的(或完全依赖于人类理性的)。这样一来,康德也就在真理的绝对性与相对性之间造成了一种张力:在现象范围内,真理是绝对的,但正是"在现象范围内"这个限定本身又宣判了真理的相对性。

真理的绝对性与相对性之间所显示出的这种张力,使得康德在对待真理问题的态度上显得十分冷静。他是真理的勇敢追求者,但决不是真理的狂热鼓吹者。他说:"真理:根据的完善性。它在知性面前是最重要的,但在爱好(Neigung)面前却不是最重要的(客观的,而非主观的;逻辑的,

---

① Kant, Kants gesammelte Schriften XVI, S. 458.
② 康德:《纯粹理性批判》,A221/B269。
③ 康德:《纯粹理性批判》,A60/B85。
④ Kant, Kants gesammelte Schriften XVI, S. 247.
⑤ Kant, Kants gesammelte Schriften XVI, S. 251.

而非实践的）。"①这似乎是在暗示：在利益面前，真理是苍白的；真理的辖区只限于现象界，至于现象界之外的本体问题，那不属于理论理性的管辖范围，因而也就与真理无涉。

我们也可以从内在机制上对判断力究竟如何将"真理之乡"安放在现象界作一个分析。首先，规定性的判断在做出经验性的真理时，它一手握着知性的普遍规则（范畴、知性原理），一手握着感性直观提供的感性对象，并在知性为之提供的中介（即图形）中将这二者进行现实地关联（归摄）。一方面，感性对象是经过空间和时间这两个感性形式整理过的感觉，而感觉虽然起源于自在之物的刺激，但它们本身却是主观的；至于作为感性形式的空间和时间，它们也被康德阐明为主观的形式，因此，感性对象虽然与客体相关，但本质上却是主观的东西。另一方面，知性为判断力所提供的普遍规则并不是从客观对象那里抽象出来的，而是来源于知性自身的东西，也就是知性将对自然所立之法，因而也是主观的东西。这样一来，规定性的判断力表面上虽然是在对对象进行判断，但实际上却是在知性的指使下去谋求主观的感性对象与主观的知性范畴之间的结合，因此它所做出来的结果，即先天综合判断便注定只能是一种主观的东西。所以，康德说："判断中的真理或错误，命题中的谬误或真理，都是主观的。"②"真理与客体一起都是主观的：真理与主体的思维方式一起都在现象中。"③这也就是说，由于判断力所借助的知识材料都是一些主观的东西，因此它从一开始就已注定其产物只能是属于现象界的真理，而非自在之物的真理。其次，反思性的判断力试图对作为现象之基底的自在之物进行反思，但这种反思由于只针对主体内部认识能力的协调一致，因而也就根本没有触动自在之物本身，相反，它还通过由认识能力的协调而产生的愉快情感为具有客观实在性（其实是人类理性范围内的普遍有效性）的经验性真理添加了一个主观情感的基础，这就进一步将真理锁定为"人类的真理"即现象的真理，而非自在之物的真理。

由此，康德也就将真理之乡变成了一个由自在之物的汪洋所环绕的一个孤岛，如果判断力胆敢对这些自在之物作规定性的判断，那么它必然会陷入无穷的谬误之中。康德说："这片土地是一个岛屿，它本身被大自然包

---

① Kant, Kants gesammelte Schriften XV, S. 671.

② Kant, Kants gesammelte Schriften XVI, S. 286.

③ Kant, Kants gesammelte Schriften XVI, S. 149.

围在不可改变的疆界中。这就是真理之乡（一个诱人的称号），周围是一片广阔而汹涌的海洋、亦即幻相的大本营。"① 对于康德而言，真理的最大敌人不是谬误，而是先验幻相。先验幻相指的是理性理念的超验使用，它是很难被彻底纠正的。关于真理与谬误及幻相之间的关系，康德谈论得较多。他说："在判断中，真理与幻相被否定地对设，与谬误相对立。通过前者什么也没有被规定，通过后者则规定了对立面。"② "真理是与客体的一致，反之，幻相则是与主体的一致，而每个谬误都以一个幻相为前提。"③ 这也就是说，幻相虽然并不直接导致谬误，但却是谬误的一个根源。他还说："知性消除无知，判断力防止谬误，理性则是谬误（也是真理）的源头。"④ 他甚至认为，如果要真正将理性的理念限定在其内在的使用范围之内而不作超验的使用，那么就必须对人们的认识方式进行一场"真正的启蒙"（die eigentliche Aufklärung）⑤，即改变人们以往的认识方式，不把自然界看成是自在之物，而把它看成是现象。这样，人们就可以抛弃掉一切成见中的最大成见，从迷信中解放出来，并在理性自身中去寻找到真理的试金石。

总之，康德将一切真理都视为现象界的真理的态度是非常坚定的。他对真理的判断力奠基，与其说是对真理根基的加固，不如说是对真理的虚假根基的拔除。这种拔除在某种意义上固然也可以视为一种加固根基的方式，但这毕竟使得真理的地盘被大大地缩小了。不过，将真理田园里的稗草拔除，毕竟也使得真理本身得到了净化，就此而言，康德对真理本身进行限制，也是对真理事业的一种贡献，这在真理发展史上也是有其积极而重大的意义的。当康德把"与现实客体发生关系"添加为真理的逻辑标准之外的另一个重要标准时，这就从根本上破除了一种错误观念，即以为守着不矛盾律就可以对一切可能与不可能的对象形成真理性判断。可以说，康德的真理理论正是通过判断力的奠基而将一切超验的神圣真理以及一切不与客体发生关系的单纯逻辑判断统统驱除出真理的疆界的。

（本文原载于《哲学研究》2016 年第 4 期）

---

① 康德：《纯粹理性批判》，A235f/B294f。
② Kant, Kants gesammelte Schriften XVI, S. 247f.
③ Kant, Kants gesammelte Schriften XVI, S. 287.
④ Kant, Kants gesammelte Schriften XV, S. 821.
⑤ 康德：《判断力批判》，第 145 页。

笛卡尔哲学的一个谜团：
对笛卡尔道德哲学的考察及其结论

贾江鸿

笛卡尔的哲学中是否具有一种道德哲学的思想？如果答案是肯定的，那么我们该如何来看待笛卡尔的道德哲学，特别是如何来看待笛卡尔的第一哲学和他的这种道德哲学的关系？这样的问题对学界来说，并没有十分完满的答案，而且考虑到笛卡尔自己的一些看似"奇怪的"做法，或者说他在表述上的前后矛盾；考虑到事实上笛卡尔并没有一部完整的关于道德的哲学文本；以及考虑到笛卡尔哲学本身的一种模糊性，因而正如有的学者指出的，这类问题完全可以被看作笛卡尔哲学中的一个谜团[①]。

一

当代笛卡尔哲学研究专家，巴黎一大的德尼斯·岗布什内（Denis Kambouchner）教授曾经谨慎地把他的一部研究著作定名为《笛卡尔和道德哲学》，而并没有像他的前辈罗迪·勒维（Rodis-Lewis）那样将其著作直接命名为《笛卡尔的道德哲学》，原因之一就是，在笛卡尔的著作中的确存在一些让人费解的表述。其中，最重要的一个支撑性文本出自笛卡尔1648年在荷兰的埃格蒙德与一个叫弗朗索瓦·贝尔曼（François Burman）的年轻人的对话。贝尔曼在他关于对话的整理文稿中指出，笛卡尔曾经在

[①] 国内有学者注意到笛卡尔哲学的这个谜团，并把它称为"二重性疑难"，参见张柯《从"第一哲学"到"道德学"——论笛卡尔思想的"二重性疑难"》，《贵州大学学报（社会科学版）》2015年第6期。

对话中谈到他在 1637 年出版的《谈谈方法》中的"临时的道德准则"（une morale par provision）①思想，他是这样来转述笛卡尔的话的：笛卡尔"不愿意写作道德方面的内容，但是由于一些当政者或一些学究们，他不得不添加了一些道德的准则，因为如果他不这样做的话，这些人就会断言他既不关心宗教，也没有信仰，并且试图用自己的方法去颠覆这些东西"②。另一个可能的支撑性文本出自笛卡尔在 1647 年 11 月 20 日写给夏奴的信，在其中笛卡尔写道："的确，我总是拒绝写作与道德有关的思想内容，我有两个这样做的理由：一是，我认为并不存在这样的东西，从中一些机灵的人可以更容易地找到去指责别人的借口；二是我相信只有君主或者被君主授权的人才有权去控制其他人的行为。"③考虑到这两个文本均出自笛卡尔生命的后半段这个事实，我们不得不给予重视。依照这里的思想，笛卡尔一方面基于一些原因并不愿意写作有关道德方面的内容；另一方面他似乎又明确指出，十年前（1637 年）的《谈谈方法》中的道德思想只是为了应对当时的困难时局而写出的一种权宜之作。遵照这样的表述，再加上的确在笛卡尔的著名的文本中并没有明显的涉及道德哲学的内容④，我们似乎很容易得出结论，由于笛卡尔有意识地排斥，他在其哲学建构中并没有真正严肃地讨论过道德哲学方面的问题。

更为麻烦的是，似乎我们在笛卡尔早期的文本中也能找到相关的证据。在 1619 年那段对笛卡尔来说极为重要的时间里，笛卡尔在其著名的私人札记《内心的思考》中，曾经说过一段令后世的研究者费解的话语："正如喜剧演员刻意遮掩自己脸上的肤色，以所扮演的角色的样貌出现一样，我在登上至今我一直以观众的身份出现的世界舞台的时候，我戴上面具行走。"⑤笛卡尔为什么会在 1619 年初在自己的私人札记中说出这样的话呢？既然是私人性的札记，笛卡尔显然是认真而诚实的。在 1637 年的《谈谈方法》中，笛卡尔向我们指明，他在这本著作中提及的"临时的道德准则"，实际

---

① 关于笛卡尔在《谈谈方法》中的这个"临时道德"思想，可参见施璇：《如何理解笛卡尔的"Morale par Provision"》，《复旦学报（社会科学版）》2016 年第 6 期。

② Descartes, Entretien avec Burman, texte présenté par CH. Adam, Paris: Vrin, 1975, p.125.

③ Descartes, Oeuvres et Lettres, textes présentés par Andre Bridoux, Paris: Gallimard, 1999, p.1285.

④ 笛卡尔的《论灵魂的激情》被看作笛卡尔唯一的一部涉及道德哲学的著作，但是，我们也可以看到笛卡尔在这里的重点是描述激情的整个生理-心理上的运作机制，而不是提供一种真正的道德哲学。

⑤ Descartes, Oeuvres de Descartes, V, textes présentés par Charles Adam et Paul Tannery, Paris: Vrin, 1996, p.213.

上早在1619年左右就已经成形了。这样的话,一切似乎就顺理成章了,即笛卡尔在1619年,在自己准备登上世界舞台的时候,已经感受到一种可能的来自外界的压力,因此,作为应对,他不得不临时制定一些道德准则,就如同是给自己带上一个面具来掩藏和保护自己一样。

如果真是这样的话,显然笛卡尔并不会真正严肃地对待和讨论道德问题,在其哲学中是没有道德哲学的位置的。然而,问题的复杂性很快就显示出来。

在其著名的《哲学原理》中,有一段大家耳熟能详的话,笛卡尔是这样说的:"全部哲学就如同一棵树似的,其中形而上学就是根,物理学就是树干,别的科学就是在树干上生长出来的树枝。这些树枝可以分为三种:医学、机械学和道德学。我所谓的道德科学乃是一种最高尚、最完善的科学,它以我们关于别的科学的完备知识为先决条件,因此,它就是最高等级的智慧。"①我们知道,《哲学原理》是被当作教科书来写的,笛卡尔显然在这样的场合中也不会隐藏自己的思想,而且,笛卡尔在这里还把道德哲学的地位看得极重,认为它是"最高尚、最完善的科学",是"最高等级的智慧"。我们该怎样看待笛卡尔的这种思想?

事实上,把哲学看作一个有机整体的思想在笛卡尔思想的早期就已经显现出来了。在我们已经提到的《内心的思考》这个1619年初期的文本中,笛卡尔曾经说过这样的话:"科学也是戴着面具的……一旦卸下面具,它们将展现出极其美丽的面貌。从整个科学的链条来看,人们将发现,对于心智而言,掌握科学并不比掌握一些数字更难。"②在这里,我们首先注意到这样的字眼"面具",也就是说,依照笛卡尔的说法,在他当时的眼中,传统的科学是成问题的,它带着"面具",遮掩住了一些根本性的东西,而他自己则在探索一门"新的科学"。在1619年3月26日写给贝克曼的信中,他写道:"透过我这门科学的谜团,我已经瞥见了那难以名状的光明,凭借它,我想我能驱散最浓密的黑暗。"③这门新科学的特点就是它像数字一样是一个相互关联的整体。那么,问题是,在这样的新的科学之中,有伦理学或者说道德哲学的位置吗?

著名的笛卡尔研究专家、哲学家马里翁(Jean-Luc Marion)曾经在其

---

① Descartes, Oeuvres et Lettres, p.566.
② Descartes, Oeuvres de Descartes, V, p.214.
③ Descartes, Oeuvres philosophiques, édition de F. Alque, Paris: Classiques Garnier, 1997, p.39.

《笛卡尔哲学问题：方法和形而上学》中对1619年那段时期笛卡尔哲学的一些样貌给出过分析。马里翁认为我们可以通过笛卡尔在1619年11月10日夜里所做的三个梦（特别是第三个梦）来判断笛卡尔在那个时期的一些思想。马里翁指出，笛卡尔梦到的两样东西——字典和诗集是具有一定的哲学寓意的。在他看来，在笛卡尔所处的时代中，哲学并不是一个完整而统一的科学，而且由此，它也并不能被称作真正的智慧。他举的一个例子就是伦理学，因为作为哲学的一个组成部分的伦理学本身在当时就是一门缺乏确定性的科学，它和哲学的其他组成部分并不能形成一个完整的链条或系列。进一步来说，哲学这门科学的各个组成部分就是十分零散和繁杂的，并不能达到真正的智慧的水平。但是，笛卡尔梦中的字典和诗集却体现了笛卡尔在当时的一个全新的想法，其中作为科学总称的字典代表的是作为统一的整体的哲学，而诗集则代表的是由哲学的统一性而达到的真正的智慧。马里翁的分析是有道理的，因为我们已经看到，笛卡尔在1619年初的确已经在探索一门"新的科学"，一个科学的"链条"。不过，问题是，在这个时期的笛卡尔的思想中，伦理学真的已经被包含在他的科学整体之中了吗？

在此，我们是有必要再考察一番的。在1619年3月26日写给贝克曼的信中，笛卡尔是这样来描述自己的新科学的："我正在构造、设想的并不是雷蒙·吕雷的那种简单的技艺，而是一种可以说是崭新的科学，它可以解决关于任何性质的连续的量和不连续的量的一切问题。"① 关于"连续的量和不连续的量的一切问题"，它仅仅涉及笛卡尔在后来提出的和量有关的广延性问题吗？答案应该是否定的。在《内心的思考》中，他还写道："正如想象使用形状来向它自己再现物体的形象一样，知性也使用为我们所感知的事物，如风和光等，来代表精神性事物。"② 在这个被莱布尼兹评论为是"想入非非"的表述中，笛卡尔的观点是比较清楚的，即在这里精神性的事物也是可以被想象、被形象化的。当然，这样的观点笛卡尔在后来是抛弃了的，因为精神性事物的本质就是不可想象、不可量化的。但是这并不妨碍我们在这里窥探笛卡尔在1619年那个时期的想法，即他的新科学不仅仅包含物体性的和量有关的对象，它还是包含一些精神性的内容的。在

---

① Descartes, Oeuvres philosophiques, pp.37-38.
② Descartes, Oeuvres de Descartes, V, p.213.

稍晚一些的1621年左右所写的《运用良知》中，笛卡尔写道："智慧也就是伴随德行的科学，它把意志的功能和理智的功能混合在了一起，它的目标是一条全新的道路。"①问题已经很清楚了，笛卡尔在1619年左右所构想的作为一种整体性的统一体的新科学，它是包含精神性事物以及和意志有关的道德科学的。

于是，我们面对两种看起来完全不同的声音，一种认为笛卡尔并不关注道德问题，在他那里并不存在严肃的关于道德哲学的讨论；另一种则认为笛卡尔曾认真地把道德哲学纳入自己的哲学体系之中。那么为什么会出现这两种完全的不同声音呢？在笔者看来，在提供一个关于这个问题的最终答案之前，我们首先有必要去尽可能认真地审视一下笛卡尔对于道德问题的表述，以便搞清楚，如果存在这样的表述的话，那么笛卡尔到底在其中谈到了什么样的道德思想。

二

正如我们之前看到的，笛卡尔最初相对集中地处理道德问题的文本是1637年出版的《谈谈方法》。在这本书的第三部分中，笛卡尔指出，为了能切实地推翻之前旧的科学住宅，只是把房子拆掉，准备好新的材料，有了新的设计是不够的，因为在这时我们还需要准备好一所临时的房子，以便我们在建构新的科学大厦时可以舒舒服服地住着。"所以，当我受到理性的驱使、在判断上持犹疑态度的时候，为了不至于在行动上犹疑不决，为了今后还能十分幸运地活着，我给自己定下了一套临时行为规范，一共只有三四条准则，我愿意把它的内容告诉大家。"②为了能更好地分析笛卡尔的这种道德思想，在这里先简单地把他的这些准则转述如下。

第一，服从自己国家的法律和习俗，笃守我靠神的恩赐从小就接受的宗教，在其他一切事情上约束自己遵循周围最明智的人通常在实践中采取的最温和、最不走极端的意见。

第二，在行动上尽可能地坚决、果断，一旦做出决定，哪怕它十分可

---

① Descartes, Oeuvres de Descartes, V, p.191.
② 笛卡尔：《谈谈方法》，王太庆译，北京：商务印书馆，2000年，第19页。

疑，还是要坚决遵循，就如同它十分可靠一样。

第三，永远只求克服自己，而不是克服命运，只求改变自己的愿望，而不是世界的秩序。

第四，把自己的一生都用来培育自己的理性，按照自己制定的方法尽可能地增进自己对真理的认识。

一些学者认为，笛卡尔的这套"临时的道德准则"之所以是临时的，首先就是相对于1647年笛卡尔《哲学原理》的法译本序言中的观点而言的。前文已经指出，笛卡尔在那里把自己的哲学描述为一棵大树，树根是形而上学，树干是物理学，树枝有医学、机械学和道德学，并且道德学因为是以所有其他科学知识为先决条件的，因此也就是一种"最高等级的智慧"，一种"最完善、最高尚的科学"。很显然，相对于这种作为"最高等级的智慧"的道德学来说，笛卡尔在《谈谈方法》中的这套"临时的道德准则"至少从表面上来说必然就是"不完善的""临时的"。实际上，笛卡尔自己就是这样认为的，在提到自己的哲学之树后，笛卡尔很快就写道：在《谈谈方法》中，"我曾经概括地叙述了逻辑的规则，和一些不够完善的伦理学的基本准则，这些准则只是供那些尚未知道更好的道德科学和道德准则的人临时使用的"①。不过，问题是，笛卡尔自己真的建立了一种依赖于所有其他科学的"最高尚、最完善的"道德科学了吗？

大部分学者都对此持一种否定的态度。在他们看来，这种"最高尚、最完善的"道德实际上只能是一种理想。比如笛卡尔研究专家白依萨德（J.-M. Beyssade）就曾指出："笛卡尔总是保持着两种极端的观念，它们可以被看作笛卡尔的同一个道德目标的两个界限：一个是在理论上可以完美地控制的观念，由此，理智是完全得到彰显的，它具备了一个个无限的科学序列，可以必然引导意志去选择善的东西；另一个是在理论上有些混乱的观念，在这里科学是缺乏的，意志自身则得到了彰显，是可以自己来做决定的。但是现实的道德则是介于这两者之间的。"②虽然白依萨德对笛卡尔的道德界限的划分本身是需要进一步反思的，但是至少她的观点代表了一些学者的共识，即笛卡尔实际上并没有能完成一种他所谓的"最高尚、最完善的"道德，而是提供了一种所谓的"现实的道德"。那么这种"现实

---

① Descartes, Oeuvres et Lettres, p.566.
② J.-M. Beyssade, Philosppher par lettres, CF. Denis Moreau, Lettres Préface de la Philosophie, Paris: GF-Flammarion, 1996, pp.41-42.

的道德"是一种什么样的道德？就是笛卡尔在 1637 年的《谈谈方法》中的"临时的道德"吗？应该说从表面上看，答案是否定的。因为，很明显，在 17 世纪 40 年代的时候，通过和伊丽莎白（Elisabeth）公主、夏奴（Chanut）、克里斯蒂娜（Christine）等人的讨论，笛卡尔在一些相关的书信和最后一个文本《论灵魂的激情》中，确实谈及了一种新的、相对确定的道德。这种道德似乎既不同于笛卡尔在《谈谈方法》中提到的所谓的"临时的道德准则"，也不同于笛卡尔在《哲学原理》法文本序言中提到的"最高尚、最完善的"道德科学。

一个可以支撑这种论点的最直接的证据来自笛卡尔的一封书信。笛卡尔在 1646 年 6 月 15 日写给未来的法国驻瑞典大使夏奴的信中曾经明确地提到，他在自己物理学的基础上找到了"道德上的一些确定的基础"[①]。很多学者，比如笛卡尔研究专家格鲁特（Matial Gueroult）由此就明确地指出，这种笛卡尔所谓的"确定的"道德，即笛卡尔在一些书信以及《论灵魂的激情》中建构的道德，其实已经真正地替代了那种所谓的最高等的、不可实现的、完全建立在确定科学基础上的理想性道德[②]。持这种观点的人首先指出了这样的理论事实，即虽然笛卡尔在谈论"临时的道德准则"的《谈谈方法》和谈论"最高尚、最完善"的道德科学的《哲学原理》法文本序言中都提到了道德和医学的紧密关系，但是，其中的内涵实际上已经发生了变化，而这种变化其实就意味着笛卡尔自己的一种思想的转变，或者更明确地说，意味着笛卡尔在这个时期对一种"明确的"道德的建构。在《谈谈方法》的第六部分中，笛卡尔提到了一种他试图建构的医学，他讲道："我们可以撇开经院中讲授的那种思辨哲学，凭着这些看法发现一种实践哲学，把火、水、空气、星辰、天宇以及周围一切物体的力量和作用认识得一清二楚……然后就可以因势利导，充分利用这些力量，成为支配自然界的主人翁了。……最主要的是保护健康。健康当然是人生中最重要的一种幸福，也是其他一切幸福的基础，因为人的精神在很大程度上是取决于身体器官的气质和状况的。……如果我们充分认识了各种疾病的原因，充分认识了自然界向我们提供的一切药物，我们是可以免除无数种身体疾病和精神疾病，甚至可以免除衰老，延年益寿的。我自己已经打定主意要

---

① Descartes, Oeuvres et Lettres, p.1236.
② M. Gueroult, Descartes selon l'ordre des raisons, t. II, Paris: Aubier, 1953, p.255.

把毕生精力用来寻求一门非常必要的学问,并且已经摸到了一条途径,觉得非常可靠,只要照着走,必定可以万无一失地把它找到;只是受到两方面的阻碍,一是生命短促,二是经验不足。"①相应地,正如我们已经看到的,笛卡尔在《哲学原理》中,曾同样把医学看作知识大树的一个部分,即看作应该作为"最高尚、最完善的"道德科学基础的一门学问。但是,根据这些学者们的观点,明显不同的地方在于,在《哲学原理》中,实际上医学的重要性已经降低了,或者说"医学的那种高度的作用不再受到足够的重视了,而道德,尽管仍然需要依赖医学知识,但是,它和机械学以及医学一样都是哲学大树上的特殊分支"②。为什么会出现这样的转变呢?在这些学者看来,原因就在于,笛卡尔实际上在详细地阐释他所追求的这种医学时遇到了困难,即仅仅通过研究人的身体,我们是很难真正弄清疾病的原因的。笛卡尔在1646年6月15日写给夏奴的信就表明了他的这种转变:"我很有信心地跟你说……相比于其他的我曾经花费了很多时间来加以研究的医学而言,我现在对于这个道德的基础更为重视了,因为不再是去发现保持生命的那些方法,相反,我找到了另一个更容易、更确定的办法,即对死亡不再恐惧。"③对笛卡尔来说,现在,更重要的不是研究与我们的身体有关的医学,而是要控制我们的激情,因此,道德对医学的依赖性大大降低了。

学者们给出的第二相关的论据是,笛卡尔的确从1645年左右就开始把研究目标转向了对自由意志的良好运用的问题,从而把那种基于其他科学的"最高尚、最完善的"道德科学放弃一边了。在1647年11月20日写给克里斯蒂娜的信中,笛卡尔谈到一个和道德有关的主题,即人的至善(le souverain bien),在他看来,人的至善是和我们的灵魂或精神相关的,其关键就在于我们对自己的自由意志的运用,"灵魂的善完全相关于两个要素,一个是认识,另一个是意愿那美好的东西;但是认识经常是我们力所不及的,因此剩下的就仅仅是我们可以绝对支配的意志了。我觉得,对意志的运用莫过于总是坚定而一贯地去做所有我们断定是最好的东西,以及运用我们所有精神的力量去很好地认识诸如此类的东西。所有的美德正在于此;确切地说,我们值得称赞和骄傲的地方也正在于此;生命中最伟大、

---

① 笛卡尔:《谈谈方法》,第49—50页。
② D. Kambouchner, Descartes et la philosophie morale, Paris: Hermann, 2008, p.318.
③ Descartes, Oeuvres et Lettres, p.1236.

最坚实的行为正源于此。由此我认为这就是所谓的至善"①。正是基于这两个基本的论据,学者们认为,笛卡尔最终为我们建构的就是这样一种基于自由意志,以及通过自由意志进而对自己的激情有所掌控(不害怕死亡)的"现实的""确定的"道德。

但是,在笔者看来,学者们给出的这两个论据并不是没有问题的。首先,笛卡尔在《哲学原理》中真的认为医学的重要性有所降低吗?我们看到,即使是学者们所说的《谈谈方法》,在其中笛卡尔对医学的探索也是出现在最后一个部分,即第六部分中的,在这之前(以及在笛卡尔提供了他的"临时的道德准则"的第三部分之后),笛卡尔分别谈到了他的哲学的第一原理"我思,故我是"(第四部分),谈到了他对各种物质性事物的研究(包括人)(第五部分)。在这里我们很明显地就可以看到,笛卡尔的道德准则同这些知识,特别是医学的知识是没有逻辑上的必然关联的。而且,笛卡尔在《哲学原理》中呈现的整个哲学框架发生变化了吗?答案似乎也是否定的。这从他对《哲学原理》这本书的布局上就可以看出端倪:"我这部书分为四个部分。第一部包括人类知识的原理,可以叫作第一哲学或形而上学。……至于其他的三个部分,则涉及普通的物理学,其中解释了自然的第一法则或原理,解释了天、恒星、行星、彗星以及全宇宙的构成。再其次,我还特别地解释了地球的本性……这样,我就似乎已经开始有次序地展开我的全部哲学了……我此后还应以同样的方式来解释地球上较为特殊的事物的本性,即矿物、植物、动物,尤其是人类的本性。最后,我还要精确地探究医学、道德学和机械学。"②很明显,这样的结构安排和笛卡尔在《谈谈方法》中的布局基本上是一致的,先谈哲学的第一原理(人类知识的原理),之后谈物质事物的本性(普通的物理学),再到谈医学。不同的是,在《谈谈方法》中,"临时的道德准则"是在之前就出现的,而在《哲学原理》中,道德则是和医学、机械学并行出现的(都是树干上的旁支)。

其次,笛卡尔是直到1645年左右才开始注意到对自由意志良好运用的重要性的吗?我们可以马上就给出两个论据予以反驳。早在笛卡尔写作《指导心灵探求真理的原则》时,他就讲过:"那试图严肃地追求事物的真理的人……仅仅想的是去增长自己理性的自然之光,这并不是为了解决这个或

---

① Descartes, Oeuvres et Lettres, p.1282.

② Descartes, Oeuvres et Lettres, p.567.

那个学派的困难,而是为了在每一个人生的场合中,让自己的理智能去引导意志做出该做的选择。"①在 1641 年左右完成的《第一哲学沉思集》的第四沉思中,笛卡尔写道:"如果他没有给我由于我前面说过的第一个办法而不犯错误的能力(这种能力取决于我对于我所能考虑到的一切事物的一种清楚、明白的认识),他至少在我的能力里边留下了另外一种办法,那就是下定决心在我没有把事情的真相弄清楚之前无论如何不去下判断。……而且,由于人最大、最主要的完满性正在于此,因此我认为我从这个沉思中还是获得很多东西的,我已经找到了虚假和错误的起因。"②当然细心的读者会反驳,笛卡尔的这两处表述,明显和他在 1645 年之后的表述是不同的,在《哲学原理》第一部分第 37 节中,笛卡尔是这么说的:"人的主要完满之处在于他能借助自由意志行动,他之所以受赞美,或受惩罚,其原因就在于此。"③同样差不多的表述出现在《论灵魂的激情》中:"正是因为这样,其相关的补救方法就是要养成一种习惯,即对所有显现出来的事物都要形成确定、坚决的判断,要习惯于相信,人们做自己认为是最好的事情时,就是在完成自己的任务,尽管人们的判断也许并不正确。"④也就是说,在 1627 年的《指导心灵探求真理的原则》和 1641 年《第一哲学沉思集》中,笛卡尔虽然承认了自由意志的重要性,但是都是在强调理智引导作用的前提下来讲的,即使在《第一哲学沉思集》中,笛卡尔谈到了人最大的完满性就在于自由意志,但是他也是在理智没有弄清楚的时候,我们可以克制自己的自由意志不去盲目发挥作用的意义上来说的。而在《哲学原理》和《论灵魂的激情》中,笛卡尔却完全是就自由意志的运用本身而言的,它和理智的认识并没有必然的关联。

表面上看,这样的反驳是很有力量的,但是问题是《谈谈方法》这个文本,我们在其中的确可以看到笛卡尔这样的表述:"因为我们的意志是不是追求一样东西,只是根据我们的理智把它看成好的还是坏的;有了正确的判断,就可以有正确的行动,判断得尽可能正确,行动也就尽可能正确,

---

① Descartes, Regles utiles et claires pour la direction de l'esprit en la recherche de la vérité, Paris: Vrin 1977, p.3.

② Descartes, Méditations métaphysiques, présentation de J-M. Beyssade, Paris: GF-Flammarion, 1979, p.151.

③ Descartes, Oeuvres et Lettres, p.587.

④ 笛卡尔:《论灵魂的激情》,贾江鸿译,北京:商务印书馆,2013 年,第 135 页。

就是说，可以取得一切美德以及其他一切我们能够取得的好东西。"[①]这种表述是和他在《指导心灵探求真理的原则》以及《第一哲学沉思集》中的表述是一致的，即强调的是理智对自由意志的引导作用。但是，不能忘记笛卡尔在这里提到的"临时的道德准则"，其中的第二条就是，"在行动上尽可能地坚决、果断，一旦做出决定，哪怕它十分可疑，还是要坚决遵循，就如同它十分可靠一样"。这样的表述不是和笛卡尔在《论灵魂的激情》中的说法基本一致吗？

三

笛卡尔的哲学中有严肃的、认真的道德哲学的内容吗？很显然是有的。我们至少可以在其文本中找到三种关于道德思想的表述：在《谈谈方法》第三部分中的，被看作一种为了建构一所新的科学大厦而设的临时的居所——"不够完善的""三四条""临时的道德准则"；在《哲学原理》法文版序言中的，以所有别的科学为基础的，被看作"最高尚、最完善"作为"最高等级智慧"的道德科学；在1645年之后的一些书信以及《论灵魂的激情》中出现的，具有"确定的基础的"、被学者们冠以"现实的"字样的道德。那么，第一个需要澄清的问题是，"临时的道德准则"仅仅是临时的，因而后来被抛弃了吗？答案是否定的，相对于可能的"最高尚、最完善的"道德来说，它显然是临时的，也是"不完善的"，但是，至少有两条道德准则在后来还是被明显地保留下来。首先是第二条准则，正如上文中指出的，其表述依然出现在了《论灵魂的激情》中。其次是第三条准则，"永远只求克服自己，而不是克服命运，只求改变自己的愿望，而不是世界的秩序"，在笔者看来，笛卡尔的《论灵魂的激情》实际上仍然延续了这样的思路，书中的最后一条条目是"人生命中所有的善恶都只与这些激情有关"，笛卡尔写道："那些最受激情驱动的人也能品尝到生活中最甜美的滋味。当然，在他们不知道如何掌控自己的激情，并且其命运也不佳时，他们可能也会体会到生命中最苦涩的内涵。但是，在这里，智慧是很有用的，它可以教会人们去做自己激情的主人……这样……人们就可以从所有哲学事情中感

[①] 笛卡尔：《谈谈方法》，第22—23页。

受到一种快乐。"①

第二个需要我们澄清的问题是，以所有别的科学知识为基础的"最高尚、最完善的"道德科学被建构起来了吗？很明显没有，岗布什内所谓的在"实践上"②"完善的"道德，显然不是笛卡尔在这里所谓的作为"最高等级智慧"的道德。虽然，白依萨德所谓的"一种极端的界限"的思想失之偏颇，因为笛卡尔显然并没有仅仅把这样的道德称作一种极端的理想，在《哲学原理》中他曾认真地说道："那些能借以达到最高智慧，即人生至善的真正原理，就是我在这部书中所提示的原理"③，"至于我的这些原理的最后及最大的结果就是，人们在研究了它们以后，可以发现我所未曾发现的真理，并且会由此逐渐进步，屡有发明，久而久之，对全部哲学得到完全的知识，因而达到最高的智慧"④，"我的最高希望是：后人或者会看到这个幸福的结果"⑤。但是我们仍然可以说，对笛卡尔而言，这样的道德还是一个理想，是一个可能会实现的理想。

第三个需要我们澄清的问题是，笛卡尔的具有"确定的基础的"道德，仅仅是一种相关于"实践的"、在实践上"完善的"道德吗？对笛卡尔来说，由于全部的哲学知识并没有被建构起来，因此，这样的道德肯定不能被称作"完善的"，在这个意义上，这种具有"确定的基础的"道德，也只能是一种"不完善的"道德。不过相比笛卡尔在《谈谈方法》第三部分的"临时的道德准则"，或者说笛卡尔在1619年就建立起来的这些道德准则来说，它不再完全是"临时的"，因为在这里笛卡尔毕竟已经把握到形而上学的第一原理（"我思，故我是"），把握到一定的相关于物体本性的认识，把握到人的一些本性（人是一个身心的统一体），进一步认识到自由意志的重要性，以及探讨过激情的内涵，因此，这样的道德是以一部分坚实的哲学知识为基础的，它不仅在实践上是可靠的，而且在理论上也是有依据的。

为什么在笛卡尔的文本中会出现看似矛盾的两种不同的情况呢？进一步来说，该如何看待笛卡尔的第一哲学和他的道德哲学的关系？首先回答第一个问题。正如我们在上文中所指明的，从登上哲学舞台的一开始，笛

---

① 笛卡尔：《论灵魂的激情》，第162页。
② D. Kambouchner, Le vocabulaire de Descartes, Paris: Ellipses, 2002, p.50.
③ Descartes, Oeuvres et Lettres, p.562.
④ Descartes, Oeuvres et Lettres, p.568.
⑤ Descartes, Oeuvres et Lettres, p.570.

卡尔就是十分关注道德问题的。即使将马里翁的分析作为证据的做法在这里看起来有些不够合适,但是笛卡尔在1621年的《运用良知》中的表述——"智慧也就是伴随德行的科学,它把意志的功能和理智的功能混合在了一起,它的目标是一条全新的道路",也已经很清楚地表明了这一点。而且,我们还有一个例证,即笛卡尔在1619年11月10日夜里的第三个梦,其中有两首诗,第一首诗的题目就是"我将走什么样的人生道路",由此可见,笛卡尔在那个时期一定是十分在意人生伦理的问题的。当然,也许有人会说,这恰恰说明了笛卡尔在那个时期的一种焦虑的心理状态,即担心自己的"新科学"会给自己带来不必要的麻烦,所以他才让自己戴上"面具",为应对可能的麻烦而假装制定一些所谓的"临时的道德准则"。但是,很明显,我们已经看到,笛卡尔的这几条"临时的道德准则"根本不可能完全是一种临时的应付时局的策略,因为,正如我们分析的,其中的两条准则实际上也出现在他后来的《论灵魂的激情》中了。

而之所以我们能在笛卡尔的文本中看到他所谓的对道德问题的回避和拒绝,可能会有如下几个原因:第一,这恰恰就是出于笛卡尔那为了应对时局的谨慎态度,即他不愿意轻易地(尤其是在还没有能达成他所谓的"最高尚、最完善的"道德科学的情况下)提供一些所谓的道德立场,以避免给自己招来不必要的麻烦,他说得很清楚,"我相信只有君主或者被君主授权的人才才有权去控制其他人的行为",作为一个哲学家,在当时欧洲的宗教气氛之下,笛卡尔显然是不愿意在这个问题上过于高调地多说什么的,因此在这个意义上,"临时的道德准则"的确有应对时局的可能(比如第一条准则)。但是,第二,我们不能忘记笛卡尔在1619年11月10日夜里的第三个梦中的第二首诗《是与否》,对笛卡尔来说,真理的问题是最重要的,或者更准确地说,这是他的一个首要问题。在《第一哲学沉思集》中,笛卡尔在对第二组反驳的答辩中曾这样说道:"涉及意志的相关内容,我一向是将它在生活上的应用和它在思考真理上的作用非常严格地区别开。因为在其日常生活的运用中,我绝不认为应该仅仅遵照非常清楚、分明的认识才能做事,相反,我认为甚至用不着总是等待最有可能出现的事物,而是有时候必须在许多完全不认识和不可靠的事物中选择一个并且决定下来,在这以后,就如同是由于一些可靠的和非常明显的理由而选择出来的那样坚持下去,就像我在《谈谈方法》的第26页中所解释的那样……然而,我的《沉思》一书的唯一目的是思考真理……我对待的不是日常生活,而仅仅是对真理的追求。"①

  由此，最后一个问题的答案也就出现了。笛卡尔的目标是要建构一种"全新的科学"，这种科学的基本特点就是整体性，即我们可以通过一些基本的原理来推导和建构出整个科学知识大树。其中第一哲学或形而上学涉及最基本的知识原理，道德科学是我们可以从这些原理中进一步必然地推导出来的。但是为了建构这样一门"全新的科学"，在具体的行动中，笛卡尔需要准备一套"临时的道德准则"，或行动准则，而且，在有了一些基本的知识原理之后，笛卡尔可以在整个科学大树还没有完全建构起来之时，建构一种具有一定的基础的道德哲学。总之一句话，在笛卡尔那里，道德哲学可以区分为两个不同的层面：一种是作为一门"全新的科学"的必然组成部分，也即以所有别的科学为基础的、作为一种"最高等级的智慧"的道德科学，一种是具体而现实的、不够完善的（临时的道德准则）但可能有一定的理论基础的（1645年之后的）道德哲学。

  [本文原载于《安徽大学学报（哲学社会科学版）》2019年第6期]

---

① Descartes, Méditations métaphysiques, pp.273-274.

论霍布斯的自然状态学说及其当代复活形式

陈建洪

关于人的原初状态,政治哲学史上从来就没有停止过讨论。从柏拉图到罗尔斯,都有关于原初状态的理论和假设。所谓原初状态,通常也叫作自然状态。自然状态就好像一个幽灵,一直在人类政治历史中暗中活动。它之所以是一个幽灵,一方面是因为它有时候被认为是一种理论假设而非一个历史事实,另一方面因为它又始终没有从人类历史和政治知识中退场。

政治哲学家们提出了种种不同的自然状态学说,但是从来就没有完全放弃过自然状态这一概念本身。在政治哲学史上,霍布斯(Thomas Hobbes)的自然状态理论可谓影响深远;它不仅是霍布斯整个政治哲学体系的重要基石,而且奠立了现代政治哲学的理论基础。为了全面地分析和评估霍布斯的自然状态学说,本文主要讨论自然平等和自然状态、自然状态和自然法、自然法和自然、自然状态的双重形式、自然状态的复活,并通过比较霍布斯和施米特政治理论的各自特色强调霍布斯对理性主义和自然法传统的认同。

一、自然平等和自然状态

正如霍布斯的政治理论以他的人性理论作为基础,其自然状态学说立足于他关于人类自然平等的理论。

霍布斯认为,人与人之间自然地平等。为了避免不必要的误解,这里需要指出,霍布斯所说的自然平等不是指在法律上的平等,而是指自然能力上的平等。所谓自然能力上的平等,主要指心身两方面能力的平等。霍布斯的意思当然不是简单地说,所有人生下来就都具有同等强弱的身体和同等聪慧或者同等愚笨的智力。人在心身方面显然生而不平等，也就是说，每个人在身心方面秉赋各不相同。那么，如何解释霍布斯所说人在身心方面的平等呢？霍布斯对这两方面都作了一个解释。就身体而言，他承认人与人的体力差异，但他同时认为，体力最弱者也可以通过密谋或者联合他人而杀死体力最强者。至于智力方面，霍布斯认为这方面比体力更加平等，因为它"不是一种天生的能力"，而是习得的经验。既然它是一种经验，那么"相等的时间就可以使人们在同样从事的事物中获得相等的分量"①。霍布斯关于智力平等的解释也许只有在完全理想的状况下可以解释得通，也就是要假设所有人都具有同样的生活环境。否则，人与人之间必然会产生智力发展方面的差别。其实，还可以套用关于体力方面的分析，愚笨者可通过密谋和联合他人击败聪颖者。这就是霍布斯所说的人在自然能力方面的平等，这种能力平等显然不是指天资方面的完全平等，而是指效果方面的可能平等。

自然能力上的效果平等促使人们希望达成个人目的方面的平等。比如说，你想拥有一样东西，那么我也想拥有那同样的东西。要想达到这方面的完全平等，必须假设自然产出和供给的极大丰富和人性的美好。在这种状态下，人无须艰辛劳动便可丰衣足食，人类也从不会发生争论和混乱的情况。这种原初状态，休谟（David Hume）称之为"诗意的虚构"。与这种田园牧歌式的自然状态相反的情况，休谟则称之为"哲学的虚构"。这种"虚构"的代表学说便是霍布斯的自然状态学说。如休谟所描绘的那样，霍布斯的自然状态是"伴有最极端的必需的相互战争和暴力状态"，也即"一切人反对一切人的没有间断的战争"状态。②

显然，霍布斯的自然状态理论假设了自然产出和供给的缺乏与人性的卑劣。产生愿望达成方面的不平等将不可避免地导致人与人之间的猜忌、恐惧、斗争和征服。在霍布斯看来，这是一种没有安全感的生活，是不幸的生活状态。霍布斯这样描述了这种生活状态的不幸："最糟糕的是人们不断处于暴力死亡的恐惧和危险中，人的生活孤独、贫困、卑污、残忍而短

---

① 霍布斯：《利维坦》，黎思复、黎廷弼译，北京：商务印书馆，1985年，第92页。
② 休谟：《人类理解论》（下），关文运译，北京：商务印书馆，1980年，第534、536页；休谟：《道德原则研究》，曾晓平译，北京：商务印书馆，2001年，第40-41页。休谟把这种哲学虚构回溯至柏拉图和西塞罗，并否认霍布斯是这种观念的创始人。但是，休谟不能否认，自然状态学说确实是经过霍布斯之手才在政治哲学史上变得如此醒目和重要。

寿。"①在这种情况下，为求自保，先发制人便成了最合理的选择，以消除现实的和潜在的威胁，求得自身存在的安全。但这种安全始终是暂时的、转瞬即逝的安全感，因为即使最弱小者也能通过密谋和联合他人杀死最强大者。所以，个人力量并不能保证自身的存活和安全。

霍布斯自然状态理论可以简单概括为如下几大要素。首先，在自然状态下，人与人之间缺乏信任；其次，每个人都依靠自己的心身力量寻求自我保存和安全；因此最终，力量是正当与否的唯一标准。所以，在自然状态下，人类的生活在持久的恐惧和危险之中，因此便不可能获得安全和幸福感。为了获得安全和幸福，人类必须克服这种生活状态。那么人类又如何克服这种恐怖的自然状态呢？通过权威确保理性自然法的现实化。

二、自然状态和自然法

在自然状态下，还没有道德法律上的正义和不义的观念，唯一正当的是竭尽所能保卫自身的生命安全，这可以说是霍布斯意义上的自然正当。但单凭自然正当，人类社会不能获得和平、安全和幸福，所以自然正义不得不转型为社会正义。霍布斯对这种社会正义的定义就是"遵守有效的信约"，非正义的定义也就是"不履行信约"。②但是，如何才能确保立约者都能够遵守信约呢？依靠语词本身、誓言，甚至良心？在霍布斯看来，所有这些都对语词和人性赋予太多的乐观。它们都不足以确保人能够遵守信约，唯一真正值得信靠的是畏惧，也就是"对食言所产生的后果的畏惧"③。也就是说，有一种东西能够在人的心中产生的畏惧如此之大，以致他不敢背信食言；否则，所招致的惩罚将大于他因食言所能获得的好处。霍布斯提到了两种畏惧，一种是对不可见力量的畏惧，也即对宗教力量的畏惧，另一种是对可见力量的畏惧，也即对政治力量的畏惧。关于这两种力量，霍布斯做了两点比较评论。一是，宗教力量虽然较大，但一般来说，对政治力量的畏惧感较对宗教力量的畏惧感为大。二是，在文明社会出现以前，

---

① 霍布斯：《利维坦》，第95页。
② 霍布斯：《利维坦》，第108-109页。
③ 霍布斯：《利维坦》，第107页。

对宗教力量的畏惧占有如此重要地位以致只有它才能使人信守诺言。① 霍布斯虽然没有直言，但是他显然认为在文明社会出现以后，对政治力量的畏惧取代了对宗教力量的畏惧，使人信守所立的契约。

什么是霍布斯所说的文明社会及其政治力量呢？那就是现代国家也就是利维坦及其主权者权威的建立。在自然状态下，不存在对和错、正义和不义这些观念或规则。但是，那里是否就不存在任何意义上的正义？当然，那里还没有道德和法律意义上的是非观念以及关于正义和不义的规则。但是，毕竟有一样东西被认为是自然正当的，那就是"保全自己生命"的自由，这种自由也就是霍布斯所说的自然权利或者说自然正当。具体来说，每一个人都有自由按照自己的判断和理性、运用自己的心身力量并以自己所愿意的方式保全自己的自由和权利。② 但是，在这种状态下，每个人虽然都拥有完全的自然自由，但是也正是这种自然自由的极大化给人带来了不安、恐惧和危险。为了摆脱这种恐怖状态，人与人出于对和平的理性渴望，自愿和相互地出让自己的自然权利。③

人与人因此理性地达成一致，把大家所有的权利和力量付托给一个人或者一个集体，如此"统一在一个人格之中的一群人就称为国家，在拉丁文中成为城邦。这就是伟大的利维坦的诞生。我们在永生不朽的上帝之下所获得的和平和安全保障就是从他那里得来的"。这个伟大的利维坦，就是"按约建立的国家"或者"政治的国家"。统一所有立约者的那一人格就称为主权者。④ 在国家建立以前，人皆以自身善恶为善恶，没有共同的善恶以及正义和不义的观念。在国家建立以后，也就是在人相互出让自身的自然权利之后，人们便需遵守国家所确立的善恶以及正义和不义的观念。国家通过武力威慑和法律惩罚的手段确保人们遵守信约。⑤

霍布斯认为国家的建立是正义与不正义事物存在的先决条件。但霍布斯的说法也引起一定的混淆。一方面，他认为国家及其主权者的确立是正义和不义等观念的先决条件；没有国家的地方就没有不义的事情。另一方

---

① 霍布斯：《利维坦》，第107页。
② 霍布斯：《利维坦》，第97页。
③ 在这个意义上，登特列夫说，"霍布士的政治理论乃是理性主义与个体主义推演到极致的产物"。参见登特列夫：《自然法：法律哲学导论》，李日章译，台北：联经出版社，1984年，第54页。
④ 霍布斯：《利维坦》，第132页。
⑤ 霍布斯：《利维坦》，第109页。

面，霍布斯又断定自然法是永恒不变的。[①]因此，遵守信约作为第三自然法也是永恒不变的法则。从这个角度来看，即便现代意义上的国家尚未建立，自然法作为永恒的法则并没有在原则上失效。唯一合理的解释是，霍布斯认为自然法是永恒不变的法则，但是它们的现实化需要国家及其主权者来确保，否则，自然法则虽然是永恒不变的法则，但只是空洞的、无法进入现实的语词，只是"使人们倾向于和平与服从的品质"[②]。换句话说，虽然霍布斯否认在国家建立以前正义和不正义事物的存在，但是霍布斯显然没有否认自然法以及自然正义作为永恒不变的理性品质。

三、自然和自然法

自然法作为永恒的道德法规，在国家建立之后就成了实际的法律，也就是说成了民约法。由此，霍布斯说："民约法和自然法并不是不同种类的法律，而是法律的不同部分，其中以文字载明的部分称为民约法，而没有载明的部分则成为自然法。"[③]也就是说，国家使作为道德法规的自然法现实化为民约法。如此，人造的现代国家利维坦变成了自然法和民约法之间的纽带，同时也消除了自然法和民约法之间的距离。这是现代自然法的革命性：自然法是自明的理性法，国家是人为理性的成果，世界是人为理性所创造的世界。如此，世界便是人类创造的第二自然。

登特列夫（A. P. d'Entreves）指出，自然法这个概念的模棱含混之处，都可以归因于自然这个概念的模棱含混之处。[④]他描述了自然法观念的变迁。从古至今，在自然法这个名下经过了很多实质变化。古今自然法名同实异，在根本上有天壤之别。虽然与古代自然法一样是永恒的理性法则，现代自然法首先是一种权利学说，以社会契约为基础，具有明显的个人主义特征。后来，由于实证主义和历史主义思想的崛起，19 和 20 世纪的法

---

① 霍布斯：《利维坦》，第 121 页。比较第 271 页："自然法自宇宙洪荒以来一直是法律，不但称为自然法，而且也称为道德法规，是由信义、公道等品德以及一切有益于和平和仁爱的思想习惯组成的。"
② 霍布斯：《利维坦》，第 206 页。
③ 霍布斯：《利维坦》，第 207-208 页。
④ 登特列夫：《自然法：法律哲学导论》，第 5 页。

理学则明确抛弃了自然法，直接宣称"实证法之外，没有法律"①。

自然法概念的意义变迁和自然观念的意义变迁大致吻合。根据科林武德（R. G. Collingwood）的分析，自然观念经历了三次大变化。希腊人把自然看作一个有机体，是"一个自身有'灵魂'或生命的巨大动物，而且是一个自身有'心灵'的理性动物"。这个理性动物的"心灵"是自然界——包括人类世界——的"规则或秩序的源泉"。也就是说，希腊自然是一个能动的理性自然。后文艺复兴的自然观则认为自然"既没有理智也没有生命"，它是一台不能自我运动的机器，是外在于它的心灵的作品，并由后者推动。如此，自然本身并不是自足理性的自然，而是由理性所塑造和推动的自然。现行的自然观则立足于进化论，清除了过去变和不变因素之间的二元论，也就因此清除了不变因素的观念。在这种自然观念下，"变化的背后并没有不变化的基底，也没有变化的发生所遵从的不变化的规律。现在，历史已经把自己造就成了科学"。在这种观念下，自然是永恒变化着的自然。②

霍布斯关于自然状态和自然法的理论，相对应的自然观念显然是后文艺复兴的自然观。利维坦——这个人为产品——的建立是理性法则的人为现实化和对自然状态的克服。在自然状态中，自然法仅是虚的法则，无法得到贯彻；作为理性的动物，人尚未获得理性的生活。在没有公共权力的地方，理性是软弱无力的。在公共权力得以确立的地方，理性法则才能得以现实化。所以，从自然法到民约法的现实化过程，是理性原则通过建造国家这台人造机器得以确立自我的过程。在自然状态下，自然法并无现实约束力；在文明状态下，自然法通过现实化为民约法而具有明确的约束力。建立国家之前，理性法则是空洞的语词，是未能现实化的道德规则。霍布斯国家理论的一大目标便是通过人为建立的权威确保理性法则的现实化。如此说来，霍布斯显然认为理性法则在过去一直未能得以真正的现实化，仅存在于语词或者理想之中。

在霍布斯的政治理论中，自然概念仍然具有一定的含混性。自然状态和自然法两个词里边的自然，所指各有不同。我们可以用理性法来取代自然法，但决不能用理性状态来取代自然状态。当然，自然状态不能简单说

---

① 登特列夫：《自然法：法律哲学导论》，第46页以下及第96页以下。
② 科林武德：《自然的观念》，吴国盛译，北京：北京大学出版社，2006年，第4-15页。

是非理性状态，因为在自然状态下理性并非一无所用，否则人就不可能理性地思考从自然状态中脱身的问题。霍布斯将自然法看作永恒的理性法则，这一点上延续了古代自然法的传统。此外，在他的自然状态理论中，人的自然是有待克服和塑造的材料，人的自然生活有待通过人为的方式理性地转化为政治生活。这种含混性表现了霍布斯的政治哲学与古代政治哲学之间既有断裂又有延续的特征。

四、自然状态的两种形式

自然状态学说是霍布斯整个政治体系的理论基础，也是它所要克服的人类生活状态。自然状态到底只是一个理论假设还是以一定的历史事实作为基础？这一直是个有争论的问题。英国著名法学史家梅因（H. S. Maine）认为霍布斯和洛克一样都"以人类的、非历史的、无法证实的状态作为他们的基本假设"[1]。也就是如休谟所说，霍布斯所描绘的自然状态只是一个哲学虚构，是非历史的理论假设。

霍布斯本人其实提到了两种形式的自然状态。第一种形式是无政府的自然状态，也就是一切个人和个人之间的战争倾向。关于这一形式，霍布斯论述道：

> 也许会有人认为这种时代和这种战争状态从未存在过，我也相信决不会整个世界普遍出现这种状况，但有许多地方的人现在却是这样生活的。因为美洲有许多地方的野蛮民族除开小家族以外并无其他政府，而小家族中的协调则又完全取决于自然欲望，他们今天还生活在我在上面所说的那种野蛮残忍的状态中。[2]

从这一段话来看，霍布斯否认了，他所提出的自然状态学说完全是一个非历史的理论假设。他虽然承认这种状况不会在整个世界普遍地出现，但又坚持这种状况确实有其历史事实基础，并以美洲的原始部落为例。这段话曾经使得20世纪的著名政治理论家施米特（Carl Schmitt）修正了他

---

[1] 梅因：《古代法》，沈景一译，北京：商务印书馆，1959年，第65-66页。
[2] 霍布斯：《利维坦》，第95页。

自己关于霍布斯自然状态学说的具体解释。施米特对霍布斯的解释一直都是历史的解释，这一点没有改变。但是，到底什么是霍布斯自然状态学说所蕴含的历史情势？在这方面，施米特的前后解释有所不同。

在 20 世纪二三十年代，施米特认为，霍布斯理论中的自然状态意指传统封建的宗法体制的无政府状态，霍布斯国家理论的要旨因此是要克服传统的封建和宗法体制以及因宗教信仰纷争所引起的战争状态。[①]在 1950 年出版的《大地的法》之中，施米特修正了他的解释。虽然没有排除原先的解释，但是他增加了一种新的解释：霍布斯意义上的自然状态更可能意指新发现的自由新大陆。施米特所用的一个证据便是前面所引那段霍布斯的文字。他表示在 30 年代他没有将霍布斯的自然状态理论和新世界的发现联系起来。新发现的美洲和大洋由于尚未受到欧洲法权的统治，还是一片完全自由而且可以自由探索的天地，属于欧洲政治和法律原则有待在其中确立自身的自然状态。[②]因此，施米特前后在历史地解释霍布斯自然状态学说时，不仅考虑到了纵向的而且考虑到了横向的历史因素。纵向来看，自然状态学说说明了现代国家出现的传统历史背景；横向来看，它还预示了欧洲法权在新世界的扩张。这是霍布斯自然状态理论的历史意义。

霍布斯对自然状态的第二种形式解释相对简短，所以遭到了普遍的忽视。这种自然状态指的是国与国之间的敌对和战争姿态：

> 在所有的时代中，国王和最高主权者由于具有独立地位，始终是互相猜忌的，并保持着斗剑的状态和姿势。他们的武器指向对方，他们的目光互相注视；也就是说，他们在国土边境上筑碉堡、派边防部队并架设枪炮；还不断派间谍到邻国刺探，而这就是战争的姿态。[③]

显然，国家与国家之间始终处在自然状态，因为国家与国家之间并无更高的公断者和裁决者。这其实是古往今来国际关系的一个现实写照。在一定程度上，这种自然状态形式比前一种自然状态形式更为历史也更为现

---

① Carl Schmitt, On the Three Types of Juristic Thought. Joseph W. Bendersky (trans.). Westport [Conn.]: Praeger, 2004, pp.62, 74; Idem, The Leviathan in the State Theory of Thomas Hobbes. George Schwab and Erna Hilfstein (trans.). Westport[Conn.]: Greenwood Press, 1996, p.43.

② Carl Schmitt, The Nomos of the Earth in the International Law of the Jus Publicum Europaeum. G. L. Ulmen (trans.). New York: Telos Press, 2003, pp.96, 97n21.

③ 霍布斯：《利维坦》，第 96 页。

实。没有人比施米特更了解这一点，其政治理论的核心就在于淋漓尽致地发挥了霍布斯轻描淡写并因此备受忽视的第二种自然状态形式。

五、自然状态的复活

霍布斯简单提到的国家与国家之间的战争姿态，在施米特的政治理论中得到了无以复加的重视和强化。施米特把政治定义作敌我分明的意识，并认为现代公法体系的主要根基就在于这种政治意识。需要强调的是，《政治的概念》主要"关系到国家理论问题以及国际法和国与国之间的论题"[①]。国与国之间的关系仍然处在自然状态之下，这是一个无可否认的事实。施米特政治理论盯紧的正是这一个政治事实，而且要证明这一种政治事实是人类无可逃避的宿命。施米特经常被人称为是20世纪的霍布斯；从这个角度来看，这个说法不无道理。没有一个当代政治理论家比施米特更好地领悟并且复活了霍布斯的自然状态学说。

施米特的政治概念在精神上承续了霍布斯自然状态学说的要旨。在霍布斯所描绘的自然状态中，人与人之间弥漫着一种警惕和不安，每个人都得依靠自身力量来保卫自身的存在和安全。同样地，在施米特所描绘的政治状态中，国家和国家之间也同样地弥漫着警惕和不安，每个国家都得靠自身力量自我保全。霍布斯所描述的自然状态是一种所有人对所有人的战争倾向。施米特的政治状态也是一种战争倾向。霍布斯所描写的自然状态侧重于个人与个人之间的无政府状态；施米特所强调的政治状态则侧重国家与国家之间的自然平等状态。

同时，施米特的政治概念也进一步发挥了霍布斯的自然状态理论，尤其侧重深化了霍布斯着墨不多的第二种自然状态，也就是国家与国家之间的敌对和战争姿态。出于对这种自然状态的洞察，施米特指出，"只要一个民族尚存在于这个政治世界中，这个民族就必须……自己决定谁是朋友，谁是敌人。这乃是一个民族政治生存的本质所在。一旦它不再拥有做出这种划分的能力或意志，它将在政治上不复存在"[②]。更为冷酷的事实是，"即

[①] 施米特：《政治的概念》，刘宗坤等译，上海：上海人民出版社，2003年，第119页。
[②] 施米特：《政治的概念》，第166-167页。

使一个民族不再拥有生存于政治领域的能力或意志，政治领域也不会因此从世界上消亡。只有弱小的民族才会消亡"①。

所以，施米特的政治概念是霍布斯的自然状态概念的彻底化形式。它提醒并且教导人类这样一个残酷的事实：人类生活从来就没有摆脱自然状态。霍布斯的自然状态是一种恐怖状态，因此其政治理论的目的在于令人摆脱这种无休止的恐怖状态，其方法则是通过理性地自由立约建立共同的政治主权权力来约束人们的自然自由。然而，主权与主权之间仍然处于群龙无首、弱肉强食的自然状态，因为在主权与主权之间并不存在一个更高的主权决断者。这也是霍布斯政治理论的一个矛盾。建立利维坦——也即现代国家——的目的在于克服人与人之间的自然状态，然而国与国之间仍然处于自然状态。在现代政治理论中，有两种解决这个矛盾的方案。一种方案是建立一个超级利维坦，也就是黑格尔意义上的世界国家，或者建立一个无阶级的自由社会，以克服国与国之间的自然状态。第二种方案就是施米特的解决办法。施米特的解决办法其实是消极的办法。他否认了建立超级利维坦的可能性，而且否认人类可以摆脱或者克服自然状态。他断定自然状态是一个幽灵，是人类生活的宿命，始终不离不弃人类的政治生活。也就是说，政治敌意是人类的宿命。无论是关于黄金时代、伊甸园还是天下大同的美好设想，都无法令人摆脱政治的事实。在政治面前，人类无处可逃；唯一的正确态度就是直面残酷的政治。可以说，施米特逆向解决了霍布斯政治理论中的矛盾。

六、结论

由于施米特只是逆向解决了霍布斯政治理论中的矛盾，他的政治理论也可以说只在消极意义上复活了霍布斯自然状态学说的精神。施米特的政治状态和霍布斯的自然状态一样，都是一种非常状态，是一种例外状态。施米特对非常状态的强调，淋漓尽致地发挥了霍布斯的自然状态概念。但是，较霍布斯而言，施米特是一个更为决绝的政治现实主义者。在霍布斯那里，自然状态只是一个负面的概念，是有待克服的状态。对自然状态的

---

① 施米特：《政治的概念》，第169页。

克服也就是文明状态的建立。在施米特那里，自然状态——施米特意义上的政治——是需要肯定的概念，是人类需要勇敢正视的宿命。

施米特只认可霍布斯自然状态意义上的自然，而否认霍布斯自然法意义上的理性自然。前一种意义上的自然是一种非常状态，是例外状态。后一种意义上的自然则是正常状态，是理性状态。如登特列夫指出，自然在罗马法中有正常之意："再三出现于（查斯丁尼）文句中的 natura hominis（人之自然）、natura rei（事物之自然），这类字眼，似乎不过是指人类和事物之'正常'情况。反之，contra naturam（反自然）则指不正常；有一个地方就把疾病描述为身体直'不自然'的情况。"①自然法中所包含的理性引导人类走向正常的理性生活。霍布斯始终坚持自然法也就是理性法的永恒有效性，即便它在没有武力保障的情况下只是一句空话。在这个意义上，霍布斯依然在一定程度上秉承了自然法的理性传统。施米特则完全否认了有什么永恒不变的自然法。即便有，也可能是一种政治工具而非人人皆须遵守的理性法则。所以，施米特的政治概念不是全面地复活，而是有选择地复活了霍布斯的自然概念。他紧紧盯住霍布斯自然状态意义上的自然，而轻松地放掉了霍布斯自然法意义上的自然。因此，施米特对政治概念的清晰肯定取代了霍布斯运用自然概念时所具有的含混模糊。

（本文原载于《学术月刊》2008 年第 6 期）

---

① 登特列夫：《自然法：法律哲学导论》，第 24 页。

身体的躯体化如何可能

——胡塞尔交互主体性现象学的核心问题之一

郑辟瑞

在与交互主体性相关的语境中，胡塞尔（Edmund Husserl）多次讨论了身体（Leib）如何被构造为一个躯体（Körper）的问题。在他大量的手稿中，我们可以看到对这一问题的不同表达："澄清身体作为物理身体如何构造起来的，这是一个从根本上需要深入思考的基础问题。"①"在他者的渐隐（Abblendung）下，一般来说是否可以设想，空间在完全意义上作为躯体性形式构造起来，更进一步说，我的身体具有躯体性的属性，像外部躯体那样？"②

大约从1913年的收录在《纯粹现象学与现象学哲学的观念》第2卷中关于身体的具体研究开始③，胡塞尔终其一生不断地回到这个问题上来。与此形成鲜明对比的是胡塞尔并没有为此提供一个特殊的术语，而通常是在躯体的"统觉""立义""构造"或者"客体化"这样一些一般性的概念下展开。本文则采纳在相关研究中通行的术语"躯体化（Verkörperung，

---

① 胡塞尔著，耿宁编：《胡塞尔全集》第14卷《交互主体性现象学》第2卷，海牙：马尔梯努斯·奈伊霍夫出版社，1973年，第77页。这段话出自1921年或者之后的一份文稿。

② 胡塞尔著，耿宁编：《胡塞尔全集》第15卷《交互主体性现象学》第3卷，海牙：马尔梯努斯·奈伊霍夫出版社，1973年，第659页。这段话出自大约1934年3/4月的一份文稿。

③ 弗朗克（Didier Franck）认为胡塞尔对此问题的讨论始自1921年，"1921年之后，从唯我态度的角度来看，将身体作为一个物理事物的构造被视为是成问题的"。参见弗朗克著，里维拉、戴维森译：《身体与躯体——论胡塞尔的现象学》（Flesh and Body. On the Phenomenology of Husserl），布鲁斯伯格，2014年，第83页。但是《纯粹现象学与现象学哲学的观念》第2卷对身体构造的分析，首先已经限定在"唯我的经验""唯我的主体"的领域之中。

incorporation, physicalization)"①，用以表达身体作为躯体的构造。

一

身体的躯体化是在交互主体性的语境中，并且首先是在向本己领域或者原真（Primordinal）领域的还原语境中成为问题的。然而，胡塞尔对这一在超越论的还原之后的第二次还原的界定本身是含混的，一些学者甚至在《笛卡尔式的沉思》的第五沉思中看到了这种歧义。比如，耿宁先生区分了两种"原真领域"②，并且在最近的一次讲座中增加了一种他认为不可能的作为一个发生概念的"原真领域"③；史密斯则几乎在同样的意义上区分了两种"本己领域"④——尽管两位学者的偏向正好相反。

事实上，胡塞尔本人已经注意到，并且明确地区分了两种还原和与之相关的两种本己领域。在一份出自1929年10/11月的文稿中，他明确提出："唯我地还原了的世界不要和原真的世界混淆，或者说，唯我的还原不要和原真的还原混淆。"⑤两种还原的区分主要在于是否将陌生经验（胡塞尔也常常使用"同感[Einfühlung]"这一概念）本身也抽象出本己领域，原真的还原"是从我在经验上有效的世界向着我'原本地'经验和能够经验的世界的还原……原真世界包含了所有我的在同感中的经验体验，但不包括在其中即便合法地经验到的他者"⑥。与原真还原了的世界相关的是我的原本经验，和我的其他体验一样，同感作为我的体验本身恰恰是被我

---

① 我们想到的是托依尼森（Michael Theunissen）、弗朗克和史密斯（A. D. Smith）。分别参阅托伊尼森：《他人——当代社会本体论研究》（Der Andere. Studien zur Sozialontologie der Gegenwart）第2版，柏林，纽约：格鲁伊特，1977年，第65页；弗朗克著，里维拉、戴维森译：《身体与躯体——论胡塞尔的现象学》，第83页；史密斯：《劳特里奇哲学指南：胡塞尔与〈笛卡尔式的沉思〉》（Routledge philosophy guidebook to Husserl and the Cartesian Meditations），劳特里奇，2003年，第224页。
② 参阅耿宁：《胡塞尔的交互主体性现象学思考》，倪梁康等译：《心的现象——耿宁心性现象学研究文集》，北京：商务印书馆，2012年，第287-288页。
③ 参阅耿宁：《胡塞尔的交互主体性现象学》（Husserl's phenomenology of intersubjectivity）第1章第1节。这篇长文是耿宁先生于2014年在奥斯陆的讲座稿。本文中所引用的中文译文均来自郁欣的中译未刊稿，在此感谢张伟提供本文的英文原稿和中文译稿，感谢郁欣允许我引用她的中文译文。
④ 参阅英史密斯：《劳特里奇哲学指南：胡塞尔与〈笛卡尔式的沉思〉》，第215-220页。
⑤ 胡塞尔著，耿宁编：《胡塞尔全集》第15卷《交互主体性现象学》第3卷，第51页。
⑥ 胡塞尔著，耿宁编：《胡塞尔全集》第15卷《交互主体性现象学》第3卷，第51页。

原本地经验的。胡塞尔这一"原真的还原"概念在《笛卡尔式的沉思》的第五沉思中占据主导地位,他在那里多次强调"指向陌生者的意向性""关于陌生者的意识"仍然属于本己领域,被排除的是它的"构造成就""综合成就"。

与原真的还原不同,唯我的还原是向着尚不具有陌生意识的自我的还原,它在意识的发生上先行于陌生意识的出现。在一份出自1927年2月的文稿中,胡塞尔在"虚构发生"的名义下从否定意义上描述了唯我的世界。他写道:"假设有一个原本世界构造起来,没有陌生主体,或者说,没有在它之中出现的陌生身体,在它之中只有我的身体和外部事物;假设,现在在这个原本的周围世界中,一个'陌生的身体躯体(Leibkörper)'为我出现,那么对这个陌生躯体和本己的身体躯体之间的相似性的经验必定会动机引发什么?对陌生躯体的感知在多大程度上动机引发对一个第二主体性的统觉,并且扩大到对另一个人的感知?"①在《笛卡尔式的沉思》的第五沉思中,唯我的还原有时在"抽象的悬搁"这一概念上得到表达,它意味着"主题性地排除陌生经验的构造成就以及与之相关的一切关涉陌生者的意识方式"②。这里被排除的不仅是作为同感中被构造的他者以及奠基于此的客观世界、高阶文化客体,也包含与之相关的意识方式。

但是,在《笛卡尔式的沉思》的第五沉思的大多数情况下,胡塞尔强调的是原真的还原。与此相关,胡塞尔坚持《笛卡尔式的沉思》的第五沉思中对同感的思考仍然是在静态现象学之中,是"一种静态的分析"③。换句话说,是在对同感的反思中描述作为当下化行为的同感中多阶次的奠基结构,而主导性的问题就是"我的自我在其本己性内部如何能够在'陌生经验'的标题下恰恰构造出'陌生者'"④。与之不同,在一个同感经验被排除或者尚未出现的本己领域的基础上,人们无法在反思中对它进行现象学的描述,毋宁说问题是唯我的自我如何在唯我的世界中、在经验的进展中,"将新的意义占为己有……这样,在我之中产生出一些经验动机引发,

---

① 胡塞尔著,耿宁编:《胡塞尔全集》第14卷《交互主体性现象学》第2卷,第477页。
② 胡塞尔著,施特拉塞尔编:《胡塞尔全集》第1卷《笛卡尔式的沉思与巴黎讲演》,第2版,海牙:马尔梯努斯·奈伊霍夫出版社,1973年,第126页。
③ 胡塞尔著,施特拉塞尔编:《胡塞尔全集》第1卷《笛卡尔式的沉思与巴黎讲演》,第2版,海牙:马尔梯努斯·奈伊霍夫出版社,1973年,第136页。
④ 胡塞尔著,施特拉塞尔编:《胡塞尔全集》第1卷《笛卡尔式的沉思与巴黎讲演》,第2版,海牙:马尔梯努斯·奈伊霍夫出版社,1973年,第126页。

同感借助于它们而出现"①。这样，与唯我的还原相关的交互主体性问题首先是唯我的自我如何在唯我世界中动机引发出对他者的同感经验，胡塞尔谈及唯我的自我成为世间的人和唯我的世界成为人的世界的"发生（Genesis）"②。在这个意义上，尽管胡塞尔没有明确表述，我们仍然可以将原真的还原与唯我的还原分别视为进入交互主体性的静态现象学和发生现象学在方法上的不同路径。

黑尔德（Klaus Held）较早注意到胡塞尔交互主体性理论的发生现象学面向"超越论现象学的交互主体性问题在本性上是发生的"③。因为，当胡塞尔讨论非主题性的他者意识和它的主题化之间的关系时，他事实上已经在意识历史的意义上谈及了两者在时间上的动机引发关系，他者由已出现的活动假定了意义历史上的一个没有共同主体的相位，"然后，原真还原绝不仅仅是单纯方法上的人为概念，而是在意识生活中向一个更早相位的回溯；因为对原真性的跨越是一种主动发生。结论：在意识生活的开端处存在着一位超越论的鲁滨逊"④。在黑尔德看来，当胡塞尔借助于"原始促创（Urstiftung）"概念来分析类比转移活动时，他已经是在发生现象学的领域之中活动了。

黑尔德对胡塞尔的批评遭到了伦普（Georg Römpp）的反批评。在他看来，黑尔德对胡塞尔的诊断不仅与胡塞尔本人的意向相左，而且也是将并无必要的发生现象学思路强加给了胡塞尔，而且"以这种方式，胡塞尔哲学的超越论主张也会大大受损"⑤。在我们看来，伦普或许在过于狭窄的意义上来理解胡塞尔的"超越论的"了。根据以上胡塞尔对于一方面原真的还原和原真的世界，另一方面唯我的还原和唯我的世界的区分，我们

---

① 胡塞尔著，耿宁编：《胡塞尔全集》第15卷《交互主体性现象学》第3卷，第51页。
② 胡塞尔著，耿宁编：《胡塞尔全集》第15卷《交互主体性现象学》第3卷，第51页。
③ 黑尔德：《交互主体性的问题域现象学的超越论哲学的观念》（Das Problem der Intersubjektivität und die Idee einer phänomenologischen Transcendentalphilosophie），克莱斯格斯、黑尔德编：《超越论现象学研究的种种视角》（Perspektiven transzendentalphänomenologischer Forschung），海牙：马尔祥努斯·奈伊霍夫出版社，1972年，第49页。
④ 黑尔德：《交互主体性的问题域现象学的超越论哲学的观念》（Das Problem der Intersubjektivität und die Idee einer phänomenologischen Transcendentalphilosophie），克莱斯格斯、黑尔德编：《超越论现象学研究的种种视角》（Perspektiven transzendentalphänomenologischer Forschung），海牙：马尔祥努斯·奈伊霍夫出版社，1972年，第49页。
⑤ 伦普：《胡塞尔的交互主体性现象学》（Husserls Phänomenologie der Intersubjektivität），波士顿：克鲁维尔学术出版社，1992年，第37页。

有理由赞同倪梁康先生的公允之论:"黑尔德从发生构造观点出发的阐述方法有其可取之处:对于一个不具备超越论观点的读者来说,它所具有的在引导读者进入现象学之门这方面的意义是显而易见的。"①这样,问题不在于辨析胡塞尔的交互主体性现象学是静态的还是发生的,而是承认两条思路的共存,并且在胡塞尔复杂的文本中厘清这两条思路以及各自所获得的成果。

依据上述两条路径,身体的躯体化问题呈现出不同的面向。更确切地说,只有在唯我的还原和对同感的发生现象学研究中,由于与类比统觉的可能性相关,身体的躯体化才可能与他者的构造陷入循环论证的悖谬之中。也就是说,胡塞尔之所以反复回到身体的躯体化问题上来,也正是因为他意识到了这一可能的困境,并且不断尝试寻求一种可能性:在唯我的世界中,在不预设共同主体的情况下,唯我的自我作为"超越论的鲁滨逊"仅仅依赖自身也能够进行身体的躯体化。

二

现在,让我们回到问题的发生之处。我们首先需要区分身体构造与躯体构造。

胡塞尔认为:向本己领域的还原并非排除了世界本身,而是说,随着陌生意识的成就被悬搁,世界本身也失去了其客观性,但我们仍然能够称它为"世界",或者"单纯自然",倘若它仍然是在现时和潜在的意识中一致性相合活动的构造性产物。但是,这一自然并不是一个同质的空间,它唯一的异质性因素就是我的身体,"然后,在这一自然的诸本真把握的躯体中,我唯一卓越地发现了我的身体,也就是说,作为唯一的身体,它不仅仅是躯体,而且恰恰是身体"②。

身体构造和躯体构造具有完全不同的特征。胡塞尔对躯体的基本规定是空间性和感官性,躯体的本质是广延性,而这依赖于在感官感觉和动感的基础上进行的立义、统觉。总体而言,躯体是杂多"感性显现"在一致性相

---

① 倪梁康:《意识的向度——以胡塞尔为轴心的现象学问题研究》,北京:北京大学出版社,2007年,第141页,注释1。

② 胡塞尔著,施特拉塞尔编:《胡塞尔全集》第1卷《笛卡尔式的沉思与巴黎讲演》,第128页。

合活动中的综合统一体。与之不同，身体构造依赖于感觉态（Empfindnis）的定位（Lokalisation），"原初地，身体本身只能在触觉和所有通过触感觉而得到定位的东西，比如暖、冷、疼等等中才构造起来。此外，运动感觉扮演了重要的角色"①。在身体的构造中，触觉具有优先地位，这是因为唯有触觉具有双重立义的特征，触摸者可以在注意力的转向中成为被触摸者，但观视者并不能同时成为被观视者，在触觉中，"同样的触感觉被立义为'外部对象'的标记，并且被立义为身体—客体的感觉"②。用胡塞尔的例子来说，我用手指触摸镇纸，对于同样的触感觉，我既可以立义为镇纸的光滑、精细，也可以在注意力的转向中将它立义为触感觉在手指上的定位，并且，触感觉的定位具有相对的独立性，触感觉可以在手指离开镇纸之后仍然保留。胡塞尔常常谈及的"双重感觉"比如左手触摸右手，则更为分明地显示了身体构造的特殊性和独立性，在这里，触摸者同时是被触摸者。

这样，身体首先被构造为触觉的"身体用作了一个触觉器官系统"③，"眼睛也是定位场，但只是对于触感觉来说，并且正如主体的每一'自由运动的'器官对于肌肉感觉来说是定位场"④。各种其他的感觉，比如愉悦、舒适等，都依赖于触感觉，冷、暖、疼的感觉而间接得到定位，其中对于感知来说，动感具有优先地位。每一个器官都包含了一个动感系统，"每一个感知器官在感知功能——它通过'我运动'来运行——中都具有一种与感知场的确定统一性"⑤。感官感觉与动感的统一能够成就意识的现时性与潜在性之间的相互转化，从而使空间对象的构造得以可能。

胡塞尔在多个地方谈及身体构造的特殊性，并且赋予了身体相对于躯体的不同规定性，但这些规定性显然都首先依赖于身体构造中感官感觉与动感的定位，这一点使得身体的规定性不同于躯体的空间性和感性，"事实

---

① 胡塞尔著，比梅尔编：《胡塞尔全集》第4卷《纯粹现象学与现象学哲学的观念》第2卷，海牙：马尔梯努斯·奈伊霍夫出版社，1952年，第150-151页。
② 胡塞尔著，比梅尔编：《胡塞尔全集》第4卷《纯粹现象学与现象学哲学的观念》第2卷，海牙：马尔梯努斯·奈伊霍夫出版社，1952年，第147页。
③ 胡塞尔著，比梅尔编：《胡塞尔全集》第4卷《纯粹现象学与现象学哲学的观念》第2卷，海牙：马尔梯努斯·奈伊霍夫出版社，1952年，第68页。
④ 胡塞尔著，比梅尔编：《胡塞尔全集》第4卷《纯粹现象学与现象学哲学的观念》第2卷，海牙：马尔梯努斯·奈伊霍夫出版社，1952年，第148页。
⑤ 胡塞尔著，耿宁编：《胡塞尔全集》第14卷《交互主体性现象学》第2卷，第448页。

上，感觉态的定位在原则上不同于一切物质事物规定性的广延"①。胡塞尔通常将身体的规定性总结为三点：（1）躯体的感性规定性不同于身体的感觉态，躯体的感性规定性是通过感性图式和映射复多体而构造起来的。当我看我的手时，随着手的远离和拉近，它的颜色会有不同的显现，但在手上定位的触感觉并不会这样，它与感性图式无关。从这一方面，我们可以将身体规定为感觉态的承载者；另一方面，与动感相关，感觉态的定位也呈现出某种"伸展（Ausbreitung）"，但这不同于躯体在空间中的"延展（Ausdehnung）"。与之相关的是（2）身体具有在定向（Orientierung）上的零点（Nullpunkt），它是定向中心（Orientierungszentrum），是"中心的这里"（zentral Hier），而一切其他事物都依据身体而获得定向，并且在此基础上构造起它们的客观场所（Ort）。（3）同时，身体的运动因为伴随的动感而被把握为自我意志的自发或者自由运动，而躯体的运动则首先是在因果关联域中的机械运动。

身体构造相对于躯体构造具有优先性。胡塞尔有时称身体构造为身体学的感知（somatologische Wahrnehmung），"它显然是优先的，并且对于我自己作为起作用的我来说，它自在地是首要的，而将我的身体作为物理事物的立义、'感知'则是次级的"②。身体构造无须奠基于相关的躯体构造之上。

三

然后，我们进入交互主体性现象学的语境之中。

胡塞尔称为"同感"的陌生经验包含了多个环节，其中的一个中介性环节是类比统觉（analogische Apperzeption）。在还原后的本己领域中只有唯一的身体，也就是我的身体，对他人的构造首先是建立在对我的感知领域中出现的一个躯体的构造基础上，依赖于某种统觉转移（apperzeptive Übertragung），它将我的身体的意义转移至这一躯体之上，而它又需要在我的身体躯体和感知领域的这个躯体之间建立起某种类比关联。更进一步

---

① 胡塞尔著，比梅尔编：《胡塞尔全集》第 4 卷《纯粹现象学与现象学哲学的观念》第 2 卷，海牙：马尔梯努斯·奈伊霍夫出版社，1952 年，第 149 页。

② 德胡塞尔著，耿宁编：《胡塞尔全集》第 14 卷《交互主体性现象学》第 2 卷，第 61 页。

说，这里可以分为两个步骤：第一，首先需要建立起两者的相似性，"只有在我的原真领域内部将那里的那个躯体与我的躯体结合起来的相似性，才能为将前者作为另一个身体的类比化立义提供动机引发的基础"①。第二，在本己领域中，我的身体通过躯体化而作为一个和其他躯体一样的躯体而被同等看待，"对为我存在的他者的构造预设了将我的身体构造为像其他事物那样的躯体性事物"②。从发生上来看，意义的类比统觉总是回溯至一个意义的"原始促创"。看起来，在同感的发生中，我的身体的躯体化正是这一"原创性的原本之物"③。

但是，令胡塞尔备受困扰的是：在本己领域中，身体的躯体化看起来是不可能的，它恰恰需要预设同感，因而唯有对于他者来说，我的身体才能被构造为一个躯体。"无论如何，本己身体不能被我自身，而只能被一个他者现实地和本真地作为物理事物来感知。"④我们在这里看到了一个循环论证：一方面，为阐明对他人的构造、"同感"，我需要将我的身体躯体化，即将它构造为其中一个躯体，以便借助于与我感知域中的躯体的相似性而进行类比统觉和"身体"意义的转移；但是另一方面，身体的躯体化在本己领域中无法完成，它需要他人的视角。借用萨特的说法，身体除了"为我"的维度，还有"为他"的维度。这样，身体的躯体化和同感之间就形成了一个循环论证⑤。

早在《纯粹现象学与现象学哲学的观念》第2卷中，胡塞尔就已经围绕感官感觉和动感提出身体的躯体化的三种问题和可能的出路。问题提出的一个前提是，胡塞尔自觉地将讨论限定在了"唯我的主体""唯我的经验"之中。对于这三条道路，我们暂时预先称为身体的躯体化的"显现"道路、"运动"道路和"定向"道路，它们分别对应于上述身体相对于躯体而具有的三种特殊规定性。

从躯体通过感官感觉的显现方面来看，因为我无法远离我的身体，或者说与我的身体保持某种距离，所以我无法施行对整体身体的映射性感知，

---

① 德胡塞尔著，施特拉塞尔编：《胡塞尔全集》第1卷《笛卡尔式的沉思与巴黎讲演》，第140页。
② 德胡塞尔著，耿宁编：《胡塞尔全集》第15卷《交互主体性现象学》第3卷，第260页。
③ 德胡塞尔著，施特拉塞尔编：《胡塞尔全集》第1卷《笛卡尔式的沉思与巴黎讲演》，第141页。
④ 胡塞尔著，耿宁编：《胡塞尔全集》第14卷《交互主体性现象学》第2卷，第62页。
⑤ 史密斯对此循环论证有过类似的表达，参阅史密斯：《劳特里奇哲学指南：胡塞尔与〈笛卡尔式的沉思〉》，第224页。

从而将其作为一个躯体来构造；相反，"我只能以独特的透视缩短法看见某些躯体部分，并且其他躯体部分（比如头部）一般来说对于我自己是不可见的"①。在躯体，或者说空间性事物的构造中，事物总是以映射的方式被给予，总是被角度化，"但是我的整体身体不可能角度化，不可能具有'近'和'远'的被给予方式"②。这样，身体只能以受限的方式被不完整地构造为一个事物。

身体躯体化的显现道路显示出比较明显的困难。大多数学者认为这条道路荆棘丛生，难以通行。但是，尽管深怀疑虑，胡塞尔晚年仍然保留了这方面的尝试。在一份出自大约1931年8月的文稿中，胡塞尔讨论了视觉和触觉的共现的可能性。如上所述，我不能全面完整地看见我的身体，但是通过触摸，我的身体能够被构造起来，我能够触摸我看不到的身体部分。胡塞尔坚持视觉在躯体、空间性事物的构造中的优先地位，单单触觉无法构造一个正常的空间性事物，因为它并不角度化，"在触觉领域中：在这里我们没有任何视角"③。因而，我们可以尝试通过视觉在触觉中的共现，完成对整个躯体的构造。比如，我能够在视觉和触觉中感知我的手背，两者形成了某种联想关系。借助于此，我可以在对我的背部的触摸基础上共现我事实上看不到的背部的视觉形态，从而共现整个躯体。问题在于，我的背部无法在直观中原本地被给予，因而无法在原始促创活动中建立起我的背部的视觉形态和触觉形态之间的联想关系。正如胡塞尔所指出的："但是对于同感来说，困难恰恰就在于理解：当我缺乏相应的体现权能时，共现应该如何可能？"④难道"背"的意义不恰恰包含了"不可见"吗？身体躯体化的显现道路依然无法通行。

四

在《纯粹现象学与现象学哲学的观念》第2卷中，胡塞尔对从运动方

---

① 胡塞尔著，比梅尔编：《胡塞尔全集》第4卷《纯粹现象学与现象学哲学的观念》第2卷，第159页。
② 胡塞尔著，耿宁编：《胡塞尔全集》第15卷《交互主体性现象学》第3卷，第269页。
③ 胡塞尔著，耿宁编：《胡塞尔全集》第14卷《交互主体性现象学》第2卷，第37页。
④ 胡塞尔著，耿宁编：《胡塞尔全集》第15卷《交互主体性现象学》第3卷，第246页。

面进行的身体的躯体化抱有更大的信心。在显现方面遭遇到困难之后,胡塞尔宣称:"尽管如此,如果我们将它(指身体——笔者)立义为一个实在事物,那么这取决于,我们发现它成为物质自然的因果关联中的一个环节。"① 在一些并非由我做出,而是对我做出的"被运动"中,比如我的手被推动,我缺乏"自运动",我经验到的是身体的机械运动。这一经验也可以在一些自发性场合中获得。在这些场合中,主观运动(自运动)和机械运动(被运动)在身体的某个肢节上相合同一,"每一'我运动手'都同时是机械运动"②。胡塞尔提及"一只手放在另一只手上"③,认为它可以是一个有重量的物体放在我的手上的一个个例,通过排除相关的压力感和疼痛感,我获得了"一个物体压另一个物体"的物理现象,双手关系被把握为一种机械过程,并且被置入整体的因果关联之中。

然而,运动道路会遭遇和显现道路类似的问题。如果说身体的部分肢节能够有着主观运动和机械运动的相合,这却并不适用于作为整体的身体。在一份出自1921年或者稍后的文稿中,胡塞尔对身体躯体化的运动道路提出了质疑。一个直接的理由是我无法感知我的身体由近至远的运动,我也不能像对待其他事物那样接近或者远离我的身体,而如果我要如此设想,那么这就已经预设了"他者的目光"④。基于此,弗朗克敏锐地注意到我们有必要区分身体和器官,身体的躯体化所表达的"不是处于相互关系之中的器官,而是它们为其器官的身体需要被构造为躯体(这就是为什么器官概念需要被放弃)"⑤。

胡塞尔设想的第三条身体的躯体化道路关系到身体和躯体在定向中的不同特征。在《纯粹现象学与现象学哲学的观念》第2卷中,胡塞尔并未质疑身体借助于定向中角色的变化而进行的躯体化,而是直接主张主体在处于中心的这里的同时,也具有一个可变化的客观场所,然后对于如何能够赋予自我这样一种"客观场所"则保持沉默。但是,在《笛卡尔式的沉思》的第五沉思中,胡塞尔给出了肯定的描述。在定向中,我的身体是中

---

① 胡塞尔著,比梅尔编:《胡塞尔全集》第4卷《纯粹现象学与现象学哲学的观念》第2卷,第159页。
② 胡塞尔著,耿宁编:《胡塞尔全集》第14卷《交互主体性现象学》第2卷,第75页。
③ 胡塞尔著,比梅尔编:《胡塞尔全集》第4卷《纯粹现象学与现象学哲学的观念》第2卷,第160页。
④ 胡塞尔著,耿宁编:《胡塞尔全集》第14卷《交互主体性现象学》第2卷,第77页。
⑤ 弗朗克著,里维拉、戴维森译:《身体与躯体——论胡塞尔的现象学》,第83页。

心的这里，其他躯体，包括他者的躯体总是相对于并且围绕着这个这里而具有那里的样式。在这一语境中，身体如何被构造为一个和其他运动的自然躯体一样的躯体，这就依赖于如下可能性："我能够通过我的动感的自由变换，并且尤其通过转来转去的自由变换而改变我的位置，这样，我仿佛能够将任何的那里转变为一个这里，也就是说，在身体上占据任何空间场所。"①如果这一转变是可能的，那么它就会唤起我去设想：如果我在那里，那么我的躯体外表会是怎样？

在一份大约出自1914年的文稿中，胡塞尔曾经考虑：如果我能够同时在这里和在那里，那么我就能够从那里看我自己，这样，我的躯体就能够被构造为一个具有完整规定性方面的躯体。胡塞尔将这种可能性称为我的"双重化（Verdoppelung）"，然而"我先天地不能同时在这里和在那里"②。我们并不清楚我的"双重化"是否仍然预设了他者的目光，但至少清楚的是，它预设了身体在定向方面的躯体化，因为它需要"这里"和"那里"的同质性，以便两者可以相互转换。

在这个问题上，弗朗克再次展现出他的明察：胡塞尔在使用中区分了"绝对的这里"和"中心的这里"。尽管胡塞尔并没有明确提出这一区分，这可以算是胡塞尔言行不一的又一个例子。弗朗克进一步将这一区分与身体和躯体性身体（körperliche Leib）[胡塞尔使用的其他同等意义上的术语还有：躯体身体（Körperleib）、身体躯体（Leibkörper）]的区分联系起来，"作为一般规则，绝对的这里刻画了身体，而中心的这里刻画了躯体性身体"③。在我看来，这是弗朗克在《身体与躯体》这本书中最重要的明察。如果说"中心的这里"尽管在定向上具有优先性，但依然是相对的，那么"绝对的这里"毋宁说是非空间的，"通过这个这里，任何空间中的这里和那里才能有意义。这样，它不属于这里和那里总是能够交换的空间。简而言之，这个这里不在客观的和交互主体的空间之中，这一空间是同质同形的"④。更进一步说，它甚至是反空间的，弗朗克别出心裁地将"零（Null）"译成"消零（annulé, cancelled）"而非作为数字的"零（zéro, zero）"，是

---

① 胡塞尔著，施特拉塞尔编：《胡塞尔全集》第1卷《笛卡尔式的沉思与巴黎讲演》，第146页。
② 胡塞尔著，耿宁编：《胡塞尔全集》第13卷《交互主体性现象学》第1卷，第264页。
③ 弗朗克著，里维拉、戴维森译：《身体与躯体——论胡塞尔的现象学》，第120页。
④ 弗朗克著，里维拉、戴维森译：《身体与躯体——论胡塞尔的现象学》，第120页。

因为后者已经预设了交互主体性①。在本己领域中，我的身体作为消零躯体仿佛黑洞吸收了一切外部性，因而这是"一个没有空间的世界"②。基于此，弗朗克重新解读了《笛卡尔式的沉思》的第五沉思中关于"身体的躯体化"最重要的段落。

让我们再次引用如下："我能够通过我的动感的自由变换，并且尤其通过转来转去的自由变换而改变我的位置，这样，我仿佛能够将任何的那里转变为一个这里，也就是说，在身体上占据任何空间场所。"③这里和那里的相对性已经预设了空间的同质性，因而我实际上不是"在身体上"而是"在物理上"占据任何空间场所，而这恰恰预设了它应该构造的东西，即，将身体构造为一个躯体、一个同质空间，"在这里，'我自运动'并非不同于'这个躯体在运动'并且在这里，主观运动（如果它还有意义的话）被视为一种像任何其他那样的客观运动"④。这样，胡塞尔利用主观运动和客观运动在肢节上的相合来说明身体的躯体化，这种尝试就失败了。

五

耿宁先生借助于上述胡塞尔写于1927年2月的关于"虚构发生"的文稿，否认了对同感的发生现象学说明的可能性。在描述了唯我的还原之后，胡塞尔写道："我说过，虚构的发生。因为我不可能事先主张，陌生共现的发生预设了没有陌生主体性的一个周围世界的事先发生，或者说，预设了，已经构造了一个这样的周围世界。"⑤据此，耿宁先生认为"这个'虚构发生'是不可能的"⑥。这一立场也和他认为胡塞尔在1926及1927年动机学期的讲座"现象学导论"中的一个明察解决了结对联想（Paarungsassoziation）的可能性相关。

---

① 参阅弗朗克著，里维拉、戴维森译：《身体与躯体——论胡塞尔的现象学》，第203页，注释11。
② 弗朗克著，里维拉、戴维森译：《身体与躯体——论胡塞尔的现象学》，第121页。这让我们联想到萨特著名的"宇宙的内在流出""内出血"的比喻，参阅法萨特著、陈宣良等译、杜小真校：《存在与虚无》（修订译本），北京：生活·读书·新知三联书店，2012年，第324页。
③ 胡塞尔著，施特拉塞尔编：《胡塞尔全集》第1卷《笛卡尔式的沉思与巴黎讲演》，第146页。
④ 弗朗克著，里维拉、戴维森译：《身体与躯体——论胡塞尔的现象学》，第122页。
⑤ 胡塞尔著，耿宁编：《胡塞尔全集》第14卷《交互主体性现象学》第2卷，第477页。
⑥ 耿宁：《胡塞尔的交互主体性现象学》，第1章第2节。

我们以为胡塞尔始终没有放弃在发生现象学道路上的尝试。尽管对于上述三条道路，胡塞尔都给予了不同的批评，我们或许可以在与结对相关的"结一（Einigung）"中看到他的另一种尝试，而它或许能够提供一条可能的出路。

让我们回到胡塞尔对"结对"的分析上来。结对作为一种被动综合的联想，其特殊性在于：进行意义转移的双方同时在场"在这里，原始促创着的原本之物总是活生生的、当下的，因而原始促创自身总是保持在活生生的作用过程之中"①。就同感而言，结对的双方，我的活的身体和在我的感知领域的一个躯体发生相互的意义转移。换句话说，躯体获得身体的意义的同时，我的身体也获得躯体的意义，即在一个他人的目光之下，我的自我被意识为一个世间自我"正如反过来也一样，既然每一个结对联想都是相互的，本己的心灵生活就根据相似性和他异性揭示出来，并且通过为新的联想而产生的新的突出变得卓有成效"②。在《笛卡尔式的沉思》的第五沉思中，因为其限制在原真还原和相应的静态现象学领域中，这一结对并不会陷入循环论证，但如果我们尝试在唯我的还原了的唯我世界中探寻身体躯体化的可能性，我们就无法预设同感，或者他者的目光。因而，为了避免陷入循环，我们需要在唯我世界中找到这种结对的动机引发基础，这一基础表现在了胡塞尔对"结一"的分析上。

托依尼森注意到：胡塞尔应该区分出两种结对，"一方面，它先行于并且使得对陌生身体的经验得以可能；另一方面，它后续着对陌生身体的经验，并且由它而得以可能"③。托依尼森看到了胡塞尔的困境，因为后于陌生经验的结对不是陌生经验本身，而恰恰预设了陌生经验。如果胡塞尔的结对情况如此，就必然会陷入循环论证。为此，我们必须说明先于陌生经验的结对，而"先于并且使得对陌生身体的理解得以可能的结对是将我的躯体和（陌生的）躯体联系起来"④。托依尼森的这一问题恰恰可以指引我们在唯我世界中寻找在先结对的可能性，这就是"结一"。

在一份出自 1932 年 3 月末的文稿中，胡塞尔重新考虑了身体躯体化的道路。他引入了躯体与我的身体的"结合（Verbundenheit）"："这样一种'结

---

① 胡塞尔著，施特拉塞尔编：《胡塞尔全集》第 1 卷《笛卡尔式的沉思与巴黎讲演》，第 141-142 页。
② 胡塞尔著，施特拉塞尔编：《胡塞尔全集》第 1 卷《笛卡尔式的沉思与巴黎讲演》，第 149 页。
③ 托伊尼森：《他人——当代社会本体论研究》，第 62 页。
④ 托伊尼森：《他人——当代社会本体论研究》，第 63 页。

合'是什么？当然指的是一种特殊的结一。"①比如，我将一个或静或动的东西拿在手中，我坐在或走或停的车上，我穿上衣服，我伏案写作，我就和它们结为一体。在结一中，我的身体不再是零度客体，或者说，它不再是定向的对立面。另外，"每一个不是身体的客体都能够通过某种身体的作为而退入零方向中，但是只是通过，它在这一作为中参与身体原初的及其本己的显现方式"②，客体因而丧失了它的那里的样式。

非常有趣的是，胡塞尔勾画出了一种不同于海德格尔的用具分析。通过不同的结一方式，他区分了"手工用具（Handwerkzeug）"和"交通工具（Fahrzeug）"，它们分别与身体肢节和整体身体结合，"'工具'在原初意义上是这样的物理对象，通过它们，最原初的、直接的身体活动和在身体上对外部事物最切近的作用获得新的形式……"③由此，身体与获得了零度被给予性方式的躯体能够被同等对待，虽然不是被视为同样的躯体，而是被视为同样的零度客体。

现在，我们可以考虑与躯体的身体化相互结对的身体的躯体化的可能性。胡塞尔谈及一种反转（Umkehrung）或者翻转（Umwendung）：通过抓取，一个客体获得了零度显现方式，因而丧失了像其他外部事物那样的显现为或静或动的能力，丧失了远近的显现方式的变化，"恰恰这一反转显然奠定了将身体统觉为躯体的可能性"④。我可以放手丢弃事物，它就重新获得空间中的场所。借助于对交通工具的分析，这一点变得更加明确，"比如在上车和下车中，我能够随意看运动，并且让运动作为现象在反转成为身体部分现象中消失。一者和另一者被统觉为具有同等价值，指示了随时准备的翻转的可能性，并且这一点转移到身体的每一部分，转移到每一肢节，并且转移到整个身体。它作为行驶着的车辆的部分而在空间中被运动，它自身获得了与事物运动同等意义上的运动"⑤。

接下来，我们要问的是：在本己领域中，用具的构造是可能的吗？或许，根据海德格尔对于用具的分析，它的意蕴关联体中必然隐含了对他人

---

① 胡塞尔著，耿宁编：《胡塞尔全集》第15卷《交互主体性现象学》第3卷，第274页。
② 胡塞尔著，耿宁编：《胡塞尔全集》第15卷《交互主体性现象学》第3卷，第274页。
③ 胡塞尔著，耿宁编：《胡塞尔全集》第15卷《交互主体性现象学》第3卷，第276页。
④ 胡塞尔著，耿宁编：《胡塞尔全集》第15卷《交互主体性现象学》第3卷，第281页。
⑤ 胡塞尔著，耿宁编：《胡塞尔全集》第15卷《交互主体性现象学》第3卷，第281页。

的指引？对此的回答可以是：（1）即便是在最基本的同行、抓取活动中，也已经具有反转的权能；（2）胡塞尔也称身体为"原工具"[①]。如果这是可能的，我们可以说借助于这种特殊的结一，唯我的自我就在唯我世界中获得了结对联想的动机引发基础。

［本文原载于《中山大学学报（社会科学版）》2017年第3期］

[①] 胡塞尔著，耿宁编：《胡塞尔全集》第14卷《交互主体性现象学》第2卷，第77页。

胡塞尔的空间构成与先验哲学的彻底性

钟汉川

在从康德哲学向现象学的过渡中，胡塞尔对先验哲学的捍卫与重构，无疑使其与前者处在共同的哲学理想之下，以至于其意识哲学被认为是先验哲学的最后希望。[①]不过，它们的差异显然也是巨大的。胡塞尔对康德的一个重要指责是，后者的先验哲学不够彻底，或者说"没有达到'构成'这个特殊的先验问题之意义"[②]。那么，什么才是彻底的先验构成？其先验哲学的彻底性意味着什么？本文试图从胡塞尔对康德空间学说的批判出发，具体分析前者自身的空间构成理论及其可能存在的问题，由此说明其所达到的先验哲学之彻底性的真正意谓，并揭示不同先验哲学道路的某些内在区分。

一、回溯探问：对康德的批判

古尔维奇曾认为，康德和胡塞尔的哲学都不以主体性阐明为局限，而是借助意识分析阐释客体性。[③]胡塞尔曾坦言，他和康德都通过主体性与客观之物的关联，来寻找客观性之意义的最终规定。但是他又指责康德"没有达到认识与认识对象性相互关联的真正意义"[④]。这当然不是否认康德

[①] J. Mohanty, *The Possibility of Transcendental Philosophy*, Dordrecht: Martinus Nijhoff Publishers, 1985, p.230.

[②] 胡塞尔：《第一哲学》（上卷），王炳文译，北京：商务印书馆，2006年，第492、508页。

[③] A. Gurwitsch, *The Collected Works of Aron Gurwitsch Volume II: Studies in Phenomenology and Psychology*, ed. by F. Kersten, Springer, 2009, p.165.

[④] 胡塞尔：《第一哲学》（上卷），第508页。

的哥白尼式哲学革命在进行意识回溯或者"返向关联到自身"①,而是说,这种回溯是不够的。

将哲学的基础置于意识的构成之中从而揭示其真正的开端,这种笛卡尔式的哲学精神,在胡塞尔看来并没有被康德彻底贯彻,后者的二元论策略无法完成类似于现象学的先验还原,无法获得"我思的绝对基础"②。因为康德在心灵之外预设了自在的事物,在心灵之内预设了感性形式和知性范畴的赋形功能。如此"感性直观在其内容方面是由这些进行刺激的外部事物决定",并"在这种内容中区分出变化着的东西以及必然地和普遍地发生着的东西,他将前者归因于变化着的刺激,而将后者归因于心固有的能力"③。从意识关联或意向性哲学上看"变化的东西"如何成为"必然地普遍地发生着的东西",阐明这一点显然是从康德哲学到现象学过渡的关键一环。而意识回溯的不彻底,就在于康德在此分享了经验论者的感觉主义、原子主义的心理学前提,但又对逻辑实体等观念的客观性视而不见,或者说没有追问形式逻辑的先验起源问题。④简而言之,康德的意识概念没有摆脱心理事实的预设和功能主义的预设。确实,胡塞尔从根本上指责的是,康德接受了莱布尼兹的知性假设,将先验哲学的起源限制在认识逻辑的起源上,而未看到这种逻辑的先验主体性的起源。在他看来,对后一种起源,康德与新康德主义都毫无所知。⑤坚持意识的回溯探问,就是将外在事物(作为心理事实)和知性功能(作为范畴形式)回溯到主体性的先验起源上,通过彻底的先验还原最后达至的是"意向统一"⑥。

空间构成便是这种意识回溯的一个部分,它同样遵循这条彻底构成的思路。我们知道,康德将空间看作纯直观的,或者说空间表象是一切外部表象的先天基础。同时它又是外感官的形式"是诸对象借以被直观为我们之外的那些一切关系的必然条件"⑦。在意识之中,事物无限多样地通过显现而被知觉到,其变化着的意识内容,在休谟那里是主观的虚构,而康德看来却具有客观性,因为空间表象是唯一的、"与外在东西相关的先天客

---

① 胡塞尔:《第一哲学》(上卷),第492页。
② 胡塞尔:《第一哲学》(上卷),第489页。
③ 胡塞尔:《第一哲学》(上卷),第498页。
④ J. Mohanty, The Possibility of Transcendental Philosophy, p.232.
⑤ 胡塞尔:《第一哲学》(上卷),第502页。
⑥ 胡塞尔:《第一哲学》(上卷),第488页。
⑦ 康德:《纯粹理性批判》,邓晓芒译,北京:人民出版社,2004年,第32页。

观的表象"①。但它还不是充分的事物显现,要成为普遍的、概念性的内容,就必须将空间视为现象的纯粹形式或者说主观的感性条件,继而在范畴的综合中构成判断。在此,康德区分空间的经验实在性和空间的先验观念性,后者是康德反击休谟怀疑论从而确立客体同一性的基础。胡塞尔盛赞康德首次区分意识内容之层次的历史意义,甚至认为他在向意向性哲学靠近。②但是这种意识回溯的研究仍被认为是不彻底的,或以这个假说为前提:"必须将一切感性材料规整到空间形式中乃是人的主体性之原初特征。"③

胡塞尔的质疑可从两点分析:是否必须从感性材料(心理事实)出发来理解空间?空间形式的规整是否必然是人的主体性的原初特征?他完全拒绝后一点上的"赋形"功能论。为此,古尔维奇认为胡塞尔的意向性概念赋予了意识完全不同于康德的意义。④对前一质疑的回答,则是胡塞尔自身空间构成的基本思路,即"从事物出发,而不是从感觉材料出发"⑤来说明空间的构成。这也是这样的一种彻底探问:事物"在多大程度上在直观中被构成,它作为什么以及如何在直观中呈现出来的"⑥。在《算术与几何学研究》中他说明了使用空间一词的四种层面,并将"日常生活的空间"(知觉空间)看作"纯几何学的空间"的基础。⑦下面我们将从对事物的知觉出发来考察这两种空间及其关系,并以此说明胡塞尔在先验哲学的彻底性上对康德的超越及其后果。

二、空间构成与知觉

关于事物的本质,近代哲学有一个重要的区分。笛卡尔、霍布斯和洛

---

① 康德:《纯粹理性批判》,第32页。
② 胡塞尔:《第一哲学》(上卷),第534页。
③ 胡塞尔:《第一哲学》(上卷),第465页。
④ A. Gurwitch, The Collected Works of Aron Gurwitsch Volume Ii: Studies in Phenomenology and Psychology, p.178.
⑤ 胡塞尔:《第一哲学》(上卷),第466页。
⑥ 胡塞尔:《第一哲学》(上卷),第511页。
⑦ E. Husserl, Studien zur Arithmetik und Geometries Texte aus dem Nachlass (1886-1901), ed. by I. Strohmeyer, The Hague: Martinus Nijhoff, 1983, p.270.

克等追随伽利略,区分事物的第一质性和第二质性:将形态、位置等看作第一质性,即客观的、可数学量化的质性;而把颜色、气味、声音、冷暖等看作与主体性相关的第二质性,它们不具有客观性。这种看法在胡塞尔看来,就是将事物的所有特性都不加区分地视为"感觉材料",而且是具有直接被给予性的感觉材料。这个偏见被他视为欧洲科学危机的深层根源。①

他认为,空间是事物的规定性,是显现着的事物的本质。②从意识的统一或先验主体性上看,事物的被给予或者说显现着的事物,延续并充实着时间,进而充实了空间。如果将事物延续的时间点提取出来,那么该物的时间-充实内容就是该物的空间广延,如此就存在着空间的形式及其充实,充实空间形式的是质料,也就是在知觉中作为充实着空间之展现的质料。那么,这个质料是什么呢?

胡塞尔首先区分了感觉材料与感性质性。因为知觉是直观的原初样式;它以最原初的状态,即自身现前的样式呈现出来。③在事物之中知觉原初呈现的规定性就是感性质性,而决不能是物理意义上的感觉材料,后者是自然态度下的实项内容,是先验还原要悬置的。这可通过事物与幻象的区分来说明。若仅仅关注事物本身,而不从事物的关联(知觉行为)上作区分,我们不可能分别事物和幻象。因为后者在没有任何物质把握的纯空间所与者意义上,也能在运动、变形、有颜色和光泽等质性上改变,但在这样的幻象中"物质性从一开始就被共同把握却从未被共同给予"④。

其次,他区分了感性质性的层次。胡塞尔的空间分析是从对事物的知觉开始的,而"知觉本身就是对一个被知觉物的知觉,其本质是使客体之物显现,并且在信仰上设定该显现物:作为存在的现实性"⑤。但在知觉中,事物的每一种质性似乎都只是事物的一束内容,而非本质。唯有物体广延或者物体性才是一切特性的本质形式,或者说,事物唯带有物体性才存在。⑥为此,他区分了事物空间形式方面的物体形态(及其规定性),以

---

① 胡塞尔:《欧洲科学的危机与超越论的现象学》,王炳文译,北京:商务印书馆,2001年,第42页。
② E. Husserl, Ding und Raum: Vorlesungen 1907, ed. by U. Claesges, Den Haag: Martinus Nijhoff Publishers, 1973, p.66.
③ 胡塞尔:《欧洲科学的危机与超越论的现象学》,第128页。
④ 胡塞尔:《现象学的构成研究》,李幼蒸译,北京:中国人民大学出版社,2013年,第32页。
⑤ E. Husserl, Ding und Raum: Vorlesungen 1907, p.141.
⑥ 胡塞尔:《现象学的构成研究》,第27页。

及充实它的各种质性,①并说明了它们之间的奠基层次:复杂的经验取决于次复杂的经验,或者说,知觉的高阶特性取决于低阶特性。②由此他指出:"物体只有一个形态,只有一个广延,更确切地说:知觉事物只有一个空间物体性(空间形态)。此外该物有其颜色、光泽(由视觉把握)、平滑(由触觉把握)等等。再者,它有时发声或散发冷暖。"③也就是说,事物的感性质性有三个层次,即空间形态层次、视觉和触觉的质性层次以及其他像冷暖、声音和味觉等质性层次。但空间形态有双重意义,它既是事物所有质性,包括视觉和触觉质性的基础,又不是空间的块片,而是仍与充实它的第二质性一起充实着空间本身。④

最后,他区分出充当空间充实的质料层面,即第一质料(materia prima)和以之为基础的第二质料(materia secunda)。"质料化的规定性以第一质料的方式使空间形式得到充实和实现,因为空间形式本身无非是并且只能是基本意义上的事物具体项(Dingkonkretum)。只有这个具体项得到了构成,它才可能接受像声音、气味甚或重量以及其他经验特性之类的规定性,这些特性没有还原为原初特定的感性内容。"⑤也就是说,前述感性质性的第一和第二层次是第一质料,它们充实着空间形式;而第三层次是附属的规定性,附属于客体。胡塞尔举了一个例子。我们听到小提琴声,与我们看到小提琴和触摸到小提琴是不同的,它可与其声音质性的物质性(发出者),即小提琴相分离;而后两者,即看到小提琴的视觉规定性(比如形态)和触摸小提琴的规定性(比如平滑)是与小提琴一同被给予的,所以,光依赖这个声音我们无法确定其来源(或许是录音)。对此声音,并没有被充实的意指可以指明,而只能在原初的时间意识内构成出来。

一般地看,胡塞尔把视觉和触觉看作最基本的感觉类型,只有在它们之中才有充实空间形式的感性质性被给予。像嗅觉、味觉、听觉这些感觉领域所给予的感性质性对于空间形式的充实来说是第二质料,它们需依赖于作为空间形态的物体性才能得到意指,并如此充实空间形式。当然,我们对空间的知觉并不仅仅依赖 种感觉领域"空间物体是多层次的不同感

---

① E. Husserl, Ding und Raum: Vorlesungen 1907, p.66.
② 胡塞尔:《现象学的构成研究》,第 103 页。
③ 胡塞尔:《现象学的构成研究》,第 33 页。
④ 胡塞尔:《现象学的构成研究》,第 26 页,注释 1。
⑤ E. Husserl, Ding und Raum: Vorlesungen 1907, p.67.

官的'感性显现'的综合统一体"①，每一层次都相关于一个统觉知觉或齐一行进的和联系的知觉复多体。任何物体都需要在无限的空间显现中揭示自身，同一个客体也以不同的方式呈现自身。比如，我看到一个人跟他打招呼，但我通过触摸发现，这只是一个人体模型。②这就是统觉的协调，它依赖于基本的感觉领域而建立起来。

三、知觉空间

空间构成以知觉者为出发点，但知觉者却既作为物质物也作为自我身体而出现。③这意味着，知觉者作为自然界的成员有其位置，但同时又是自由的，处在运动之中。为此，胡塞尔论及一种动觉上的空间构成，认为动觉是我的这样的一些运动，它们"属于知觉的本质并为之服务，使知觉对象尽可能全面地具有被给予性"④。在运动中的客体，其位置是变化的，知觉者需要移动其感觉器官或身体去适应客体的位置变化，这种能力就是动觉，所以动觉过程被看作具有"我做""我动"这种独特的特征，也就是说，动觉可以去展现知觉的各种感性质性。⑤但是反过来，它不像其他知觉的类型，比如视觉，具有感性质性——无论是第一质料，还是第二质料。或曰，动觉是与其他知觉类型完全不同的感觉。事物端没有任何与这个感觉类型相对应的感性质性，但它是空间构成不可或缺的。不借助动觉，将不会有任何躯体，也不会有任何事物。⑥动觉之中所给予的知觉经验是无限的，因为幻象毕竟也是一种准知觉。我们的日常经验虽无法穷尽客体的所有感性规定性，但这些规定性可通过日常的实践兴趣或者说动机化而被给予。在实践动机的引导下我们可以达到"最佳被给予性"，后者意味着将自我（作为物质物）连同"对其本身最合适的"特性显示出来，但也在一

---

① 胡塞尔：《现象学的构成研究》，第33页。
② 胡塞尔：《欧洲科学的危机与超越论的现象学》，第196页。
③ E. Husserl, Ding und Raum: Vorlesungen 1907, p.162.
④ 胡塞尔：《经验与判断》，邓晓芒、张廷国译，北京：生活·读书·新知三联书店，1999年，第104页。
⑤ 胡塞尔：《欧洲科学的危机与超越论的现象学》，第195页。
⑥ E. Husserl, Ding und Raum: Vorlesungen 1907, p.160.

定的客观和主观环境下呈现这个被给予性，使之以"适当的"方式呈现。①知觉经验中视觉是最普遍的，它的最佳被给予性一方面与最适合自我的视觉中心（身体）相关，另一方面也产生于"适当的"位置上对客体的观察。前者是不用身体（整体）移动的眼睛运动或头部的运动，后者却是身体（整体）的运动。

眼睛运动产生一个纯粹的视觉领域，不同的质性填满了这个领域的诸部分。随着眼睛的移动，在这个动觉系统下所有客体都不断改变方向。眼睛运动产生的这个领域远比单个事物产生的知觉空间更为广阔，这个空间"是有关可能位置的一种无穷复多性，并由此呈现了有关运动的无穷多可能性的一个领域"②。眼睛的动觉系统通过眼睛的开合与转动构成一个封闭统一体，导致上下左右的运动，它还与其他动觉系统相互替代和延伸，比如头部运动就与眼睛运动相互补充。同一个空间如果眼睛不动，也可以靠头部转到来展现，而延伸空间则可通过眼睛运动与头部运动的配合来实现。不过，这种动觉经验到的诸部分的彼此邻接，其边界就是这个视觉领域的边界，它就是线，所以，这个视觉空间其实是二维的，只是有限地展现空间的介质。唯有身体运动才构成更广阔的空间，才是三维空间的构成。动觉在此要么是身体趋近或趋远的客体运动，要么是身体围绕客体的运动。视觉领域是空间的展现介质（Darstellungsmittel），在此之内会呈现（前经验的）各种感性质性与空间形态。后者可能会相同，但是在视觉领域之内必然有属于它各自的唯一的位置。在距离运动中身体会调整位置，在最佳距离上观察客体；而在旋转运动中身体作为一个封闭的系统处在客体的显现和空间的展现介质之内，围绕客体确定最佳观察位置。当然，身体运动，无论整体的还是部分的运动，本质上都是客观空间构成的介质。③

触觉领域也展示着客观的空间，并且在空间构成上触觉比视觉具有优先性。其原因首先在于，视觉的空间依赖于身体运动的中介，但是身体在意识中的构成不能通过视觉，而只能通过触觉。因为触觉会出现双重感觉：既被统握为"外部"客体的特征，也被统握为身体-客体的特征。④比如，我的手触摸对象，对象也触动着手的表面（使之具有感觉）。但是在视觉领

---

① 胡塞尔：《现象学的构成研究》，第 61 页。
② E. Husserl, Ding und Raum: Vorlesungen 1907, p.121.
③ E. Husserl, Ding und Raum: Vorlesungen 1907, p.176.
④ 胡塞尔：《现象学的构成研究》，第 122 页。

域，就只会出现被看的客体，眼睛却不会在视觉上显现。其次，视觉-触觉统握复合体中可视性不是必需的。"我们看见的每一物都是可触物"，但"一种只具有眼器官的主体，根本不可能有任何显现的身体"。①就是说，身体的构成中触觉更优越。最后，个别的触觉系统，比如手指系统，本身就构成了触觉的空间。②在手具有的感觉领域内，手触的感觉状态之位置与运动着的身体尽管关联在一起，但构成相对独立的不连续的运动。因此，触觉原初地构成身体本身，它使感觉作为感觉而被定位，即原初的空间定位，是一切感觉本身存在的前提条件③，也是身体自我定位的零点，永远的"此处"④。唯有身体定位后才"具有"其他的感觉。而动觉则使身体与事物之间的统一性更加紧密，作为知觉的"本质"，其空间定位就来自与最初被定位的感觉的不断纠缠。所以，在知觉空间的构成上，意识的彻底回溯所达致的是身体的构成，后者也是康德先验感性论所缺乏的。

四、几何空间

康德的感性论把纯粹空间直观形式看作几何学的先天基础。胡塞尔反对这种解释，并从知觉上寻找其基础。他的结论是，几何空间需要建基于知觉空间之上，这体现在几何学空间的观念化和形式化过程之中。在《几何学的起源》中胡塞尔认为，几何学是有历史起源的，与事物相关。所有事物都必然具有物体性"这种纯粹的物体具有空间时间的形态，而'质料'的质性（颜色、温度、重量、硬度等等）就与它有关"⑤。几何学源于空间形态在事物之中被凸显、被观念化。它反映了"从实践上有限的周围世界"向"理论的世界观察和世界认识"的转变过程："在事物形态上首先提取出来的是面（大体上'光滑的'大体上完美的面）、边（大体上粗糙或'直'的边），换句话说，大体上纯粹的线、角以及大体上完美的点；如此，比如在线之中就又会尤其喜欢直线，在面之中尤其喜欢平面，因实践之故，比

---

① 胡塞尔：《现象学的构成研究》，第124页。
② 胡塞尔：《现象学的构成研究》，第128页。
③ 胡塞尔：《现象学的构成研究》，第125页。
④ 胡塞尔：《现象学的构成研究》，第130页。
⑤ 胡塞尔：《欧洲科学的危机与超越论的现象学》，第455页。

如也会喜欢由平面、直线和点所确定的平板。"①

在此过程中事物形态被观念化为由出点、线、面构成的几何空间。但在胡塞尔早期思想中，知觉空间观念化为几何空间，还有另一条思路，它是对事物的颜色质性的观念化。②但是如前所述，事物的空间形态对于颜色质性来说是奠基性的低阶特性，所以胡塞尔后期从事物形态出发，而不是从颜色质性出发说明几何空间的观念化。德拉蒙德（J. Drummond）认为，知觉空间的观念化其实是空间二维化的过程。这个过程从客体形态的量化开始，然后聚焦其表面并对其边界观念化，再从观念上逼近二维界定的表面。③以此方式不断重复，就形成点、线、面的意识，并形成位置、距离、全等、连续等概念。知觉空间的观念化是近代对自然进行数学化的基础。伽利略以来几何空间进一步从形式上数学化（对连续性和机械因果性的数学化）为精确科学。这种自然科学概念恰恰构成了现代欧洲科学的危机。④如果说知觉空间的观念化活动还是与知觉世界相关的话，那么空间的形式化的过程就完全打破了几何学与事物形态的本质关联。从解析几何开始，对位置关系的考察超越了传统的、有关形状和体积的几何学考察，这表现在笛卡尔开始将空间关系抽象为坐标系内点的位置关系，再用算术和代数来表达它。算术是形式化的产物，可以运用到任何事物，完全不需要知觉基础。这种形式化带来的问题就是，从知觉空间的观念化之中所产生的三维的几何空间，与其他多维的几何空间是什么关系，后者是否还需要知觉的基础？胡塞尔的复多体理论进一步解释了这个问题。

胡塞尔在知觉事物之中区分出空间形式以及充实它的感性质性（第一质料）。在区域本体论意义上，空间形式是所知觉到的质料的范畴形式，后者作为一个划定区域内的属（Gattung）是知觉事物之同一性和客观性的基础。同样地，欧几里得（欧氏）几何空间是知觉空间观念化的结果，那么前者就是规整知觉事物的范畴上的理论-形式，进而，将所观念化的欧氏三维几何学加以抽象，从中抽取出理论-形式，就产生欧氏复多体概念。而在扩展的意义上，即在脱离形式化的前述知觉基础的意义上，那些理论上相关并且纯粹范畴上被规定的诸理论-形式，规整它们的属就被称为"空间

---

① 胡塞尔：《欧洲科学的危机与超越论的现象学》，第 455 页。
② E. Husserl, Studien zur Arithmetik und Geometries Texte aus dem Nachlass (1886-1901), p.290.
③ 胡塞尔：《欧洲科学的危机与超越论的现象学》，第 55 页。
④ 胡塞尔：《欧洲科学的危机与超越论的现象学》，第 407 页以下。

复多体的几何学"①。这条形式化路线可在数学构造中无限展开，并且"空间的先天性本质可在理论上被完全揭示"②。如此构成的"n维空间"学说就具有理论封闭性，并使各门几何学的有规律地联系，避免（类似于平行公理的）"诸空间"的悖谬。③不过，在这个形式演绎系统中，欧氏的三维复多体理论是最终的观念个别性，也就是说，非欧氏的复多体理论需以欧氏几何复多体理论为基础来加以规定，或者说是后者逻辑推导的结果。相应地，对于我们的知觉空间来说，这个欧氏复多体作为观念属，则是纯粹从范畴上使之得到规整的形式，只有在这个观念属之中，我们的空间才构成个体的个别性（而不是差异性）。④所以，欧氏复多体对于欧氏几何学来说是一种形式本体论，非欧氏复多体在我们的知觉空间内的应用需要在后者的区域本体论之内进行。就此而言，胡塞尔是强调几何空间的构成必须以直观（知觉）为基础。与之相对照，康德的空间形式，在他看来，就仍未摆脱实事内容而与现实（可能）的自然相关联，从而在形式分析上是不彻底的，没有达到其范畴形式在属上的观念性。如此，前者只是对后者的例证，是"欧几里得复多体"之分析形式的个别性而已。⑤泛而言之，胡塞尔仍在先验还原的不彻底性上指责康德的批判，即后者以近代科学（自然科学）为模板来建构哲学的"所瞄准的不是科学以外的智慧，而是科学"⑥。当然，从这个思路看，遗忘几何空间的知觉起源，恰是遗忘了生活世界，使欧洲科学处于危机之中。

胡塞尔曾认为，康德的学说的所有原则模糊性都来自后者未能弄清楚纯粹的"观念化"。⑦那么，从空间构成上看，作为观念属的前述范畴形式在意识之中彻底回溯到何处呢？范畴形式"以'意义一般'作为它们的绝对最高属"⑧，也就是说，范畴形式在意识之中是作为意义被给予的。不仅物质事物在意识之中被回溯到逻辑范畴上的纯然个体性（"绝对对象"），从而作为元对象在意义属之内，而且这些范畴形式的逻辑变元，比如事物

---

① 胡塞尔：《逻辑研究》（第一卷），倪梁康译，上海：上海译文出版社，1999年，第219页。
② 胡塞尔：《形式逻辑与先验逻辑》，李幼蒸译，北京：中国人民大学出版社，2012年，第79页。
③ 胡塞尔：《逻辑研究》（第一卷），第219页。
④ 胡塞尔：《逻辑研究》（第一卷），第219页。
⑤ 胡塞尔：《形式逻辑与先验逻辑》，第78页，注释1。
⑥ 胡塞尔：《第一哲学》（上卷），第492、530页。
⑦ 胡塞尔：《逻辑研究》（第二卷），倪梁康译，上海：上海译文出版社，1999年，第206页。
⑧ 胡塞尔：《纯粹现象学通论》，李幼蒸译，北京：中国人民大学出版社，2014年，第26页。

的性质、状态、过程、关系、组合等等，也在形式本体论上被关联到，从而获得元对象上的意义规定。①所以，在胡塞尔那里，先验现象学的世界最终是可理解的世界，世界之意义从先验起源上被阐明。就此而言，胡塞尔对空间形式的彻底观念化，是从意识回溯上变成了意义的构成。相应地可以说，在先验哲学上，康德与胡塞尔的区别在于：一个是追问世界之真理的可能性条件，一个是追问意义的可能性条件。②

五、先验哲学的彻底性

胡塞尔从知觉意识上说明空间的先验构成，如此将空间事物还原成空间形式以及对其充实的感性质性，知觉空间的构成其实被还原成了身体的构成。就此而言，这里的先验意识是身体性的意识，身体是其先验主体性结构的一个要素。③但胡塞尔对身体的说明是含混的，一方面他在身体的本质规定上区分"一种特殊物质事物"和"一种新的非物质的构成层"，另一方面却是"身体既作为自我身体又作为物质事物"。④考埃尔（S. Cowell）为此区分"活着的身体"（the lived body）和"活的身体"（the living body），并认为，前者并不是把握后者的基础，对后者的把握需要一个实践空间。⑤这预示着先验主体性向主体间性回溯。另一方面，康德空间形式的"形式-赋予"功能，在胡塞尔的先验意识中被构成为范畴形式和意义的客体观念性，彻底回溯为"意义-构成"。胡塞尔的意识概念是意向性的。这意味着，它总是朝向意向行为之外，无论是想象的对象还是实在对象都可以被意指。事物显现中不断变化的实在内容可在被意指之意义下构成对象的同一性，从而被表述；意识中的想象和虚构之物，其变化内容也在范畴意义下作为普遍之物而被意指和表述。这被视为胡塞尔对康德的先验问题的领域扩

---

① 胡塞尔：《现象学的构成研究》，第29页。
② J. Mohanty, The Possibility of Transcendental Philosophy, p.213.
③ J. Mohanty, The Possibility of Transcendental Philosophy, p.163.
④ 胡塞尔：《现象学的构成研究》，第77、130页。
⑤ S. Crowell, "Transcendental phenomenology and the seductions of naturalism: subjectivity, consciousness, and meaning", in The Oxford Handbook of Contemporary Phenomenology, Oxford University Press, 2012, p.44.

展：后者所关注的科学世界大大地扩展为被知觉的（前科学的）生活世界。①但是，意识行为的意向相关项作为意义被给予却是双侧性的：既是主观的也是客观的，既可以是作为被意指之物的意向相关项，也可是作为观念意义的意向相关项。②

从意识的彻底回溯之中阐释客体性，这种先验构成思路其实意味着胡塞尔设定了其独特的意识（心灵）概念。尽管不必像古尔维奇那样，鲜明地将这种意向性的意识概念看作对休谟和康德的意识概念的逐次超越。③但是，在胡塞尔的意识构想里，无疑有这样的内在动机：确保对世界的开放性和世界的超越性，以防止极端的怀疑论和极端的观念论。或许可以说，胡塞尔在此持一种中间立场，它介于极端的心理主义和本质主义之间，强烈的客体性断言和对此断言的完全否定之间。④换言之，它是一种先验意识。为此，考埃尔把这种意识特征看作一种在体的（ontic）超越性，即意识总是我们所具有的将某物体验为某物的意识⑤，如此实在世界和想象世界才得到统一。但这种意识如果不像休谟那样离散地出现并又消失的知觉流，那么它作为一种先验意识必然在其意向行为-意向相关项的结构中具有稳定结构的意向性系统，或者如古尔维奇所说的，一种同一性构成的系统，它使当前的经验客体与过去经验之中所意识的客体同一，也与在无数表象行为所意识的客体同一。⑥就此而言，意识意向性预设了其可能性条件，即先验意识的主体性结构：自我—我思—所思。胡塞尔强调，一切都须在直观的行为（我思）中构成。不过，我思行为有其统一体，即自我，也有其意向相关项（所思），即意义。这个先验结构，显然就如莫汉蒂（J. Mohanty）所认为的，其结构要素，即自我、行为和意义，都是非自足的，必然需要在意识生活之内显示出来。⑦不过在我们看来，胡塞尔意识哲学

---

① J. Mohanty, The Possibility of Transcendental Philosophy, p.231.
② 胡塞尔：《形式逻辑与先验逻辑》，第 19 页。
③ A. Gurwitch, The Collected Works of Aron Gurwitsch Volume II: Studies in Phenomenology and Psychology, p.177f.
④ J. Mohanty, The Possibility of Transcendental Philosophy, p.210.
⑤ S. Crowell, Normativity and Phenomenology in Husserl and Heidegger, Cambridge University Press, 2013, p.16.
⑥ A. Gurwitch, The Collected Works of Aron Gurwitsch Volume II: Studies in Phenomenology and Psychology, p.140.
⑦ J. Mohanty, The Possibility of Transcendental Philosophy, p.233.

的先验彻底性如此就预设了不同的方式。我思意识在行为的两极,即在自我极和所思极,必然会得到不同的关注。在前述的空间构成思路上,知觉空间所依赖的身体意识的含混性以及构成几何空间的范畴形式的意义双侧性,其实都根源于此。概而言之,意识的构成行为的起点,即自我,与其所构成之物,即意义,是先验哲学彻底性的两个不同回溯方向。我们认为,与此相应地,当代哲学对先验哲学彻底性有迥然相异的三种阐释。

第一种是回溯到意义端的彻底性方式。如前所述,考埃尔的思路体现了这一点。他认为,先验哲学从康德到胡塞尔的发展是从事物的主题化到事物之意义(可理解性)的主题化的转向。现象学之所以是先验的,就在于它可对意义主题化。①这与莫汉蒂类似,是想彻底摆脱笛卡尔式的自我性,转而在语言和社会实践中寻找基础。②第二种阐释是以调和的方式回溯到自我极。卡尔(D. Carr)代表了这条思路。他反对将胡塞尔和康德对立起来,认为两者在强调主体性的二重性(paradox)上是一致的。这是承认意义构成的双侧性,或者说身体的含混性,即"我具有身体"和"我不是身体",都必然是自我的两个面相。如此,他坚持从主体性,而不是主体间性出来来理解先验哲学的彻底性,或者说主体间性也必须接受现象学还原。③第三种阐释坚持从自我出发来说明先验哲学的彻底性。钱捷的《超绝发生学原理》体现了这个阐释方式。尽管他与上一种阐释一样,指出并分析了胡塞尔在自我问题上的二重性,确认康德对象概念的超越性④,但他认为,仍可通过彻底现象学还原克服前述二重性,同时摆脱康德先验演绎的不完备性;在一门先验发生学中达成一种元-知识的奠基性、内在性和构成性三位一体的先验语义学系统。⑤

显然,这些不同的先验哲学方式将给出不同的空间理解。海德格尔曾认为,空间存在不是广延物,也不是我思物的存在。⑥他敏锐地看到了知

---

① S. Crowell, Normativity and Phenomenology in Husserl and Heidegger, p.10.
② S. Crowell, "The project of ultimate grounding and the appeal to intersubjectivity in recent transcendental philosophy", in International Journal of Philosophical Studies, 7 (1), p.33; J. Mohanty, The Possibility of Transcendental Philosophy, p.244.
③ D. Carr, "Response to Drummond and Zahavi", in Husserl Studies 25, Netherlands Kluwer Academic Publishers, 2002, p.122.
④ 钱捷:《超绝发生学原理》(第一卷),北京:中国社会科学出版社,2012年,第298页。
⑤ 钱捷:《超绝发生学原理》(第一卷),第123页。
⑥ 海德格尔:《存在与时间》,陈嘉映、王庆节译,北京:生活·读书·新知三联书店,2000年,第130页。

觉空间的时间性维度，从而在此在在世意义上理解空间。于是，在知觉空间的理解模式下，哲学家们展示了各种意义的空间，比如"理由的空间""逻辑的空间""身体空间"等等。在意义的规范条件下的空间理解是多样化的。如此，追寻空间理解统一的先验基础无疑非常困难。在某种意义上，先验哲学也许就是态度转换的结果，是人为的，①或者说其可能性来自反思。②由此，先验哲学或仍如康德哲学所体现的，是人类理智的一次历险。

（本文原载于《哲学研究》2017年第3期）

---

① 胡塞尔：《现象学的构成研究》，第153页；以及D. Carr, "Transcendental and empirical subjectivity: the self in the transcendental tradition", in The New Husserl: A Critical Reader. Bloomington: Indiana University Press, 2003, p.196。

② J. Mohanty, The Possibility of Transcendental Philosophy, p.224.

论康德对存在-神-学构造的司各脱式批判

安 靖

无论是从形而上学史的批判性考察视角，还是从康德研究的视角来看，康德与传统形而上学的关系都是一个十分重要的问题。本文试图从第一个视角，即形而上学史的批判性考察视角来讨论康德与传统形而上学的关系。[①]致力于解构传统形而上学的海德格尔在其1961年的演讲《康德的存在论题》（Kants These über das Sein）中作出了如下论断："西方-欧洲思想是受'存在者是什么'这个问题引导的。它也如此这般地来追问存在。在这种思想的历史中，康德特别通过他的《纯粹理性批判》完成了一个决定性转折……我们如果再度回忆一下西方-欧洲思想史就会了解到，存在问题作为存在者之存在的问题具有双重形态。它一方面追问：存在者之为存在者一般是什么？在哲学史的进程中，这个领域内的考察是在'存在论（Ontologie）'这个名目下进行的。另一方面'存在者是什么'这个问题也追问：何者是以及如何是最高存在者意义上的存在者？这就是对神性的东西和神的追问。这个问题的领域是神学（Theologie）。关于存在者之存在的问题的双重形态通过'存在-神-学（Onto-Theo-Logie）'这一名称得到了概括。"[②]海德格尔的上述论断构成了本文的出发点。

海德格尔所说的受"存在者是什么"这个问题引导的西方-欧洲思想，显然就是传统形而上学。在明确了这一点的基础上，我们不难发现上面这段引文包含着两个命题：其一，在其历史中展开的传统形而上学，就其本

---

① 关于康德研究领域中有关康德先验哲学与形而上学关系的研究，参见 Elena Ficara, Die Ontologie in der Kritik der reinen Vernunt, Königshausen & Neumann, 2006。作者在书中回顾了德国学界在康德阐释上的"形而上学-存在论转向（metaphysisch-mtologische Wende）"的历史（S. 13-17），海德格尔被视为这一转向的第二代代表人物之一。

② Martin Heidegger, Wegmarken, Klostermann, 1976, S. 449.

质而言是同时包含了存在论维度和神学维度的存在-神-学；其二，康德的批判哲学在作为存在-神-学的传统形而上学历史中完成了一个决定性的转折。本文要完成的任务即在阐明命题一的基础上，以一种不同于海德格尔的方式对命题二作出解释，而这种解释的一个核心论点就是：邓·司各脱的作为先验科学（scientia transcendens）①的单义性存在论——也就是康德在《纯粹理性批判》第二版中以不指名的方式提到的"古人的先验哲学（Transzendentalphilosophie der Alten）"（B113）②——对康德所完成的形而上学革命产生了根本性的影响。

一、形而上学的存在-神-学构造问题与康德的形而上学批判

我们首先来对命题一的内容进行阐明。海德格尔在其后期的代表性论文《形而上学的存在-神-学构造》中宣称，形而上学"自其在希腊发端以来就是存在论和神学"③。而在完成于 20 世纪 40 年代早期的《黑格尔的经验概念》一文中，他明确将存在-神-学构造的起源锁定在亚里士多德的形而上学构想，或者更确切地说，锁定在亚里士多德的形而上学疑难。④后者是指：亚里士多德一方面在《形而上学》Γ 卷中将形而上学界定为以存在本身为研究对象的普遍科学，亦即后世所说的存在论（Γ.1,1003a20-25）⑤；另一方面在 E 卷中将形而上学界定为以最高存在者"神"为对象的特殊科学，亦即神学（E.1, 1026a19-20）⑥。那么，这种显而易见

---

① 事实上，将"scientia transcendens"译为"先验科学"并不完全准确，因为这门科学所涉及的基本概念并非先天表象，而是对感性经验进行分解（resolutio）的结果，所以它们并不是严格的"先验概念"。就此而言，我们也可以参考钱捷将"Transzendentalphilosophie"译为"超绝哲学"的做法，将"scientia transcendens"译为"超绝科学"。这种译法在避免了上述困难的同时，展现了司各脱哲学和康德哲学的共同特征：它们都试图将哲学实现为以"第一所知者"为基础的元-认识系统，只是前者的完备程度还比较低。参见钱捷：《康德"超绝的"概念的"元"性质——兼谈 transzendental 的汉译名》，《同济大学学报（社会科学版）》2008 年第 5 期，第 1—7 页。

② Immanuel Kant, Kritik der reinen Vernunft, Meiner, 1998, S. 162.

③ Martin Heidegger, Identität und Differenz, Klostermann, 2006, S. 63.

④ Martin Heidegger, Holzwege, Klostermann, 1977, S. 195.

⑤ Aristote, Métaphysique, M.-P. Duminil & A. Jaulin（présentation et traduction）, Flammarion, 2008, p.145.

⑥ Aristote, Métaphysique, p.225.

的冲突应当通过什么方式才能得到解决？针对这一疑难，我们可以在亚里士多德本人那里找到如下解决方案。

我们首先假定形而上学是以存在本身为对象的普遍科学，亦即存在论。一旦作出了这种假定，我们马上就会遭遇如下问题：根据亚里士多德对于科学特征的刻画，一切科学的研究对象都是特定的属（I.28，87a38-39）①，而所有的属概念都是同名同义的单义性概念。但是，存在概念由于具有多种意义，恰恰不是一个单义性的属概念，所以它无法成为科学的研究对象，因而也就不可能存在一门研究存在本身的科学（K.3，1060b32-36）。②为了解决这个问题，亚里士多德提出了著名的"向一（πρὸς ἕν）"理论（Γ.2，1003a33-b19）。③根据这一理论，虽然存在概念具有多种意义（亦即范畴），但在这些意义当中，有一个意义处于核心地位，而其他所有意义都无一例外地与这个核心意义相关。这个核心意义和范畴就是实体，其他所有范畴——无论是质、量、关系，还是时间、场所、施动、受动、状态、具有——都因为和实体相关、依附于实体才被称为存在。因此，虽然存在概念不具有属概念的单义性的统一性，但它具有一种特殊的统一性，亦即"向一"的统一性，这种统一性确保了研究存在的形而上学是一门统一的科学。而且，由于这种"向一"的统一性的基础就是实体，所以关注存在本身的形而上学严格说来就是以实体为研究对象的实体学（Ousiologie）。

尽管如此，使形而上学从存在论转化为实体学仍然没有消解所有问题，因为按照亚里士多德的构想，实体概念和存在概念一样具有多种意义。在《形而上学》Λ卷中，亚里士多德就区分了三种意义上的实体：生灭的运动实体，永恒的运动实体，永恒的不动的实体（Λ.1，1069a30-b2）。④而亚里士多德在解决多义性存在概念的统一性问题时提出的"向一"理论，恰恰也可以用来解决这个问题：虽然这三种实体就像十个范畴那样互不相同，但在它们当中有一种实体居于核心地位，其他两种实体都因为和它相关、以它为原因才被称为实体，这种实体就是永恒的不动的实体，亦即"不动的动者"——神。这样一来，永恒的不动的实体"神"就成了赋予实体学以统一性的基础，实体学因而也就成了以神为对象的神学，而这恰恰与 E

---

① Aristote, Seconds Analytiques, P. Pellegrin（présentation et traduction），Flammarion, p.215.
② Aristote, Métaphysique, p.352.
③ Aristote, Métaphysique, pp.146-147.
④ Aristote, Métaphysique, p.380.

卷的形而上学界定相一致。

因此，通过在范畴和实体两个层面上运用"向一"理论，亚里士多德化解了两种形而上学界说间的冲突，而消除了矛盾之后的形而上学，就是以存在论为出发点、以神学为终点的存在-神-学（这是存在-神-学的构成机制）。从严格意义上说，形而上学的最终对象是神，但这并不意味着它可以被等同于单纯的神学。因为形而上学之所以表现为存在-神-学，就在于它不仅要完成从存在论到神学的过渡（这种过渡以实体学为中介），而且——从某种程度上说也是更为重要的——还要从神这个根据出发，回过头来对存在者整体的普遍存在者性（Seiendheit）进行说明（这是存在-神-学的运作机制）。

如果说形而上学在亚里士多德哲学中获得了存在-神-学的基本形态，那么它在以托马斯主义为代表的经院哲学中则真正成了完备的存在-神-学。如前所见，存在-神-学就其构成机制而言是以"向一"理论为基础的，而"向一"关系必须建立在绝对异质的项之间。但由于亚里士多德并没有表明神圣实体和感性实体之间存在着绝对异质性，所以"向一"关系并没有在实体层面上以确定无疑的方式建立起来，存在-神-学因而并未在亚里士多德那里达到其完备状态。[①]针对亚里士多德形而上学中的这一问题，托马斯·阿奎那通过将（新）柏拉图主义的分离学说引入亚里士多德的实体学说，并将分有学说引入"向一"学说中，而使形而上学成了完备的存在-神-学。[②]

接下来笔者将对命题二进行解释。如前所述，就其运作而言，作为存在-神-学的形而上学从神这个超越因（causa transcendens）出发来解释作为其结果的有限存在者整体。我们不难看出：存在-神-学机制事实上预设

[①] 当然，若从批判存在-神-学的视角下理解，这一命题恰恰意味着亚里士多德的形而上学并没有完全落入传统形而上学的架构中，参见安靖：《亚里士多德与形而上学的存在-神-学构造问题》《中山大学学报》（社会科学版）2018 年第 4 期。此外，亚里士多德的"神学"和海德格尔以批判的态度谈到的"神学"是否能够等同起来，也是一个具有争议性的问题。对于这个问题，笔者在此仅从后文中会运用到的"内容"和"功能"之分来作一简单说明：从内容的层面上说，亚里士多德式神学中的神是作为永恒世界的目的因的不动的动者，而海德格尔所批判的、在很大程度上受基督教思想传统影响的神则是非永恒世界的创造者；但从功能的层面上说，无论是不动的动者还是无限的创造者，它们全都作为"典范性存在者"在知识的领域中发挥着解释存在者整体之存在者性的作用。

[②] 托马斯·阿奎那通过一种新柏拉图主义化了的亚里士多德哲学来为存在-神-学奠基。Cf. Klaus Kremer, Die neuplatonische Seinsphilosophie und ihre Wirkung auf Thomas von Aquin, Brill, 1966, S. 351-407.

了"人的理智可以获得有关神的本性的知识"这个前提，因为只有这样，形而上学才能实现从最高维度向最普遍维度的过渡。而这就意味着，一旦否定了存在-神-学所预设的这个认识论前提，存在-神-学的可能性也就一并遭到了否定，而这正是作为康德先验哲学重要组成部分的理性批判所要完成的任务。因此，我们对命题二作出的第一种解释就是：康德之所以在形而上学的历史中实现了决定性的转折，是因为他通过理性批判工作在认识论的层面上揭示了存在-神-学的不可能性。

有关康德哲学的这一部分内容存在着多种解释模式，笔者在此将从"对先验感性论的总说明"的第4条出发，简要说明康德对存在-神-学的批判。在此，康德宣称我们只能设想两种直观存在：一种是作为源始直观（intuitus originarius）的神的理智直观，另一种是作为派生直观（intuitus derivativus）的人（或者更确切地说，包括人在内的一切有限的思维着的存在者）的感性直观。两种直观的共同之处在于，它们都是直接的、针对单一对象的认识活动；它们的不同之处在于：第一，理智直观是自发性的直观，它不受任何现成对象的约束而能动地创造出它的直观对象，而感性直观是接受性的直观，它只能把握独立于它而先行存在着的对象；第二，理智直观不以时空为形式，而感性直观必须通过时空形式发挥作用。①按照通常的解释思路，康德提出这一区分的目的是表明人类由于只具有感性直观、不具有理智直观，而只能认识现象，无法通达物自身。但在传统形而上学的语境中，理智直观发挥的最根本作用不是把握事物的自在存在，而是把握最高存在者神的本性。而且，发挥着这种作用的理智直观也并非康德所描述的那种创造性的本源直观②，而是一种不以时空作为自身形式的接受性直观。③如果带着这个问题重新审视康德对于两种直观的区分，我们实际上可以得出如下结论：通过一方面将理智和自发性捆绑在一起，另一方面将

---

① Immanuel Kant, Kritik der reinen Vernunft, S. 125-126.
② 康德所构想的这种本源的理性直观面临着一种内在困难：一方面，神的无限性决定了神可以像把握其他任何事物的自在存在那样把握自身的本性；另一方面，神对于任何事物的把握都是通过创造性的理智直观获得的，这就意味着神要在直观自身的同时创造出自身，康德因此也就陷入了传统"自因"理论的困境当中。康德显然没有为这个与其批判哲学主旨相冲突的问题找到一个完满的答案。
③ 传统形而上学所设定的这种理智直观的接受性是一种非常特殊的接受性，因为理智并不像感性那样拥有接受外部对象刺激的感官。就此而言，理智直观的接受性无非是说，它能够以内在的、纯粹先天的方式把握一种并非出自它的自发性创造的对象，而不是说它真的像感性那样从外部接受了它的直观对象。

感性和接受性捆绑在一起，康德彻底取消了被传统形而上学视为通达神的本性之途径的接受性理智直观。既然不具有这种理智直观，人们就无法通过思维把握神的本性，因而也就无法根据神的本性来对存在者整体的普遍存在者性作出说明，所以作为存在-神-学的形而上学是不可能的。

既然作为存在-神-学的传统形而上学不再可能，那么新的形而上学——就这种科学仍然关注可感自然世界的不可感原则而言——应当如何被设想呢？康德的回答是：新的形而上学与其说是关注对象，不如说是一般地关注我们有关对象的先天认识方式，因而是一种先验哲学（A12/B25）[1]。更确切地说，康德构想的形而上学所关注的不再是实在维度上的最高对象或第一存在者（Erstseiende），亦即超验（Transzendent），而是认识维度上的最高原则或第一所知者（Ersterkannte），亦即先验（Transzendental）。[2]这样一来，我们对命题二作出的第一种解释就能够以肯定性的方式表述为：康德在形而上学史上实现的重大变革就是完成了从超验哲学（亦即存在-神-学）到先验哲学的转变。

二、作为康德式先验哲学先行者的司各脱式先验科学

如果康德是在完成了从超验哲学到先验哲学的转折这种意义上实现了形而上学史的根本性转折，那么，一旦对形而上学史进行更为细致的考察，我们就会发现：第一个完成这场革命的哲学家实际上不是康德，而是在哲学史上首次将形而上学规定为先验科学的邓·司各脱（*Ordinatio*, I, dist. 3, pars.1, qu.3, n.118）。[3]而且，和康德一样，邓·司各脱对于形而上学的彻底改造，也是通过首先对人类的理性能力进行批判才完成的。[4]那么邓·司

---

[1] Immanuel Kant, Kritik der reinen Vernunft, S. 82.

[2] Cf. Ludger Honnefelder, Transzendent oder Transzendental: Über die Mbglichkeit von Metaphysik, Philosophisches Jahrbuch, 92, 1985, S.273-290.

[3] Jean Duns Scot, Sur la connaissance de Dieu et l'univocité de l'étant, O. Boulnois (introduction, traduction et commentaire), Presses Universitaires de France, 1988, p.133.

[4] Cf. Ludger Honnefelder, "Vernunft und Metaphysik. Die dreistufige Konstitution ihres Gegenstandes bei Duns Scotus und Kant", Grenzbestimmungen der Vernunft, P. Kolmer& H. Korten (hrsg.), Karl Alber, 1994, S. 323: "司各脱在形而上学的历史中前无古人地发展出了一套对于理性能力的批判，而且这种多样化的理性批判与康德的阐述相比几乎毫不逊色。"

各脱是如何对人的有限理性进行批判的？

在邓·司各脱看来，人类理智因其有限性而不具有理智直观的能力，所以它能够获得的认识都必然以感性经验为出发点。但是，不同于康德，后者从这一前提出发，断言一切知识都是关于可能经验领域中的对象的知识；邓·司各脱则出于基督教信仰的需要，必须承认人类的有限理智可以获得超出可能经验领域之外的、有关神的知识。但是，正如笔者将在下文中表明的那样，这种知识只是在普遍存在概念的视角下断定神的存在是无限存在的抽象知识，而不是只有凭借理智直观才能够获得的、有关神的独特本性的知识。邓·司各脱之所以要通过一种理性批判活动确立人类理智的界限，就是为了避免如下情况：如果人类单纯凭借自身的有限理性就可以认识神的本质，这就意味着启示和信仰不再具有必然性。就此而言，邓·司各脱和康德一样都想要通过限制知识，而为信仰留下地盘。① 既然人类理智出于上述理由无法通过理智直观获得关于神的本性的知识，我们也就无法以这种知识为基础对存在者整体进行解释，所以作为存在-神-学的形而上学对于人类的有限理性而言是不可能的。

和之前的托马斯·阿奎那、根特的亨利（Henricus de Gandavo）等经院哲学家一样，邓·司各脱必须在亚里士多德给出的两种形而上学构想中选择其中的一个。② 既然他已经表明形而上学不能以神为对象，那么他就必然要主张形而上学是以最为普遍的存在为对象的存在论。但是，正如我们在讨论形而上学的存在-神-学构造时已经看到的那样，亚里士多德形而上学构想的出发点同样是把这门科学规定为研究普遍存在的科学，但这并没有防止形而上学最终演变为神学（尽管是存在-神-学）。那么邓·司各脱如何才能避免重蹈亚里士多德的覆辙？要对这个问题作出回答，我们必须首先明确是什么导致亚里士多德的形而上学构想从存在论转向了神学，而这个决定性因素就是存在的多义性。因此，为了确保形而上学的存在论品格，邓·司各脱就必须表明存在概念不是多义性的，而是单义性的。如果说邓·司各脱的理性批判是从运作机制的角度出发证明了存在-神-学的不可能性，那么对于多义性存在的否定和对于单义性存在的肯定则是从构成

---

① 关于邓·司各脱和康德在实践哲学维度上的共同点，参见 Axel Schmid, Scotus und Kant. Rationale Anti-Rationalisten, Theologie mid Glauben, 89, 1999, S. 180-218。

② Cf. Albert Zimmermann, Ontologie oder Metaphysik? Die Diskussion über den Gegenstand der Metaphysik im 13. und 14. Jahrhundert, Peeters, 1998, S. 321-322.

机制出发证明了存在-神-学的不可能性。

存在的多义性在范畴的层面上最为突出地表现为实体范畴和其他偶性范畴之间的异质性，也就是说，实体和偶性在本性上没有任何共同之处。这种异质性不仅表现在实体是存在者之为存在者的根据，而偶性的有无对存在者不会产生任何形式上的影响；而且还表现在实体只能由思维把握，而偶性只能由感性把握。如前所述，司各脱式理性批判断言我们的一切知识都从感性经验开始，这就意味着我们的一切概念性知识都是通过对感性经验的分析得到的，其中就包括实体的概念。如果作为理智对象的实体和作为感性对象的偶性之间不存在任何本性上的共同之处，我们实际上就无法获得实体概念。但是，既然我们的确拥有实体概念，所以实体和偶性之间必然存在着共同之处。而且，由于这种共同之处是实体概念得以产生的根据，所以这自然意味着偶性也具有实体的元素而非相反。那么这个共同之处是什么？邓·司各脱给出的答案就是指示着一切存在者的"有其是其所是（quid habens）"的状态的单义性存在概念。① 一切实体都展现着自身的"是其所是（quidditas）"，而一切偶性自身也都同样展现着与它所依附的实体的"是其所是"不同的、属己的"是其所是"（亚里士多德正是由于忽视了偶性这一维度而没有达到单义性的存在概念）。因此，实体和偶性由于全都拥有属己的"是其所是"而在这同一种意义上存在着。换言之，它们可以被"存在"这个谓词以单义性的方式所谓述。②

既然存在是一个单义性概念，我们就没有必要借助"向一"来实现从多义性存在到实体的还原，因而也就无须借助"向一"进一步实现从多样性实体到神圣实体的还原。单义性存在概念由此取消了将形而上学构成为存在-神-学的可能性，并因而避免了重蹈亚里士多德的覆辙。作为形而上学对象的单义性存在并非像神那样是一切存在者的实在根据，而是人类所具有的一切概念的认识基础，它作为最基本的要素被包含在所有概念当中，并且在这种意义上是第一所知者，亦即认识的基础（而非经验认识的触发要素）。不仅如此，因为存在能够作为谓词去谓述包括了实体和偶性的所有范畴，所以它是一个普遍性超越了范畴的、具有最高普遍性的概念，邓·司各脱遵循经院哲学的传统将它称为先验概念（transcendens）。这样一来，

---

① Cf. Ludger Honnefelder, Ens inquantum ens. Der Begriff des Seienden als solchen als Gegenstand der Metaphysik nach der Lehre des Johannes Duns Scotus, Münster, 1979, S. 333-343.

② Jean Duns Scot, Sur la connaissance de Dieu et l'univocité de l'étant, pp.142-143.

由于形而上学已经被邓·司各脱证明为以存在为对象的科学，存在概念又是先验概念，所以它自然可以被称为先验科学或先验哲学。

三、作为司各脱式存在论继承者的康德式先验哲学

我们已经对命题二作出了第一种解释，而且还揭示了司各脱哲学在什么意义上是康德哲学的先驱。我们接下来要对命题二作出第二种解释，这种解释的视角与第一种解释的视角截然不同。如果说第一种解释在很大程度上仍然遵循着对康德先验哲学的通常理解，那么第二种解释则试图表明康德式先验哲学蕴含着一种有别于通常理解的哲学可能性。这种解释的出发点仍然是邓·司各脱的先验哲学。

在第一种解释的框架中，邓·司各脱在完成了理性批判的条件下，使形而上学第一次从以第一存在者为最终对象的存在-神-学转变为以第一所知者为对象的先验哲学。就此而言，康德的先验哲学无疑是司各脱式先验哲学的继承者。从这一论点出发，如果单义性存在概念在司各脱式先验哲学中扮演着第一所知者的角色，那么我们自然有理由宣称，在康德式先验哲学中扮演着认识最终基础角色的先验统觉，就是康德版本的单义性存在。这样一来，我们似乎可以断言，康德的先验哲学特别是其中的先验逻辑学，就是康德版本的单义性存在论。

尽管如此，如果对上述思路加以反思，我们不难得出下面这种结论：当我们宣称先验逻辑学中的先验统觉就是司各脱式单义性存在的继承者时，这么做的理由无非是从功能的视角出发，发现单义性存在在司各脱式先验哲学中所发挥的作用和先验统觉在康德式先验哲学中所发挥的作用是相同的，亦即它们全都具有对一般认识进行奠基的元认识功能。换言之，我们之前的讨论所遵循的是如下思路：存在着一种普遍的、理想的先验哲学结构（以理性批判为出发点，以"第一所知者"为体系的基石），这种结构最初在邓·司各脱的先验科学那里得到了体现，之后又在康德的先验唯心论那里得到了更为完备的展示，就此而言，康德的先验唯心论是邓·司各脱的先验科学的继承者。此外，因为在司各脱式先验哲学中发挥着第一所知者作用的是单义性存在概念，在康德式先验哲学中发挥着第一所知者作用的是先验统觉，所以康德式先验统觉即是司各脱式存在概念的继承者。

但是，如果我们将目光集中在司各脱式存在论本身的内容，再来探讨康德哲学对于邓·司各脱哲学的继承，我们就能够得到一个与此前结论截然不同的答案。更为具体地说，如果我们关心的问题不再是"康德式先验哲学如何继承了司各脱式先验哲学"而是"康德式先验哲学如何继承、甚至发展了司各脱式单义性存在论"那么这一问题视角下的司各脱式单义性存在论的继承者就不再是先验逻辑学，而是先验感性论。笔者将对这一论点作出论证。

我们必然要回应的一个基本问题是：从内容的层面上说，康德式先验统觉与司各脱式单义性存在之间存在着什么样的差异，以至于前者不能被视为后者的继承者？而要对这个问题作出回答，我们首先需要阐明邓·司各脱所构想的单义性存在具有什么样的特性。经过第三部分的讨论，我们已经看到：单义性存在是一个包括在其他所有概念当中的概念，它是普遍性超越属概念的最普遍概念。那么我们如何得出这个结论？答案是：通过在范畴的层面上揭示多义性存在概念的缺陷。我们在讨论形而上学的存在-神-学构造时已经看到，存在的多义性在范畴和实体两个层面上都有其表现；而且，对于存在-神-学构造本身而言，实体层面上的存在的多义性显然具有更为根本的意义，因为它直接涉及作为形而上学终极对象的神。既然如此，已经在范畴层面上被证明为有效的单义性存在，是否在实体层面上也发挥着作用？邓·司各脱的回答是肯定的。如前所述：一方面，由于人类的一切知识都从感性经验开始，所以人类所拥有的存在概念必然是以感性存在者为对象的存在概念；另一方面，人类的有限理智又必须认识到神是存在的。如果要同时满足这两方面的要求，我们必然要得出如下结论：人类通过自身的有限理智对感性存在者的经验进行抽象分析得到的存在概念，同样也适用于作为无限存在者的神。既然同一个存在概念既适用于有限存在者，又适用于无限存在者，那么它就是在同一种意义上谓述这两类存在者的单义性概念。这样一来，由于司各脱式存在是普遍性高于范畴的先验概念，我们因而发现了它的又一个基本特征：单义性存在概念是理解神的存在和有限存在者的存在的共同基础。[1]

在此基础上，我们可以展开进一步追问：既然无限存在者和有限存在者在同一种意义上存在，这是否意味着两者在存在论的层面上没有任何差

---

[1] Jean Duns Scot, Sur la connaissance de Dieu et l'univocité de l'étant, p.97

异？从司各脱主义的视角看来，存在概念的单义性并不意味着无限存在和有限存在可以混为一谈。既然如此，无限存在和有限存在之间的差异是一种什么样的差异？邓·司各脱的回答是：无限存在和有限存在之间的差异是单义性存在概念的内在样式（modus intrinsecus）间的强度差异。① 也就是说，虽然神的无限存在和造物的有限存在是相同的存在，但由于它们是不同强度的存在样式，所以彼此间存在着不可消除的差异。尽管如此，这并不意味着只有在无限存在和有限存在之间才存在着强度差异。事实上，由于邓·司各脱宣称"一切存在者都拥有内在的完满程度"（IV, n.87）②，所以无穷多的有限存在者之间同样存在着强度差异。我们由此可以得出如下结论：在范畴和实体两个层面上全都具有最高程度的普遍性或共同性的单义性存在概念——作为所有存在者的基础——在不经过任何范畴中介的情况下，直接与作为其内在样式的特殊存在者发生关系。

因此，如果我们将"直接与以其为原则的个体事物内在地相关的普遍原则"视为单义性存在的标准，那么在康德那里始终被视为普遍概念形式的同一性基础的先验统觉显然不能被视为司各脱式单义性存在论的继承者。但是，这并不意味着康德式先验哲学中没有任何一个部分具备成为单义性存在论的资格。实际上，康德已经在其先验哲学系统的先验感性论中给出了这样一种普遍性原则，亦即作为纯粹直观形式的空间和时间。在先验感性论的核心部分即时空概念的形而上学阐明中，康德揭示了时空所具有的三个基本特征：第一，作为非实体性的关系系统，时空不仅独立于时空内存在者，而且是时空内存在者得以存在亦即在时空中显现的存在论条件——时空是与存在者截然不同的存在（A24/B38-39）③；第二，时空是使一切时空部分亦即各种时空内存在者所占据的特殊时段、特殊广延成为可能的条件，是先于一切特殊时空部分的"分析的整体（totum analyticum）"（Refl.3789；AA 17: 293）④，而且它作为特殊时空部分的普遍原则内在地与它们相关，因为后者就在前者之中（A25/B40）⑤；第三，时空是使特殊

---

① Jean Duns Scot, Sur la connaissance de Dieu et l'univocité de l'étant, p.239.

② Jean Duns Scot, Traité du premier principe, J.-D.Cavigioli, J.-M. Meiland & F.-X. Putallaz (trad.), Vrin, 2002, p.190.

③ Immanuel Kant, Kritik der reinen Vernunft, p.98.

④ Qtd. in Christian Onof & Dennis Schulting Space as Form of Intuition and as Formal Intuition: On the Note to B160 in Kant's Critique of Pure Reason, Philosophical Review, 124 (1), 2015, p.14.

⑤ Immanuel Kant, Kritik der reinen Vernunft, p.100.

时空部分以及占据这些部分的时空内存在者的潜无限的综合成为可能的实无限的条件（AA 20：421）。①在这三个基本特征当中，第一个和第三个基本特征表明了时空的普遍性，第二个基本特征表明了作为普遍原则的时空与以其为原则的事物的内在关联性。我们由此可以断定，康德所构想的时空才是司各脱式单义性存在的真正继承者。

事实上，康德式时空不仅继承了司各脱式单义性存在，而且还在一个根本的方向上超越了后者。虽然司各脱式单义性存在在构成和运作这两个维度上都摧毁了存在-神-学的可能性，但它和被后者视为至上原则的最高存在者"神"，全都是以经验存在者为出发点被构想的：单义性存在是所有存在者都具有的普遍存在者性，而神则是以最完满的方式具有了存在者性的最高存在者。就此而言，取消了最高存在者作为形而上学对象的可能性虽然是一种进步，但这从根本上说只是摧毁了传统形而上学的外在结构，而没有触及它的内在本质。而当康德将单义性存在构想为时空时，单义性存在不再是抽象的存在者性，而是与存在者性无关的、从根本上关涉存在者的运动的发生原则（genetische Prinzip），而且传统形而上学在从经验存在者出发构想最高存在者的本性时，必然会取消时空维度这个事实本身，就可以表明时空相对于存在者性而言的异质特征。因此，由邓·司各脱的单义性存在论发起的克服传统形而上学的行动，通过康德的先验感性论才最终得以完成。这样一来，我们就给出了对于命题二的第二种同时也是更为根本的解释：康德之所以完成了形而上学史上的一个决定性转折，是因为他通过在先验感性论中将存在规定为纯粹时空，而避免了将存在"存在者化"为最高存在者或普遍存在者性。

海德格尔在《康德〈纯粹理性批判〉的现象学阐释》中曾经谈到 17 世纪德国学院形而上学的两个分支：一个分支是以普遍存在为对象的一般形而上学（metaphysica generalis），亦即存在论；另一个分支是以神、世界、灵魂这三个超感性的存在者为对象的特殊形而上学（metaphysica specialis）。在海德格尔看来，虽然作为存在论的一般形而上学看似是在研究存在本身而非存在者，但它和特殊形而上学一样只是"存在者层次上的

---

① Immanuel Kant, On Kastner's Treaties, Ch. Onof & D. Schulting (trans.), Kantian Review, 19 (2), 2014, p.310.

科学（ontische Wissenschaft）"①，因为它仍然是以存在者为出发点，将存在构想为所有现成存在者普遍具有的抽象的存在者性。海德格尔的这种批评同样可以拿来针对司各脱式单义性存在论，因为后者所构想的单义性存在概念正是以感性存在者为出发点的抽象分析活动的产物（而且德国学院形而上学本身就是司各脱主义的发展结果）。就此而言，无论是邓·司各脱的作为先验科学的单义性存在论，还是康德的先验逻辑，由于它们确定第一所知者的方式全都没有避免将存在构想为存在者性，所以它们对于形而上学的存在-神-学构造的超越并不彻底。而在"普遍性原则直接与个体存在者内在地相关"这一关键点上继承了司各脱式单义性存在论的康德式先验感性论，则更为彻底地摆脱了传统形而上学的存在-神-学构造：作为单义性存在的时空不再是从现成的存在者出发而被逆向构想出来的普遍存在者性——它因而同时超越了最完满的存在者和最普遍的存在者性——而是规定着一切时空内存在者的生成与消逝的发生原则。

（本文原载于《哲学动态》2018 年第 7 期）

---

① Martin Heidegger, Phänomenologische Interpretation von Kants Kritik der reinen Vernunft, Klostermann, 1977, S. 14.

胡塞尔的超越论共源性和舒茨的世俗共源性

——批判与反批判

张俊国

一、舒茨论交互主体性和世界的世间共源性

著名现象学社会学家阿尔弗雷德·舒茨（Alfred Schutz）认识到，胡塞尔现象学中的交互主体性和世界有着内在本质联系，并在此基础上延伸出交互主体性和世界的共源性（co-originality）思想。[①]但是，舒茨否定了胡塞尔构造（konstitution）理论的超越论（transzendental）维度，没有坚持超越论交互主体性。因此，他所说的共源性是自然态度下交互主体性与世界的"世间共源性"。

舒茨认为日常生活世界作为一个共同的生活环境是"理所当然"的，

---

① 舒茨一开始没有直接使用"世间共源性"这一术语，是欧根·芬克（Eugen Fink）在对舒茨的评论和批评中提出了交互主体性与世界之客观性的共源性，舒茨接受了这一观点。芬克认为，"因此，在我看来，一个人不能在客观性和交互主体性之间建立这样一种关系，使一个或另一个优先。相反，客观性和交互主体性也许是共源的"（cf. Alfred Schutz, "The Problem of Transcendental Intersubjectivity in Husserl", Collected Papers III: Phenomenological Philosophy, Martinus Nijhoff, 1970, p.86）。舒茨对芬克作出这样的回应："无论如何，我发现很难接受交互主体性和世界之客观性的共源性作为胡塞尔思想框架中的超越论构造问题。毫无疑问，就自然态度而言，就对生活世界的基本理解而言，这两个范畴是共源的"（Ibid., p.89）。由于舒茨在自然态度下讨论共源性问题，本文据此延伸出"世间共源性"的概念。值得注意的是，舒茨和芬克的原本用语是"交互主体性和世界之客观性是共源的"，本文则是在构造意义上谈论共源关系，但世界的客观性是否为构造性的仍值得商榷，故而本文主要讨论交互主体性和世界的共源性，这也是对舒茨和胡塞尔的一种理解和解读。

它的存在是一个不可否认的事实,这是"人根本的和至高无上的现实"①。根据舒茨的观点,自然态度是我们看待世界的基本视角。在日常生活中,我们不怀疑事物的存在,比如"我"坐的椅子、"我"用来写作的电脑和流动的河水等。尽管世界的构造是必要和可能的,但它必须在自然态度下进行。"只有在日常生活的世界中,一个共同的、可供交流的周围世界才能被构造。"②此外,对于如何构造生活世界,舒茨明确提出了一种与胡塞尔的超越论悬搁有本质区别的特殊悬搁。舒茨的悬搁捍卫了对世界存在的朴素信仰,而胡塞尔的超越论悬搁排除了对世界存在的朴素信仰,并由此揭示世界呈现给超越论主体的意义。对此,舒茨指出"日常生活的自然态度具有特殊形式的悬搁。在自然的态度下,一个人不中止他对外部世界及其物体存在的信仰。相反,他悬搁了对它们的存在的怀疑态度"③。对于舒茨来说,自然世界观中存在着一个绝对的世界,任何对它的怀疑和拒绝都被中止。

舒茨认为交互主体性不是超越论态度下的超越论意义问题,而是自然态度下生活世界的表征(index)。面对超越论交互主体性难题,舒茨放弃了胡塞尔在超越论态度下采用第一人称视角构造他人的途径:"舒茨似乎无法自信地捍卫胡塞尔(构造)他人的方式。……舒茨继续探究'我'和'我们'之间的关系,然后探究'我'如何在日常的生活世界中经验'他人。'"④在舒茨看来,主体决不能否认他的同伴们(fellow-nen)的存在,他们有着相同的、真实的存在。舒茨认为他者的存在是理所当然的;他人不仅拥有物理身体,而且具有灵魂和精神。⑤

舒茨认为,在自然态度下,交互主体性与生活世界在构造上具有共源关系。一方面,交互主体性起源于生活世界。生活世界是一种结构性的生活场域,决定了作为主体的人之间的相遇和联系,从而使得"我的同伴"成为可能。⑥作为一个普遍的社会和文化环境,生活世界预先被给予我们,

---

① Alfred Schutz & Thomas Luckmann, The Structures of the Lfe-World, Volume 1, Richard Zaner & H. Engelhardt (trans.), Northwestern University Press, 1973, p.3.

② Alfred Schutz & Thomas Luckmann, The Structures of the Lfe-World, Volume 1, p.3.

③ Alfred Schutz & Thomas Luckmann, The Structures of the Lfe-World, Volume 1, p.27.

④ Hisashi Nasu, "How is the Other Approached and Conceptualized in Terms of Schutzs' Constitutive Phenomenology of the Natural Attitude?", Human Studies, 28 (2005), pp.386-387.

⑤ Alfred Schutz & Thomas Luckmann, The Structures of the Lfe-World, Volume 1, p.5.

⑥ Alfred Schutz & Thomas Luckmann, The Structures of the Lfe-World, Volume 1, p.59.

没有人能脱离这种社会背景，脱离与他们伙伴的联系。预先被给予的生活世界是交互主体性得以实现的前提。正如舒茨所言，"生活世界不仅是一个物质世界，而且——或者也许最重要的是——一个社会世界，生活世界的本体论必须把自我呈现为已经与他人处于相互关系中"①。另一方面，生活世界是通过交互主体性而被构造的。由于站在不同的角度和位置，我们对事物的经验不同，那么不同主体关于事物同一性的认识是如何可能的呢？舒茨提出了两个理想化的假设来解决这个问题："角度互换的理想化（the idealization of the interchangeablity of standpoints）"和"相关性系统的一致性理想化（the idealization of the congruence of relevance systems）"，这两个假设共同构成"视角相互性的一般论题（the general thesis of the reciprocity of perspectives）"。第一个理想化假设涉及如何让处于不同位置的主体以相同的视角感知事物，第二种理想化假设解决的是我们对事物认知如何达成主体间的一致。对于舒茨来说，通过视角的相互交叠和补充，自然态度下被视为理所当然的生活世界以"共同的"方式被给予我们，具有客观性。②因此，这个世界不是"我"的私人世界，而是交互主体性的世界——这个世界为所有主体共同拥有。此外，所有的文化物体，如"工具、符号、语言系统、艺术作品、社会机构"都指向"人类主体活动的起源和意义"。③从这个意义上说，所有的历史文化对象都起源于主体活动，并且通过指向交互主体的经验，使这些对象变得可以理解和有意义。

对于舒茨来说，交互主体性与世界是共同起源的一对概念，具有本源上的建构性关系。他认为"世界的客观性建立在交互主体性的基础上，而交互主体性又建立在一个被认为理所当然的'交流环境（communicative environment）'之上"④。舒茨的世间共源性的一个基本特征是承认并坚持交互主体性和世界的世间存在性，悬搁意义构造问题——这是胡塞尔超越论现象学聚焦的问题。另一个基本特征是，舒茨坚持交互主体性和世界的二元结构，排除了超越论主体性。根据他对胡塞尔的理解，超越论主体性具有本体论意义上的优先性，而不仅仅是方法论上的优先性，交互主体性

---

① Alfred Schutz, "The Problem of Transcendental Intersubjectivity in Husserl", p.90.
② Alfred Schutz & Thomas Luckmann, The Structures of the Lfe-World, Volume 1, p.61.
③ Alfred Schutz, Collected Papers I, The Problem of Social Reality, edited and introduced by Maurice Natanson, Martinus Nijhoff, 1962, p.10.
④ Alfred Schutz, "The Problem of Transcendental Intersubjectivity in Husserl", p.89.

和世界处于派生的从属地位。①因此，这三者不可能是共源关系。

二、舒茨对胡塞尔超越论交互主体性的批评

在《胡塞尔超越论交互主体性的难题》一文中，舒茨将胡塞尔超越论交互主体性的构造分为几个步骤，并对这些步骤进行了批判②，进而否定胡塞尔对于他人的超越论构造理论，在此基础上否定客观世界的可能性。

具体而言，首先，舒茨批评胡塞尔的原真还原（primordial reduction）。胡塞尔通过原真还原悬搁了"所有与其他主体具有直接或者间接联系的构造性成就"从而建立了自我的原真领域——这种限制他者实际的或者潜在的意向性是为了建立起真正的属我领域，进而以此为出发点进行超越论构造（cf.Hua I, 124/93）③。舒茨认为胡塞尔的原真领域至少有五个困难，比如"前构造的基质"（unterstufe/preconstituted substratum）是什么？它是如何产生的？如何区分我们意识中的属我之物和非我？④

其次，在第二阶段，舒茨对胡塞尔的类比统觉理论进行了尖锐批判。根据舒茨的理解，类比统觉依据身体的相似性，从而使自我的身体意义转移到他者的躯体（körper/physical body），使得他者的躯体变成活着的身体（Leib/living organism）。舒茨质疑道：如何理解"类我存在（ego-like being）"的动物呢？如果依据身体相似性理论"那么就无法解释出现在我的原真领域（Primordialsphäre）的这个和那个身体是如何被解释为鱼的身体或者鸟的身体的情况"⑤。舒茨进一步指出，在原真领域中，由于自我对自己身体的感知是本原性（originär/original）经验，而对他者身体的感知是非本

---

① 这一观点是舒茨对胡塞尔的误解，因为对胡塞尔来说，超越论主体性不具有本体论意义上的优先性，而是一种在构造顺序上的方法论优先性。可参见：David Carr, "The 'Fifth Meditation' and Husserl's Cartesianism", Philosophy and Phenomenological Research, 34 (1913), p.31。这一理解关乎如何理解对他人的超越论构造理论以及主体性、交互主体性和世界的关系。

② Alfred Schutz, The Problem of Transcendental Intersubjectivity in Husserl, pp.57-84.

③ Hua I = Edmund Husserl, Cartesianische Meditationen und Pariser Vortrage, S. Strasser (hrsg.), Martinus Nijhoff, 1973. 遵循学界惯例，本文中所引胡塞尔文本将以文内注形式标注《胡塞尔全集》版页码，后文不再一一说明。

④ Alfred Schutz, The Problem of Transcendental Intersubjectivity in Husserl, pp.57-60.

⑤ Alfred Schutz, The Problem of Transcendental Intersubjectivity in Husserl, pp.63-64.

原性的，那么胡塞尔需要回答：两者身体的相似性是如何可能的呢？

再次，在第三阶段，舒茨的质疑和批评主要集中在如何从一个心理-物理的他者变成一个具体且丰富的单子意义上的他者。他向胡塞尔提出这样的难题："但是自我怎么能经验'你能（you can）'？"① 换言之，胡塞尔如何通过类比和移情构造出和自我一样具有构造功能的超越论他者，而不是心理-物理意义上的他者？这不仅关乎对他者的构造是否成功，还决定对客观世界的构造是否可能。

最后，在第三阶段的基础上，舒茨质疑胡塞尔对客观世界之构造的可能性。舒茨认为构造超越论他者困难重重，即便他承认胡塞尔对超越论他者的构造是成功的，但是超越论自我和他者的交流是如何可能的？客观世界的构造依赖于主体之间交互关系的建立，但是主体之间交互关系的建立又以主体间的交流为前提，而主体间的交流预设了关于共同世界的知识，但是世界又有待构造。② 舒茨因此批评胡塞尔没有厘清超越论构造的内在逻辑关系。③

舒茨对胡塞尔超越论交互主体性的批评具有一定的合理性，因为他指出了构造他人的理论困境。④ 但是从根本上来看，他的批评是片面的。从他对胡塞尔的批评可以看出，舒茨坚定维护超越论自我作为构造起点的地位，也认为超越论自我无疑是构造他人意义的中心。胡塞尔构造出的他者同样应该和自我一样是另一个超越论主体，具有不可还原性（irreducibility）和单一性（singularity）。然而，让舒茨无法理解的是，如何可能在自我的"纯粹意识领域"中构造出"超越论他者"——胡塞尔的这一目标本身决定其不可能实现。正是在此意义上，舒茨否定胡塞尔的原真还原、类比统觉和不同主体间交流的可能性。当舒茨发现无法从第一人称视角的超越论主体构造他人的时候，他选择放弃构造超越论交互主体性的超越论道路，进

---

① Alfred Schutz, The Problem of Transcendental Intersubjectivity in Husserl, p.68.
② Alfred Schutz, The Problem of Transcendental Intersubjectivity in Husserl, pp.69-72.
③ 这里舒茨对胡塞尔的批判恰恰证明了本文所坚持的主体性、交互主体性和世界的超越论共源性的合理性。后文将详细阐述超越论共源性。
④ 舒茨的观点不仅批判性强，而且具有一定的说服力。他的批评可以在胡塞尔的著作中找到一些支持性的证据，对此，他甚至说其批评主要是基于《观念 II》和《笛卡尔式的沉思》。正如他所指出的，"也许有关交互主体性构造的未发表手稿可以提供一种解释。目前的研究不超出出版材料的范围"（Alfred Schutz, The Problem of Transcendental Intersubjectivity in Husserl, p.78）。对于胡塞尔的交互主体性问题，我们可以综合利用胡塞尔已发表和未发表的材料进行全面地把握。

而转向自然态度下的世间道路。在自然态度下,他从一开始就承认和预设交互主体性与世界的存在,并处于一种世间的共源关系。自我不需要在超越论态度下构造他人,他人已经存在,并向自我呈现为一种同伴关系。

通过这样的分析,我们可以发现舒茨对胡塞尔批判的根本原因是他片面理解了主体性、交互主体性和世界的关系。事实上,超越论主体性、交互主体性和世界对于超越论现象学是必不可少的,并且三者具有一种不可分割的本质联系和在构造层面的结构依存性-共源性。舒茨对主体性、交互主体性和世界的片面理解体现在他割裂构造性和被给予性,没有坚持两者的统一性。罗伯特·索科洛夫斯基(Robert Sokolowski)认为,超越论构造同时兼顾他人对自我的依赖性(dependence)和他人的超越性(transcendence),这是构造他人必不可少的两个方面[①],而这要求构造性和被给予性的统一。对于胡塞尔而言,超越论自我作为构造起点,在构造他人和世界的过程中具有重要作用,这是超越论现象学始终坚持的。然而,如果没有构造性意识和世界视域的被给予性,超越论自我就无法成功构造另一个超越论主体。舒茨过分强调超越论自我的构造性,而忽略了被给予性。他认为超越论主体在构造中具有本体论的优先性,而坚持构造性和被给予性的统一会否定超越论主体在构造中的中心地位和优先性。事实上,这两者不矛盾,正是由于舒茨错误地认为两者是不相容的和矛盾的,所以才否定胡塞尔构造超越论交互主体性的超越论道路。由于没有全面地理解超越论主体性、交互主体性和世界的关系,他才会转向自然态度下的交互主体性和世界的世间共源性。[②]

胡塞尔的超越论共源性和舒茨的世间共源性有本质的区别。第一,胡塞尔的共源性建立在超越论的态度上,而舒茨的共源性建立在自然态度上。第二,舒茨的世间共源性侧重于被给予性——世界和交互主体性是预先被给予的,而忽略了超越论主体的构造性;胡塞尔则强调构造性和被给予性的统一。第三,胡塞尔强调主体性、交互主体性和世界是超越论构造必不可少的三个元素,进而形成超越论现象学的三元逻辑结构。并且,胡

---

① Cf. Robert Sokolowski, The Formation of Husserl's Concept of Constitution, Martinus Nijhoff, 1970, p.197.
② 值得注意的是,我们不排除舒茨对世界的超越论构造没有足够的兴趣,故而从胡塞尔的超越论现象学转向社会现象学的可能。这里主要是厘清舒茨思想发展的逻辑进程,从而回答他为什么会批评胡塞尔的超越论构造理论,以及是什么促使他转向世间共源性等问题。

塞尔强调超越论主体性在交互主体性与世界的共源性中的构造作用，从而形成主体性、交互主体性和世界的共源关系。胡塞尔认为，主体性、交互主体性与世界是相互构成的，是相互依存的源头。但是，舒茨主张交互主体性和世界在世间意义上的共源关系，直接去除超越论主体性；生活世界在自然世界观中是理所当然的，不需要超越论构造。他的交互主体性是世间性的，是生活世界的基准，不依赖超越论主体性。

进一步说，从超越论主体性出发，立足于交互主体性，进而寻找认识的客观性及其基础，这是胡塞尔交互主体性现象学的方法论和灵魂。这就要求现象学的询问首先要回溯到主体性本身①，因此胡塞尔始终没有放弃从超越论主体性出发的超越论构造道路。胡塞尔认为，超越论自我是构造主体，具有优先性，是他人和世界获得意义的来源。舒茨据此认为这决定了主体性、交互主体性和世界不可能处于一种共源关系。这种理解是有失偏颇的，因为他忽略了主体性、交互主体性和世界是一种在构造意义上相互依存的结构性共构（co-constitution）关系——这是超越论共源性理论所坚持的。

三、对舒茨批判的回应：超越论共源性

胡塞尔的超越论共源性主张主体性、交互主体性和世界不是三个独立的构造性源头，反对存在超越或者凌驾于三者之上并作为其基础的源头。我们可以将主体性、交互主体性和世界理解为互为条件的源头：不存在绝对的、无条件的和独立的源头，而只有条件的、相对的和相互依赖的源头。这种相互依存、相互构造的结构依存关系，具体来说，包括以下三个方面：第一，胡塞尔认为主体性、交互主体性和世界都是绝对的——"绝对的世界"（Hua XV, 373），"普遍的、绝对的交互主体性"（Hua XV, 373, 403），"主体是绝对的"（Hua XIV, 136），"绝对的意识"（Hua XIII, 15, 17, 20,

---

① 根据倪梁康的解释，胡塞尔的术语"超越论的（das Transzendentale / transcendental）"有双重含义：（1）作为一种哲学的考察问题的方式，我们需要"从经验着世界的主体出发"，对"认识的最终根源进行询问"。（2）基于主体间性和主客体的相互关系，从"主体性本身寻求客观认识的可能性"。参见倪梁康：《胡塞尔现象学概念通释》，北京：商务印书馆，2016年，第 502-505 页。

246）。①第二，这三者却都不是绝对的和无条件的源头，这意味着超越论主体性不具有相对于交互主体性和世界的绝对优先性，也不是两者的独立源头。换言之，超越论主体构造他者和世界是有条件的。第三，超越论共源性包含三组共源关系：主体性和交互主体性、主体性和世界以及交互主体性和世界。②每组中的两个元素是相互构造关系，并且需要第三个元素作为相互构造的必要条件。

构造性和被给予性的统一使超越论共源性得以可能，超越论共源性内在地要求构造性和被给予性的统一。胡塞尔的超越论现象学是通过超越论主体的构造活动使得物体、他者和世界获得意义，从而实现为科学奠基的目标。在这个意义上，超越论主体的构造活动是给予意义（giving sense）③，但是给予意义并不意味着从无到有地创造意义，而是使被构造对象的意义向主体显现。换言之，主体的意义构造是有条件的，需要被给予性并与被给予性统一。两者的统一性一方面保证超越论主体性作为构造起点和在构造中的中心地位，另一方面保证他者和世界的构造性和客观性。过分强调前者会导致狭义的"主体中心主义"（subjectivist orientation）——主体性是第一位的、绝对的，是意义的唯一源头，交互主体性和世界是第二位的、相对的和派生的。根据狭义的"主体中心主义"，主体性是绝对的构造者，交互主体性和世界是完全意义上的被构造者。在此意义上，狭义的"主体中心主义"是对胡塞尔超越论现象学的激进而片面的认识——而这似乎是舒茨对胡塞尔的理解。这条路是行不通的，因为胡塞尔的目标是从超越论主体出发去寻求客观性的基础，如果他人和世界不具有客观性和独立性，

---

① Hua XIII = Edmund Husserl, Zur Phänomenologie der Intersubjektivität. Texte aus dem Nachlass. Erster Teil: 1905-1920, Iso Kern (hrsg.), Martinus Nijhoff, 1973; Hua XIV = Edmund Husserl, Zur Phänomenologie der Intersubjektivität. Texte aus dem Nachlass. Zweiter Teil: 1921-1928, Iso Kern (hrsg.), Martinus Nijhoff, 1973; Hua XV = Edmund Husserl, Zur Phänomenologie der Intersubjektivität. Texte aus dem Nachlass. Dritter Teil: 1929-1935, Iso Kern (hrsg.), Martinus Nijhoff, 1973.

② 主体性、交互主体性和世界在超越论共源性中不可分，人为地区分出三组关系是不恰当的，本文主要是为了便于理解和方便论述才人为地区分出三组共源关系。另外，由于本文针对舒茨对胡塞尔的批判，因此主要探讨主体性和交互主体性的共源关系，以及世界是两者共源关系得以可能的必不可少的条件，进而回应舒茨对胡塞尔的批评。本文不会着重探讨主体性和世界的共源关系以及交互主体性和世界的共源关系，也不会全面系统地阐述主体性、交互主体性和世界的超越论共源性思想。

③ Cf. Robert Sokolowski, The Formation of Husserl's Concept of Constitution, p.196.

那么为科学奠基的基础主义（foundationalism）①将不可能实现。同样地，如果过分强调被给予性，认为他人和世界已经存在，没有构造的必要性，他人和世界不需要从超越论主体那里获得意义，那么这就不是胡塞尔坚持的超越论构造道路。因此，只有坚持构造性和被给予性的统一，才能同时兼顾这两方面的要求，并且也才能在真正意义上解决主体性、交互主体性和世界表面上的矛盾关系和内在张力（cf. Hua XIV, 195）。只有把超越论交互主体性放在这三者的共源关系中，才能真正地理解胡塞尔关于他人的构造理论，从而回应舒茨对胡塞尔的批判。②

舒茨对胡塞尔超越论交互主体性理论的批评主要是由于他忽略了在对他人的构造中，主体性和交互主体性的共源关系以及世界在两者共源关系中的构造性作用。

首先，超越论主体性从根本上说是交互主体性的，胡塞尔将主体性理解为开放交互主体性（cf. Hua XIV, 289）。胡塞尔将现象学还原（phenomenological reduction）展开为密不可分、不可或缺的两个阶段：本我论还原（egological reduction）和交互主体性还原（intersubjective reduction）。他指出，前者处理主体性经验，而后者处理交互主体性经验。通过交互主体性还原，个别的、单独的经验通过被动综合形成单子际经验（intermonadic experience）。正如胡塞尔所说："这种区别对于现象学还原理论很重要。从交互主体性出发，可以通过搁置自在的世界来建立主体间的还原，从而将其还原到交互主体性的宇宙，包括所有个体的主体性方面。然后是第二步，还原到交互主体性的、最终的构造性生命，主体间的'经验流'所有形态的共融。如果我们从本我论现象学开始：①还原到主体性，但后来考虑，②主体性目标只是主体的，也需要新的还原。"（Hua XV, 69）

对于胡塞尔而言，本我论还原和交互主体性还原具有本质联系：前者是后者得以实现的条件，而后者是前者的高阶延伸和升华，两者共同构成普遍的现象学还原。胡塞尔认为，只有在两者的本质联系中，才能实现超越论构造。在本我论还原的基础上，交互主体性还原使得他人"陌生的"

---

① Sebastian Luft, Husserl's Theory of the Phenomenological Reduction: Between Life-world and Cartesianism, Research in Phenomenology, 34 (2004), p.226.
② 由于舒茨对胡塞尔超越论交互主体性的批评是多方面的，本文主要对他的核心论点进行回应，无法逐一反驳其分论点。

精神生活在移情的"证据形式"中实现（cf. Hua IX, 263/115）①。通过本我论还原的原真世界一开始就不是纯粹而绝对主体性的，而是在本质上具有交互主体性意义。对此，耿宁（Iso Kern）认为，交互主体性领域并不是超越论主体性领域的延伸。这不是超越"唯我论观点（solipsistic viewpoint）"，而是对超越论领域的一种解释（Explikung），或证明超越论唯我论仅仅是一种假象。胡塞尔并不认为超越论领域的构成是他的目标。相反，他打算揭示超越论领域的交互主体性意义。耿宁指出，对于胡塞尔来说，事实上超越论领域以一种内隐的方式呈现为交互主体性，并通过交互主体性还原，超越论交互主体性开启了超越论主体性领域（cf. Hua XV, XXXIII）。故而，我们应将超越论主体性理解为交互主体性（Das Verständnis der transzendentalen Subjektivität als Intersubjektivität）（HuaXV, 16），并且这种理解是为了更好地理解主体性本身（HuaXV, 17）。

基于这样的理解，舒茨对胡塞尔的原真还原和属我领域的批评是不合理的，因为他没有充分考虑到本我论还原和交互主体性还原、主体性和交互主体性的本质联系。通过原真还原，胡塞尔区分出"属我"和"非我（not properly of the ego）"，悬搁"属他"的意向性成就，从而构造出属我领域。超越论自我的意识具有窗户，不是封闭的而是开放的，和外界具有意向性联系，这样自我才有可能构造他人和世界（cf. Hua XIII, 474）。因此，属我领域不仅是主体性的，也是交互主体性的，这同时表明超越论主体性是构造性的和客观的。在原真领域中构造他者一方面揭示了自我的意识领域之交互主体性意义，另一方面探索了如何在纯粹的原真领域中构造另一个超越论主体——他者也和自我一样具有原真领域和超越论生命。所以，胡塞尔通过原真还原没有割裂自我和他人、主体性和交互主体性在构造意义上的共源性联系，而是揭示出两者的共源性应该在何种超越论的构造性条件下得以可能。

其次，构造性和被给予性是统一的。在批评胡塞尔超越论交互主体性的第二步中，舒茨批评意义的类比统觉依赖于自我和他人的身体相似性。他认为，自我对自己身体的理解和对他者身体的理解是不同的，自我无法获得他人的本原性经验。既然如此，自我如何实现意义从自己的身体转移

---

① Hua IX = Edmund Husserl, Phänomenologische Psychologie, Walter Biemel (hrsg.), Martinus Nijhoff, 1968.

到他者的躯体呢？对此，胡塞尔承认自我对他者的本原性理解是不可能的。但是，正是这种本原性经验的不可能性，才在真正意义上证明了自我所构造的是他者，而不是自我的复制品或一部分。对此，丹·扎哈维（Dan Zahavi）表示，正是这种对他人的经验和对自我的经验之差别性，才在真正意义上证明自我所经验的是他人的思想意识，因此这种差别性是构造性的，而不是破坏性的。①但不可否认的是，舒茨指出了构造他人的困难：如何在无法获得他人本原性经验的情况下，在自我的原真领域中构造出另一个超越论主体？对于这个难题，仅凭主体的构造性维度难以解决，这就是为什么舒茨会批评胡塞尔的超越论自我构造他人困难重重——超越论自我无法构造出他者的意识，而只是让他者的意义和超越论生命呈现。

胡塞尔在《笛卡尔式沉思》中提出身体作为类比统觉的基础，舒茨否定这一基础，并提出"类我（ego-like）"的动物作为反例，以证明身体间的相似性无法作为构造他人的基础。对此，一方面，我们不能否认身体相似性和具身性在构造他人中的作用；另一方面，我们需要考虑到底什么是自我和他人的根本相似性，以作为构造的基础。事实上，主体之间的根本相似性是构造性意识，这是对主体性意识具有构造性的事实性（facticity）规定。由此出发，我们可以从构造性和被给予性——主体的构造性和构造性意识的被给予性——的统一来回应舒茨对胡塞尔的批判。

我们首先对构造性意识进行这样的规定：①构造性意识是普遍的、匿名的（anonymous），不属于某一特定的主体，而是所有主体共有的，是主体间的根本相似性。②构造性意识不是被构造的，而是被给予的。③构造性意识的被给予性必须与主体的构造性相统一，两者缺一不可。两者的统一性一方面保证超越论自我是构造他人的主体，另一方面保证构造出的他者不是自我的复制品，而是另一个超越论主体，从而保证超越论他者的客观性和构造性。换言之，通过构造性和被给予性的统一，主体性和交互主体性相互构造、互为源头，形成有条件的、彼此依存的构造源头。

那么，构造性意识的被给予性会不会与胡塞尔的原真还原相矛盾呢？其实，原真还原没有将构造性意识悬搁，因为如果构造性意识被悬搁，那么自我的超越论生命将消失，自我又如何对他者进行构造呢？因此，构造

---

① Dan Zahavi, Self and Other: Exploring Subjectivity, Empathy, and Shame, Oxford University Press, 2015, p.130.

性意识是预先被给予的,而不是被构造的,也没有被悬搁。既然原真还原悬搁了一切"属他"属性和构造性成就,那么自我就是从"无"中创造出"有"——这是舒茨对胡塞尔的批评。对于胡塞尔来说,自我构造他人有个事实性前提——构造性意识是预先被给予的,所以自我不是"无中生有",不是创造出一个他者,而是通过相互构造使得他人的构造性意识向自我呈现。构造性意识的被给予性与超越论主体的构造性相统一,使得双向构造成为可能。胡塞尔认为,自我和他者的构造性关系,不是单向的自我构造他者,而是双向的构造关系——"相互移情(wechselseitige Einfühlung)"(cf. HuaXIII, 377),这也是主体性和交互主体性共源关系的内在要求。在胡塞尔看来,"客观统觉需要一个指向他人的意向性视域,并以经验信仰为前提与他人建立联系"(Hua XIV, 470)。

从这种结构性的构造关系来说,一方面,自我构造他人是为了他人能构造自我,在他人能构造自我的情况下,才能真正证明他人是超越论他者——另一个具身性的构造主体;另一方面,自我构造他者也证明了超越论自我充分的构造性。自我以身体为媒介和他者相遇并进行有意义的交往,创造条件使得他者的构造性意识显现,并建立起一种交互主体性的精神联系。双向构造确保他者既是自我的被构造对象,又是构造自我的主体,而不是单纯的被构造者。在此意义上,自我将他者呈现为绝对性(cf. Hua XIII, 448),但这种绝对性是有条件的——以承认自我的绝对性和相互构造为前提。

如果我们从构造性和被给予性的统一以及双向构造的角度去理解胡塞尔的构造理论,那么舒茨的批评是站不住脚的。舒茨在对胡塞尔超越论交互主体性之构造理论的理解中过分强调超越论自我的构造性,具有狭义的主体中心主义倾向。事实上,这种过分强调一方面不符合胡塞尔的本意,另一方面也使得超越论交互主体性难以实现。自我和他人的构造关系是双向的,而不是单向的构造与被构造关系。这种双向的构造关系能够实现,是因为主体的构造性和构造性意识的被给予性相统一——前者保证自我对他人的构造作用,后者说明自我对他人的构造作用是有条件的;同样地,构造性意识的呈现需要超越论主体的构造性。自我无法创造出他人的意识,而是通过在与他人的双向构造过程中,让他人的意识显现出来,从而表明他者也是一个构造主体。另外,舒茨认为胡塞尔否定不同超越论主体之间交流的可能性。但根据胡塞尔的理解,主体性从根本上是交互主体性的,超越论自我从一开始就是开放的，并与他人和周围世界相联系。具身化活动使得主体的视域不断扩大，和他人的视域不断接触和交叠，从而使得交互主体性视域变得可能。

最后，基于超越论交互主体性的不可能性，舒茨否定构造客观世界的可能性。世界的存在意义（Seinssinn/existence-sense），作为其客观本质，是向每个主体显现的。世界具有交互主体性意义——它不是我的私人世界，而是在那儿呈现给每个人（thereness-for-everyone）（cf.Hua I, 123-124/91-92）。因此，世界不仅是主体性的，也是交互主体性的。根据超越论共源性，世界一方面是主体性和交互主体性的共源关系得以确立的条件，另一方面世界也在两者的共源关系中得以构造。作为普遍的视域（universal horizon），世界是预先被给予的。胡塞尔指出，世界是一切视域中的视域，是所有构造的背景和场域，也是一切构造成就的总体。我们对事物的认知是在一个特定的背景中进行的，同样地，自我对他人的理解也是基于世界这个普遍视域的。对他人的统觉和移情实际上基于情境的相似性（situational similarity），发生于普遍的情境——时间视域中——主体的构造活动是基于时间意识的。在这个意义上，世界被认为是"类型化的总体（the totality of typification）"①。正如胡塞尔所说："单个主体和社区的日常生活与情境中的典型特定相似性相关，因此，进入特定情境的任何正常人，由于其本身是正常的，具有属于该情境并且为所有人共有的情境视域（situational horizons）。"（Hua XVII, 177/199）②在胡塞尔看来，常态性（Normalität/normality）可以被理解为认知的一般类型，激发情境的转移，因此"我通过将自己置于他的境地、他的教育水平和他作为一个年轻人的成长等共享他的情境"（Hua IV, 275/287）③。

情境转移是相互移情的一种形式，表明主体性和交互主体性的共源性。他人的情境构成了自我认知的背景，是超越论主体自身意义构造必不可少的条件。对此，胡塞尔指出，"这些情境在交互主体性中都是相互依存的，并且表明主体间的同时性和继时性，即具体的交互主体性时间，作为一种

---

① Saulius Geniusas, The Origins of the Horizon in Husserl's Phenomenology, Springer, 2012, p.207.

② Hua XVII = Edmund Husserl, Formale und transzendentale Logik. Versuch einer Kritik der logischen Vernunft. Mit ergänzenden Texten, Paul Janssen (hrsg.), Martinus Nijhoff, 1974.

③ Hua IV = Edmund Husserl, Ideen Zweites Buch-Phänomenologische Untersuchungen zur Konstitution, Walter Biemel (hrsg.), Martinus Nijhoff, 1952.

包含一切的形式，所有东西交互主体性地交织或相互渗透。其他人的情境存在于我的视域，是我的情境的意义"（Hua XXXIX, 197）①。胡塞尔赋予感知情境以交互主体性意义，因此移情不是一种纯粹的主体性构造活动，而是根植于交互主体性视域——在其中，相互的意义构造被实现。所有这些相互关联的情境构成了一个普遍的世界视域，每个人都可以在其中共同生活，这是每个主体共同拥有的普遍性。交互主体性时间最初是在时间意识中构成的，但与此同时，它超越了主体性，指向了交互主体性经验的开放性和多样性。胡塞尔指出，世界本身作为一个持久的存在只有在时间性中实现，人类在这种时间性中共同生活，共居于每一个时间情境中，共处于普遍的视域中。

在此基础上，胡塞尔发展出了"世界时间（world-time）"。世界时间被概念化为一种普遍的时间形式，一种时间的共性，对每个人来说都是相同的。在世界时间中，自我的存在和他人的存在是交互主体性时间性中相互联系的单子（cf. Hua XI, 343/632; Hua I, 156/128）②。"我"的时间性和他的时间性是共存的，并且相互表明彼此的意义，"不只是在一起，而是相互参照和指涉对方"（Hua IV, 165/173），从而共同构造一种普遍的时间形式。而在世界时间中，通过相互构造，主体性的交互主体性意义和主体性对交互主体性的构造性意义在超越论共源性中呈现。在超越论共源性中，作为真正的客观本质，世界被构造成一个客观的相同世界（cf. Hua XIII, 480）。

因此，世界一方面是主体性和交互主体性之共源性必不可少的构造性条件，另一方面也在两者的共源性中得以构造，这在真正意义上体现了三者的超越论共源关系。客观世界的交互主体性意义是通过超越论主体的构造性得以揭示的，而超越论主体性和交互主体性的相互构造是在世界作为普遍视域中才变成可能的，并且也只有在世界视域中，两者的共源性才能获得普遍意义和客观性。因此，超越论共源性为解决主观性和客观性以及主体性与交互主体性的内在张力提供了新的理论范式。

总之，舒茨对胡塞尔的批评事实上是世间共源性与超越论共源性之内

---

① Hua XXXIX = Edmund Husserl, Die Lebenswelt: Auslegungen der vorgegebenen Welt und ihrer Konstitution, Rochus Sowa (hrsg.), Springer, 2008.

② Hua XI = Edmund Husserl, Analysen zur passiven Synthesis. Aus Vorlesungs-und Forschungsmanuskripten, Margot Fleischer (hrsg.), Martinus Nijhoff, 1966.

在矛盾的体现。超越论共源性主要解决世界客观性的基础问题,并试图为科学和真理奠基。舒茨的世间共源性关注的不是意义构成问题,并且回避了这些超越论构成性的根本问题。通过超越论共源性,胡塞尔确立了超越论现象学的三元逻辑结构,并规定了超越论主体性、交互主体性和世界在构造意义上的结构依存性。胡塞尔的超越论共源性之意义不但体现在解决超越论交互主体性难题——其实质是主体性、交互主体性和世界的关系问题——回应舒茨对胡塞尔的批评,更体现在创造性地从超越论现象学的角度回答了世界的起源问题——与"多源说"和"一源说"不同,胡塞尔采用了"共源说"。

(本文原载于《哲学动态》2020 年第 7 期)

《斐莱布》中的本原学说

邓向玲

柏拉图的后期对话录对于研究其形而上学思想至关重要，然而相比于《巴门尼德》（*Parmenides*）《智者》（*Sophistes*）和《蒂迈欧》（*Timaeus*）等，《斐莱布》（*Philebus*）受到的关注显然要低很多。[①]它通常被看成是一部关于伦理学问题的作品，因为它主要探讨的是快乐与理智对于人的生活而言哪个是好的或善的。但是，在解决这个问题的过程中，柏拉图引入了两段形而上学的"插曲"——"神的方法"（*Philebus*，16c5-19a2）与"四分法"（*Philebus*，23b5-31a10）。在"神的方法"中，所有"那些被说成是存在的东西"由"一"与"多"构成，就其本性而言包含有限与无限；在"四分法"中，所有在"大全"之中的存在者被区分为"无限""有限""二者的混合物"以及"混合物的原因"四个种。关于这两段文本的争议很多，无论是就它们各自的含义还是就它们之间的关系，研究者们都极难达成一致。本文将在柏拉图"未成文学说"的背景下对此进行解读，以证明两段文本中的"一"与"多""有限"与"无限"都指向了两大最终本原——"一"与"不定的二"。相较于其他对话录，柏拉图在《斐莱布》中最为明显地涉

[①] 本文所依据的柏拉图著作版本为：Plato, Platonis Opera, 5 Volumes, J. Burnet (ed.), Oxford University Press, 1900-1907. 另外，柏拉图与亚里士多德的译文皆由作者直接从原文译出。亚里士多德《形而上学》依据的版本为：Aristotle, Aristotelis Metaphysica, W. Jaeger (ed.), Oxford University Press, 1957。《斐莱布》的译文参考了弗雷德（D. Frede）、高斯林（D. C. B. Gosling）、哈克福特（R. Hackforth）、鲁夫纳（R. Rufener）、施莱尔马赫（F. Schleiermacher）的译本，分别参见 Platon, Philebos, Übersetzung und Kommentar von D. Frede, Vandenhoeck und Ruprecht, 1997; Plato, Philebus, translated with notes and commentary by J. C. B. Gosling, Oxford University Press, 1975; Plato, Plato's Philebus, translated with an introduction and commentary by R. Hackforth, Cambridge University Press, 1972; Platon Sämtliche Werke: Spätdialoge II, R. Rufener (trans.), Artemis Verlag, 1974; Platon, Werke in acht Bänden, F. Schleiermacher (trans.), WBG, 1977. 本文对上述文献的引用以文内注注明标准编码。

及了所有存在者如何由两个本原"混合"而成的问题。与此同时，我们还将证明，这两段文本是前后一致的，仅仅存在范围与角度的区别。在这样一种解读方式下，许多看似难以融贯的文本将获得一个较为合理的解释，而《斐莱布》深刻的形而上学内涵及其与柏拉图其他后期对话录之间的关系也将得到揭示。

一、"神的方法"：所有存在者的本原构成

"神的方法"的提出是为了解决快乐与知识的一与多的问题。苏格拉底先是引入了普遍的一与多的问题（Philebus 14c1-15c3），然后提出了解决这一问题的方法，即"神的方法"。这一部分内容可以分为三个小部分：（1）总述（Philebus, 16c9-10）；（2）对于总述的理论性解释（Philebus, 16c10-17a3, 18a6-b4）；（3）举例说明（Philebus, 17a3-19a2）。

（1）总述："（所有）那些被说成是存在着的东西都出自于一与多，在自身之中依其本性包含有限与无限。"（Philebus, 16c9-10）

（2）具体过程：首先找到事物的统一的理念（μία ιδέα），在此之后要寻找二、三，或者其他某个数（ἀριθμός）对于每个在此过程中获得的理念都如此对待，以确定每一个最初的不仅仅是一、多与无限，而且是"多少（ὁπόσα）"。在确定每一个"多"的数，也就是介于一与无限的"中间者（μεταξύ）"之前，我们都不能把无限归给多。只有这样，我们才能够让最初的一过渡到无限。在相反的过程中，我们也同样不能直接从无限过渡到一，而是要先确定它们之间的中间数，这是区分辩证法与诡辩术的关键。

（3）音乐与语言的例子：首先将无限的音调或者语音综合在少数几种音调类别（高音、低音、相等音）或者语音类别（元音、辅音、哑音等）之下，然后再进一步在这些类别之中作区分，以最终确定一定数目的音符或者字母，最后才过渡到无限的音调或者语音及其相反的过程。

学界的一种典型观点是将"神的方法"解释为"区分法"与"统摄法"，也就是将普遍程度更高的理念往下划分为普遍程度更低的理念，逐级划分直到最低的、不可再分的理念为止的方法（区分法）及其反向的方法（统摄法），并认为这两种方法处理的其实是种属关系。这种理解是不恰当的。首先，在"神的方法"部分并没有出现"种""属""区分"这样的概念；

关于字母与音符的例子涉及的事实上也不是严格的区分法，而是分类法。虽然二者都处理理念之间的上下关系，但区分法的区分标准（属差）是独立的，可以存在于区分的理念之外，而分类法中的分类标准却只能存在于被分类的理念之中。比如，将颜色分为黑、白、红等是一种分类，而将颜色区分为令人愉悦的与令人难受的则是一种区分。^①其次，如果"神的方法"只关涉种属关系，那么它只要达到最低的、不可分的理念就停止了，不涉及向无限过渡的问题，而这一点在（2）（3）之中都被强调了。在（3）中，无限明显指可感物，而它不是区分法或统摄法的对象。

另一种常见的解释是将"神的方法"看作处理理念（一）与可感物（无限）这两种存在者之间关系的方法，这同样是不恰当的。因为处理二者之间的关系不需要涉及"中间数"的问题，而寻找"中间数"被认为是"神的方法"区分于诡辩术的关键，这意味着对理念内部结构的探究。更为重要的是，这一解释与"神的方法"的总述发生了冲突。在总述中，一与多、有限与无限是存在者所由之而出的东西（ἐξ, Philebus, 16c9），是存在者依其本性包含于自身之中的东西（ἐν αὑτοῖς σύμφυτον ἐχόντων, Philebus, 16c10），并且内在于存在者之中（ἐνοῦσαν, Philebus, 16d2）。如果"神的方法"处理的是理念与可感物之间的关系，被视为"无限"的可感物就将成为内在于理念的东西，这显然是荒谬的。

以上两种解释都忽略了"神的方法"最为重要的总述部分。事实上，在总述中，一与多、有限与无限是两组平行概念，它们是内在于存在者之中的。此外，从"依其本性（σύμφυτον）"可以看出，它们是存在者出于本性，因而必然地包含于自身之中的东西。因此，一与多、有限与无限应该被视为存在者的构成要素，（1）所描述的应该是存在者的构成。问题的关键在于解释它们如何构成存在者，以及（1）如何与（2）（3）融贯。

首先需要确定的是，理念属于"神的方法"的对象。在专门讨论一与多问题的部分（Philebus, 14c1-15c3），苏格拉底明确强调了所涉及的是理念而非可感物（Philebus, 15a4-7）。理念的一与多问题在《斐莱布》中被放在了非常突出的位置，它关涉一如何是多，多如何是一的辩证法核心。^②

---

① 关于"区分法"与"分类法"的不同，参见 S. Delcominette, Le Philèbe de Platon: Introduction à l'agathologie platonicienne, Brill, 2006, pp.111-125; J.M. Moravcsik, Form, Nature, and the Good in the Philebus, Phronesis, 24: 1 (1979), pp.81-104。

② Cf. Phaedrus 266b-c; Politeia 476a-d; Sophistes 253b-e.

苏格拉底就作为理念的一（ἑνάδων, *Philebus*，15a6）或者单子（μονάδας，*Philebus*，15b1）提出了三个问题：理念是否存在？理念本身如何既是一又是多？理念如何保持自身为一，又出现于杂多的可感物？（cf. *Philebus*，15b1-8）①其中，第二个问题才是关键。诚然，相对于杂多的可感物而言，理念称得上具有统一性；然而，理念并非纯粹的一，而是仍然包含多，具有逻辑意义上的"部分"。②比如，在种属关系之中，属可以划分为多个种，因此属将这些种包含于自身之中而是多（比如动物包含人、马）；反过来，种也将属作为本质包含于自身之内，因而也是多（比如人包含动物）。不仅如此，柏拉图还在《智者》与《巴门尼德》等对话录中为我们展示了最普遍的理念（"最高的种"）之间的相互渗透的关系（cf. *Sophistes*，251a-259d；*Parmenides*，142b-155e）。因此，不存在一个完全孤立的理念，每一个理念都通过各种与其他理念的或纵向（上下理念之间的等级关系）或横向（平行理念之间的相互分有）的关系而与所有理念联系在一起，包含理念整体于自身之中。在这个意义上，每一个理念都是在多之中的方面，它因其特有的规定性而区别于别的理念，因而是单一的；同时，它又将别的理念的规定性包含于自身之中，从而是多。因此，既然"神的方法"所要处理的一与多问题涉及所有理念，它本身也应该如此。

虽然柏拉图在"神的方法"部分没有直接提及理念的有限与无限是什么，但是我们可以结合亚里士多德和辛普里丘的记载来理解。根据亚里士多德的《形而上学》（*Metaphysics*），理念作为派生物是由"一"与"不定的二"共同作用产生的。③也就是说，理念仍然是由形式性本原对于质料

---

① 有的研究者认为只存在第一（理念存在问题）和第三个问题（分离问题），不存在理念自身的一与多问题。曼瓦尔德（C. C. Meinwald）对此进行了批评。她指出，假使是这样的话，这段文本将与整部对话录的论证思路相脱离，因为柏拉图之所以引入一与多问题是为了说明理念的内部结构，而不是为了处理理念与可感物的分离问题，问题二是必不可少的。参见 Plato, Plato's Philebus, translated with an introduction and commentary by R. Hackforth, p.20; G. Striker, Peras und Apeiron, Vandenhoeck und Ruprecht, 1970, p.14; Plato, Philebus, translated with notes and commentary by J. C. B. Gosling, p.147; Platon, Philebos, Übersetzung und Kommentar von D. Frede, p.17; K. M. Sayre, Plato's Late Ontology, Parmenides Publishing, 1983, p.119; C. C. Meinwald, "One/Many Problems: Philebus14c1/15c3", Phronesis, 41: 1 (1996), p.100。

② 柏拉图在《巴门尼德》中明确区分了"纯粹的一"（第一组推论）与"存在的一"（第二组推论），后者代表理念，它并非一，而是多之中的一。参见 Parmenides 137b-155e。

③ 这里的产生不是时间意义上的，而是逻辑上的。参见 Aristotle, Aristotelis Metaphysica, I 6, 987a29-988a17。

性本原进行规定的产物。理念的有限指的是它的（最终）规定性的来源，而无限则是被规定性的来源，但是这并不是说理念没有规定性，而是说它的规定性是通过进一步明确化得来的。正如亚里士多德在《物理学》（*Physics*）中提到的，柏拉图将无限视作本原，它不仅出现于物质世界，也出现于理念世界之中。[1]理念的无限就在于它包含了理念整体于其自身，而非像可感物一样包含着不确定性和不可知性，它的无限恰恰是其确定性与可知性的来源。单一理念的规定性的获得在于它能够将自身与其他理念区分开来，但是这种区分并不意味着将其他理念的规定性完全排除于自身之外，而是将它们全部包含于自身之中，因为只有在一个理念整体之中，单一理念才能够确定自身的位置，从而获得规定性。这是一个通过别的规定性"重返自身"的过程。在这个意义上，我们可以把理念的无限理解为黑格尔意义上的"真无限（wahre Unendlichkeit）"，而把可感物那里导致不确定性的无限理解为"恶无限（schlechte Unendlichkeit）"。[2]亚里士多德批评柏拉图将无限视为所有存在者的本原，认为理念不可能有无限，因为在他看来，无限只能指不确定性、无规定性。[3]辛普里丘则批评了亚里士多德的观点，认为他肤浅地理解了无限的含义，因为在柏拉图那里，无限作为第二本原事实上在不同存在领域的含义是不一样的，它只有在可感世界那里才意味着不确定性，在理念世界中则是确定性的来源。[4]

理念是"神的方法"的对象，但它是不是其唯一的对象呢？值得注意的是，在关于"神的方法"的理论性解释中，无限指的是可感物的无限而不是理念的无限，这似乎与总述部分不相匹配。然而，这并不构成对于以上解释的挑战，因为我们并不一定要把这里的从一到无限的过渡理解为从理念到可感物的过渡，而是可以将其理解为可感物本身的两个本原之间的过渡。可感物本身就是对理念的分有，理念是可感物的统一性（一）与规定性（有限）的来源。在这里"一"仍然指理念，因此这并没有违背柏拉图所说的严肃的一与多问题涉及的应该是理念这一点。在这种解释下，无

---

[1] Cf. Aristotle, Physics, W. D. Ross (ed.), Oxford University Press, 1950, III 4, 202b34-203a16.

[2] 对两种"无限"的分析参见 J. Halfwassen, Auf den Spuren des Einen, Mohr Siebeck, 2015, pp.125-128。

[3] Cf. Aristotle, Physics, III 6, 207a18-21, 29-32.

[4] Cf. Simplicius, Simplicii in Aristotelis Physicorum libros quattuor priores commentaria, (III 6, 207a18), H. Diels (ed.), Typis et impensis G. Reimeri, 1882 (Commentaria in Aristotelem Graeca Vol. IX), 503, 10-18.

限与多仍然被视为存在者的构成要素,而不是某种外在于存在者的东西(因为如果是两种存在者之间的过渡的话,一与无限就分别代表了两种存在者,而不是同一存在者的两个构成要素)。作为可感物的构成要素的"无限"则既可以指分割意义上的无止境,也可以指性质意义上的不确定("多"亦可以从这两种意义上理解),它是可感物的另一本原。换言之,理念与可感物的关系问题可以放在可感物本身的构成之中来看。可感物的一与有限来自理念,多与无限则来自其质料性本原。

将一向无限的过渡看成可感物内在本原的过渡并不意味着将理念的内部构成排除在外,因为可感物的形式因就是理念,所以确定理念本身结构的同时也就确定了可感物的形式因。作为可感物的"一"的理念本身还有自身的一与多、有限与无限,而我们需要找到理念内部的"中间数"。在确定可感物原因的过程之中,我们其实可以看到柏拉图形而上学的整体,也即与"不定的二"如何生成数,数如何生成理念,理念如何生成可感物及其反向的过程。在这个意义上,"神的方法"代表的其实是柏拉图的辩证法的全部——"从本原出发的路"与"回归本原的路"。① 只有在这个意义上,它才配得上"神赐的礼物"这一至高的称呼,我们也才能理解它对于我们所有的研究、学习与教学的普遍作用。因此"神的方法"揭示的是所有存在者的本原构成。它的含义是:所有存在者(τῶν ἀεὶ λεγομένων εἶναι)② 都由一与多构成,依其本性包含有限与无限于自身之中。这完全符合亚里士多德对于柏拉图本原学说的理解:"柏拉图关于所探究的问题是这样阐述的。由前所述,清楚的是,他只用了两种原因,即'是什么'的原因和质料性的原因。因为理念是其他事物的'是什么'的原因,而'一'本身是理念的'是什么'的原因。同样清楚的是质料(理念通过它在可感物那里被言说,而在理念那里被言说)是什么的问题,即它是'二','大和小'。"③

作为"一"与"不定的二"("大和小")在"神的方法"中的对应物,一与多或者有限与无限分别是存在者的形式因与质料因。"神的方法"描述了所有存在者由两个本原构成,只不过柏拉图并没有在《斐莱布》中直接

---

① Cf. Aristotle, Nichomachean Ethics, I. Bywater (ed.), 1894, I 4, 1095a30-b3.

② 关于"神的方法"的适用对象"所有存在者(τῶν ἀεὶ λεγομένων εἶναι)"有三种翻译或者理解:(1)那些被说成是永恒存在的东西;(2)那些所谓的(事实上不是)存在的东西;(3)(所有)那些被说成是存在着的东西。它们分别对应理念、可感物以及所有存在者。在笔者看来,第三种才是恰当的理解。

③ Aristotle, Aristotelis Metaphysica, I 6, 988a7-14.

称一与多、有限与无限为本原,在这个意义上他仍然对本原学说进行了某种保留。

二、"四分法":宇宙万物的生成原因

柏拉图提出"四分法"是为了解决理智与快乐哪个在善的生活中地位更高的问题。在"四分法"中,所有在"大全"之中的存在者被区分为无限(ἄπειρον)、有限(πέρας)、二者的混合物(συμμισγόμενον)以及混合物的原因(αἰτία)这四个"种(γένος, εἶδος)"[①]。值得注意的是,这里的"大全(τὸ πᾶν)"并不是指所有存在者,而是特指宇宙。在整个"四分法"的文本中,"τὸ πᾶν"基本上都是在这个意义上被使用的。不仅在《斐莱布》中,在柏拉图的其他对话录中,尤其在专门以宇宙论为主题的《蒂迈欧》中,"τὸ πᾶν"都经常被用作"宇宙(κόσμος)"的同义词。[②]因此"四分法"的对象应是宇宙中的存在者,即可感物(包括宇宙整体)。

人们通常将"四分法"理解为将宇宙中的存在者划分为四个类别,每一个类别独立存在。这种理解是不恰当的,因为柏拉图所说的混合物其实指的是可感物,这与"四分法"的对象重合。不仅如此,无限并不能独立存在,因为它代表的是没有任何尺度、绝不静止的东西。此外,作为原因的努斯(νοῦς)并不是一个类,而是单一的。

要理解"区分"的真正含义,我们有必要首先确定四个种分别指什么。其中,原因明确指向努斯(理智)。关于无限,柏拉图举了"更热与更冷""更强与更弱"等例子,将它们归结为具有"更多与更少"的事物:

> 所有对我们显现为可以变得"更多与更少(μᾶλλόν τε καὶ ἧττον)"、可以接受"强与弱"或者"过多"以及所有如此这般性质的东西,我们都应该把它们归到"无限"的种里面,就像归到一个"一"里面一样。如果你还记得的话,这是遵循我们之前所说的那个原则,即我们

[①] 值得注意的是,"γένος"与"εἶδος"在这里不分别对应"属"与"种",也不是逻辑意义上的类别。在《蒂迈欧》中,理念、宇宙与"场所(χώρα)"都被称作"γένος"或者"εἶδος"(参见 Timaeus, 48a7, e3, 49a4, 50c7),但宇宙与"场所"都不是属或者种,而且它们都是唯一的,因而也不能是类比。"四分法"中的"γένος""εἶδος"情况与之类似。

[②] Cf. Timaeus, 27a4, c2, 4, 28b1, c4, 29c5, d7-8, 30b5.

应该把所有分散的、分离的东西聚拢起来，找出它们的某种统一的本性。（*Philebus*，24e7-25a4）

在所有提到"无限的本性"的地方，"更多"与"更少"都是成对出现的，也就是说"更多"与"更少"构成一个整体，不可单独存在。①这意味着无限可以在"更多"与"更少"的方向上无限延伸，不是确定的"更多"也不是确定的"更少"，而是一种处在"更多"与"更少"中间的一种可能性。无限既可以"更多"也可以"更少"，因而处于不确定性之中。

除去以"更多与更少"来说明"无限"外，柏拉图在《斐莱布》中还通过以下三个否定的方面来说明无限的性质：（1）没有终点或目的（*Philebus*，24b1, b7-8, 31a9-10）；（2）没有静止（*Philebus*，24d4）；（3）没有一个确定的数（ἀριθμὸν, *Philebus*，25e2）、量（πόσον, *Philebus*，24c6-7, d3）或者尺度（μέτριος, *Philebus*，24c7）。

（1）无限没有开端、中间、终点。开端、中间与终点意味着界限，没有这三者意味着无界限。而由于"τέλος"一词同时还有"目的""完满"的含义，所以无限也意味着没有目的、不完满。

（2）无限始终处于运动之中，从不静止。与个别可感物存在一定程度上的静止不同，无限从不静止，是一种完全的流变。

（3）无限一旦拥有一个确定的"数""量"或者"尺度"，它就会被"驱逐出自己的领域"。数、量、尺度都意味着规定，没有三者意味着没有规定性，是完全的不确定性。值得注意的是，这里的"数"与"量"并不是单个的数或者量，而是指一种关系②，因而其实与尺度无异。

以上三个方面说明，无限代表着无界限、无目的、无静止、无规定。由此我们可以对其所指的事物加以排除。首先，无限不可能指个别可感物。个别可感物分有理念，尽管并不像理念一样完全确定，但它仍然具有相对的确定性，不完全与尺度对立。它不会因为尺度的加入而消失，恰恰相反，它因此才得以存在以及被规定。另外，个别可感物即便被视为变化者，但

---

① 斯特里克（G. Striker）认为对子中的一方已经构成了这里讲的"无限"，贝尼特兹（E. E. Benitez）对此进行了具有说服力的反驳。参见 G. Striker, Peras und Apeiron, p.47; E. E. Benitez, Forms in Plato's Philebus, Van Gorcum, 1989, pp.72-74。

② 在古希腊人的数学观中，每一个数都是代表一种关系，比如 2 代表的是"双倍"与"一半"之间的关系。由于数字 1 代表的是统一而不表示任何关系，因此它并不能算作数，而是数的本原。参见 Aristotle, Aristotelis Metaphysica, XIII, 1088a6。

它也并不是绝不静止的流变。同理，无限更加不可能是某个理念或者某种类别①，因为类别同样是概念，而概念与流变没有任何关系。有学者认为它是某一性质（比如温度、湿度、长度）在两个方向上无限延伸的连续量②，这也是不恰当的。虽然连续的量说明了无限可在"更多"或"更少"两个方向无限延伸，但它本身仍然是静态的。不仅如此，连续量也并不会因为量或者尺度的介入而消失。此外，连续量始终与数量有关，而无限并不局限于数量关系。至于弗雷德所认为的无限是允许一定浮动空间的性质（比如"热的"这一性质可以在一定的温度范围内波动）③同样违背了柏拉图的文本，因为在她看来，单个的"更热"或者"更冷"已经是无限了，而不是成对的"更热与更冷"。有浮动范围的性质并非是完全不确定的东西，因为其范围仍然是确定的。

在明确无限指什么之前，我们有必要将它与有限加以对比。与无限相反，有限是不具有"更多与更少"的东西。以下为柏拉图对它的一般性描述：

> 那些不接受这些性质而是接受所有与之相反的性质，比如"相等"和"相等性"，在相等之后还有"两倍"以及所有那些一个相对于数的数或者一个相对于尺度的尺度的东西，——如果我们把所有这些归结到"有限"的种里，这似乎就是一个合适的做法。（*Philebus*，25a6-b3）

在此，有限被归结为那些"一个相对于数的数"或者"一个相对于尺度的尺度"。此外，柏拉图还描述了有限的功能：有限使得无限中的对立者元素之间的斗争得以终止，通过赋予这些对立者一个确定的数，从而使它们变得彼此有度、和谐有序（cf. *Philebus*，25d11-e2），它是对立者的"恰当的结合（ἡ τούτων ὀρθὴ κοινωνία, *Philebus*, 25e7)"。因此，有限所起的作用是使得对立的元素处于合适的比例关系与恰当的尺度之中。它代表的是一种恰当的关系，而这种关系也并不限于数量关系，因为法律与秩序也被认为是有限。换言之，有限代表的是确定性、规定性，是秩序、和谐的来源。

无限与有限的混合不是二者的直接相加，各自不发生改变，而是有限

---

① 持这一观点的代表人物为斯特里克，参见 G. Striker, Peras und Apeiron, S. 58。

② 持这一观点的代表人物为高斯林，参见 Plato, Philebus, translated with notes and commentary by J. C. B. Gosling, pp.196-206。

③ Cf. Platon, Philebos, Übersetzung und Kommentar von D. Frede, S. 188-189.

对无限进行规定，使其消失。也就是说，在二者的作用过程之中，无限发生了改变，但是反过来则不是，代表尺度的有限并不因此而变得没有尺度了。有限将数、尺度加之于无限，使得一个有尺度的、和谐的事物得以生成。而没有尺度与比例则意味着事物只是纯粹被堆砌在一起，杂乱无章，没有真正的"混合"："如果每一个混合物没有以某种方式拥有尺度或者比例的本性，它将摧毁它的组成部分，尤其是它自身。因为在这种情况下根本没有所谓混合可言，而纯粹只是堆砌在一起的杂乱，给它的拥有者带来毁灭。"（*Philebus*，64d9-e3）

关于混合物，柏拉图举的例子有健康、音乐、四季、好的生活等。柏拉图在文本中用"γένεσις"（生成/变化）来对混合物进行描述（cf. 25e4, e8, 26b2, e3, e5）。然而同时，柏拉图也用"οὐσία"来指混合物，称之为"向存在的生成（γένεσιν εἰς οὐσίαν）"（*Philebus*，26d8）或者"生成的存在（γεγενημένην οὐσίαν）"（*Philebus*，27b8-9）。这一点引起了极大的争议。我们知道，柏拉图严格区分存在（οὐσία）与变化（γένεσις），认为存在只能用来指理念这样永恒不变的东西，而变化则指可感物这样变动不居的东西。[①]在《斐莱布》中，他仍然延续了这一观点（cf.15a）。[②]而他为什么又把"γένεσις"与"οὐσία"结合在了一起呢？混合物究竟是变化还是存在呢？从例子来看，混合物不可能是理念这样永恒不变的存在，而应该是可感物。那为什么柏拉图在这里要把可感物与"οὐσία"联系在一起呢？柏拉图在谈到混合物的时候强调，不是任意什么东西混合在一起就是四分法中所说的混合物，而必须是有秩序、有尺度的，也即必须是好的，而这些都与存在（οὐσία）有关，因为理念就代表着秩序、尺度、和谐等。因此，尽管混合物不是存在，但它是当有限作用于无限之上，使得无序、混乱、过度、不及等消失从而产生出来的。在这个意义上，它是向理念的趋近，因而在不严格的意义上也可以被叫作"οὐσία"。柏拉图在《蒂迈欧》中讲灵魂的构造时说，灵魂是由不可分的与可分的"οὐσία"构成。不可分的存在指的是

[①] Cf. J. Halfwassen, Artikel "Substanz" I, Historisches Wörterbuch der Philosophie, Band 10, J. Ritter, K. Grunder (eds.), Schwabe & Co. AG Verlag, 1999, S.495-507.

[②] 有的学者认为柏拉图在这里进行了一个所谓的"本体论的革命"，这首先就是与《斐莱布》的文本冲突的，参见 G. E. L. Owen, The Place of the Timaeus in Platos Dialogues, The Classical Quarterly, 3: 1/2 (1953), pp.79-95; K. M. Sayre, Plato's Late Ontology, p.177; Plato, Philebus, translated with notes and commentary by J. C. B. Gosling, pp.94-95。

理念，而可分的存在指的是可感物，灵魂作为二者的中介兼有二者的属性（cf. Timaeus, 35a1-4）。在这里，"οὐσία"罕见地被用来指可感物。因此，我们也可以将《斐莱布》这里的"οὐσία"看作一个例外，柏拉图在这里表现出了对于现象的更多肯定，可以说，这是一种"对于现象的拯救"。

有的学者认为这里的混合物并非指可感物，而仅指"好的现象"，因为不是所有的可感物都是好的。[1]对此我们认为，柏拉图的确将混合物理解为好的可感物，但他是从生成的角度来理解的。生成的必然是好的事物，可感物坏的、与消亡有关的状态并不在四分法的讨论范围之内。对于生成的关注也可以从第四个种——混合物的原因看出来。混合物的原因被比喻为"制作者"，而混合物则被比喻为"被制作者"，无限与有限是用来制作混合物的"材料"。此外，苏格拉底否定了增加第五个种以解释混合物毁灭的必要（cf. Philebus, 23d-e）。

由上所述，混合物代表的是可感物，而无限不能是任何确定的东西（比如个别物、理念、连续量等），有限则是对无限进行规定，从而使得有秩序的混合物得以生成的东西。后两者应被视为混合物的生成本原[2]，分别是其不确定性与确定性的来源，对应于质料因与形式因。在《蒂迈欧》中，我们已经看到，宇宙的生成是由两个本原——理念（努斯）与"场所"（必然性）——共同作用而来。其中，理念是宇宙的规定性来源，"场所"则是其混乱无序的来源，前者规定后者从而产生了宇宙。在那里，理念与"场所"指向的其实就是柏拉图"未成文学说"中的两个本原在可感世界中的体现，分别是宇宙的形式因与质料因。[3]《蒂迈欧》中的"场所"正像"四分法"中的无限一样具有"更多与更少"，是一种完全的不确定性，而理念则像有限一样代表着尺度、数、秩序等。

值得注意的是，柏拉图似乎将原因概念只归给了第四个"种"——理智。但是这并不意味着理智是四个"种"中唯一可被称为原因的东西，因为这里的原因是有特定角度的，仅代表制作因或者动力因，而非所有意义

---

[1] 比如穆鲁苏，参见 G. Mouroutsou, Die Metapher der Mischung in den platonischen Dialogen Sophistes und Philebos, Academia Verlag, 2010, S. 261。

[2] 如伽达默尔所说，它们是可感物的"存在要素（Seinsmomente）"，参见 Hans-Georg Gadamer, Platos dialektische Ethik, Felix Meiner, 1968, S. 110。

[3] 参见先刚：《柏拉图的本原学说：基于未成文学说和对话录的研究》，北京：生活·读书·新知三联书店，2014年，第316-334页；邓向玲：《〈蒂迈欧〉中的"第三种东西"（τρίτον γένος）》，《云南大学学报（社会科学版）》2018年第1期，第28-35页。

上的原因。不仅如此，即便在文本中，理智也并非仅仅被视为动力因（虽然通常情况下如此），而是同时也被视为目的因（cf. *Philebus*, 64c5, 65a3-4）。因此，作为第四个"种"的原因概念实际上仅仅指动力或者目的方面的原因，"有限"与"无限"仍然可以是形式与质料方面的原因。因此，在四个"种"中，混合物是可感物，另外三个种分别是混合物的质料因、形式因与动力-目的因，四分法并不是将宇宙中的所有存在者进行一种类别上的划分（就像将它们划分为人、牛、马），而是对于可感物生成原因的探寻。在"四分法"中我们已经可以看到亚里士多德的四因说的前身了。①

三、"神的方法""四分法"与本原学说

事实上，关于《斐莱布》中存在对于柏拉图本原学说的提示，我们可以在亚历山大、波菲利、辛普里丘等古代注释家那里找到直接的证据。辛普里丘记载道，在柏拉图那里"一"与"不定的二"既是可感物也是可知物的本原，其中"不定的二"也被叫作"大和小"或者"无限"，这种学说与柏拉图在《论"善"》的演讲中所说的内容是一致的，这场演讲的在场者包括亚里士多德和其他一些柏拉图的学生。②接下来，辛普里丘引用了波菲利对《斐莱布》的注释中的话，并且对之进行了评述。他指出，波菲利同样证实了这一点，即《斐莱布》中关于"有限"与"无限"的学说与《论"善"》中的内容是一致的。此外，波菲利还试图将柏拉图在《论"善"》中所说的内容更加清晰地展示出来。③

在辛普里丘所引的原文中，波菲利详细地说明了为何具有"更多与更少"特性的"无限"就是"不定的二"或者"大与小"。因为像"更多与更少""更强与更弱"这样的事物都可以在紧张与松弛两个方向上延伸，它们不会静止，也不会拥有界限，而是向无限的不确定性延伸。他用分割尺骨

---

① 罗斯（David Ross）遵循亚历山大对于亚里士多德认为柏拉图那里只有形式因与质料因的批评，认为在柏拉图那里已经有四种原因了，并列举出了详细的文本例子。参见 W. D. Ross, Aristotle's Metaphysics, Vol. I, Oxford at the Clarendon Press, 1997, pp.176-177。

② Cf. Simplicius, Sımplicii in Aristotelis Physicorum, libros quattuor priores commentaria, (III 4, 202b36), 453, 22-31.

③ Cf. Simplicius, Simplicii in Aristotelis Physicorum, libros quattuor priores commentaria, (III 4, 202b36), 454, 17-19.

的比喻形象地说明了"无限"的特性。当尺骨被等分为二,其中一半不断被二分而另一半保持不变时,不断被二分的那部分相对于保持不变的部分就会越来越小,而后者则越来越大。由于这种分割可以不断进行下去,所以这种"变大"与"变小"都会趋向于无限。通过向两个方向延伸的无限性"不定的二"的特性就得到了说明。此外"不定的二"不仅出现在可感物那里,也出现在数那里,因为第一个数是二,它代表"两倍"与"一半"之间的关系,"两倍"代表的是"超越","一半"代表的是"不足",所以二其实就是"一"对于尚不确定的"超越与不足"的规定,使得其成为确定的"两倍"与"一半"之间的关系。其他的数也可以通过相似的方式推出。因此"一"与"不定的二"就是数的本原,其中,"一"起限定、赋予形式的作用,"不定的二"则是在"超越与不足"中的不定,因而是被限定、被赋予形式的对象。①由波菲利的记载可知,无论在可感物还是在数那里,"一"与"不定的二"(或者"无限")都分别是形式因与质料因,是普遍性的本原。其中,波菲利关于无限所具有的"更多与更少"的特性的论述更是与《斐莱布》中"四分法"对无限的描述如出一辙。此外,通过阐述数如何由"一"("有限")与"不定的二"("无限")构成,波菲利证实了"有限"与"无限"并不仅仅是可感物的本原,还是可知物的本原。这就佐证了"神的方法"中的"有限"与"无限"应被理解为普遍意义上的本原。不仅如此,波菲利对于"数"之构成的探讨为我们理解"中间数"指明了方向。

  在辛普里丘接下来所引用的亚历山大的记述②中,我们可以更清楚地看到,数是高于理念的存在者,因而数的本原也就是理念的本原。这也进一步说明了为何在"神的方法"部分,我们在寻找理念的内部结构的过程中必须找到一个"中间数"(这是辩证法区别于诡辩术的关键),因为数是沟通理念与最高本原的中介,它是理念的直接的形式因,只有找到了确定理念结构的"数",我们才可以获得对于理念规定性的更为明确的理解,而不是直接跨越到"一"。通过亚历山大的记载,我们可以看到,在柏拉图这里,两大本原首先构成了数,由数进而构成了理念,由理念又构成了可感

---

  ① Cf. Simplicius, Simplicii in Aristotelis Physicorum, libros quattuor priores commentaria, (III 4, 202b36),453, 31-454, 16.

  ② Cf. Simplicius, Simplicii in Aristotelis Physicorum, libros quattuor priores commentaria, (III 4, 202b36), 454, 22-455, 11.

物。这一过程与"神的方法"部分从"一"向"无限"的过渡是吻合的。

通过以上三位古代哲学家的记载，我们可以明确得知，柏拉图在《斐莱布》中通过"一"与"多"、"有限"与"无限"指向了其学说中的两个最终本原。在本文第一部分，我们已经通过分析"神的方法"中的一与多、有限与无限的作用以及亚里士多德等人对于柏拉图本原学说的一般性记述证明，它们指向的就是所有存在者的普遍本原，而在这里我们更是获得了支持这一观点的直接依据。当然，在"四分法"中，有限与无限指向的不再是普遍本原，而仅仅是可感物的本原。由于涉及的范围不同，"四分法"可以说是"神的方法"在可感领域的一个具体运用。认为"神的方法"中包含本原学说，而"四分法"中的有限与无限仅仅是本原的派生物的观点①是不恰当的。诚然，在"四分法"中，有限代表的是理念，它已经是本原的派生物了，但是它仍然作为可感物的形式因而构成其本原。至于"四分法"中的无限，只有当它是宇宙整体的质料因的时候才是"不定的二"本身，而当它是某一个别可感物的质料因的时候，它仍然是由"不定的二"与"一"混合而来的事物，也即派生物，但这并不影响它仍然是质料因这一点。换言之，在柏拉图的"未成文学说"中，两个本原在不同的存在领域中是流转的，具有不同的表现形式或者变体，但是两个本原的结构在所有存在领域是一样的。

此外，通过使用"混合"来说明有限如何与无限作用，"四分法"同时也构成对"神的方法"的补充。相比于"神的方法"侧重静态构成，"四分法"侧重动态生成。有限与无限是努斯用来进行混合的"材料"，而混合的过程就是一个制作、生成的过程。与之相关的是"四分法"中出现了关于动力因、目的因的探讨，而这并没有出现在"神的方法"部分。

柏拉图在"四分法"一开始就强调了它与"神的方法"之间的联系，说明它并不是全新的方法，而是对于之前方法的延续，因而是前后一致的（cf. *Philebus*, 23b9, 23c7, 23c9-10）。通过以上分析，我们也证明了这一点。那种对于这两处文本的通常理解——认为"神的方法"仅仅涉及理念内部的关系（区分法与统摄法），或者理念与可感物之间的分离问题，而"四分法"是对于存在者的分类——必然会得出它们前后不一致的结论，而这很

---

① Cf. G. Mouroutsou, Die Metapher der Mischung in den platonischen Dialogen Sophistes und Philebos, S. 264.

难解释为什么柏拉图刻意强调了两处文本的一致性。不仅如此，这种理解在解释单个文本时也会遇到巨大的障碍。而如果我们在柏拉图本原学说的视野下，将《斐莱布》与《巴门尼德》《智者》《蒂迈欧》等后期对话录联系起来，就有可能消解文本表面所呈现出来的"疑难"，获得对《斐莱布》较为合理、融贯的解释。

（本文原载于《哲学动态》2021 年第 12 期）

亚里士多德论作为实体的水、火、土、气

张家昱

亚里士多德曾多次肯定水、火、土、气等单纯物的实体地位[1]，但在《形而上学》Z.16中，他又出人意料地提出了似乎与先前论述相左的观点：

> 而显然的是，那些看起来是实体的绝大多数都是潜能，既有动物的部分（因为它们没有一个分离存在：而是一旦被分离，那时全都作为质料存在），也有土、火和气；因为它们没有一个是一，而是像是集合物，在被化合并从其中生成某一个之前。（1040b5-10）

以罗斯为代表的很多学者据此认为，在承认单纯物实体地位的若干文本处，亚里士多德不过是对一种在他所处时代较为流行的观点进行简单复述，而在这段文本中，他基于自己的一系列研究对这种观点进行了全盘否定，主张单纯物并不能现实地作为实体存在。[2]

然而，正如米若斯和门恩所指出的，亚里士多德在Z.16中所论及的四元素并非先前所讨论的那些作为实体存在的单纯物，而是构成某一复合实体的质料的元素，因而，这里的论断并不能颠覆他先前水、火、土、气等四种单纯物是实体的主张。[3]聂敏里教授在《实体与形式》一书中更通过

---

[1] 参见《论天》298a29-32；《形而上学》1017b10-13, 1028b8-15。

[2] 参阅 D. Ross, Aristotle's Metaphysics, Clarendon Press, 1924, Vol. II, p.218.持类似立场的还有Bostock,见 Aristotle, Metaphysics Books Z and H, translated with a commentary by Bostock, Clarendon Press, 1994, p.224。

[3] 米若斯曾在一个注释中提到，Z.16中的相关文本"应被理解为它们[四元素]不是那些以之为质料的事物的实体，因为它们只潜在地是这些事物"（Mirus, The Homogeneous Bodies in Meteorology IV 12, Ancient Philosophy, 26 (1), 2006, p.54）。门恩也曾主张，"Z.16证明了动物的部分和复合物中的水、火、土、气不是 οὐσίαι"（门恩：《形而上学》Z.10-16 和《形而上学》Z 卷的论证结构，选自《20世纪亚里士多德研究文选》，聂敏里选译，上海：华东师范大学出版社，2010年，第402页）。

对 Z.16 在整个 Z 卷中所处位置的分析指出,虽然 Z.10-11 和 Z.16 均得出质料不是实体的结论,但二者视角不同,前者是逻辑分析的视角,而后者是存在论的视角。他这样说:"在 Z.16 中,亚里士多德却径直是从实体的质料部分在存在论上的地位问题这一视角出发来讨论它们作为实体的质料部分是否能够单独作为实体存在的。对此他给出了否定的回答,明确了它们作为实体的质料部分在存在论上的潜能地位。"① 由此,他明确否定了罗斯等人的观点,认为:"当这些东西(按,即水、火、土、气)不是作为实体的质料的部分被考虑,而仅仅被单独拿出来加以考虑时,正像 A.7 和 Z.2 明确地承认它们是实体那样,亚里士多德并没有否认它们的实体地位。"②

本文不仅同意上述观点,而且将从另一条途径论证支持这一观点:只要证明作为自身存在的水、火、土、气在亚里士多德的理论体系中理应被视为实体,我们便会倾向于得出结论,认为在 Z.16 中被否定的只是作为某一可感实体的质料的四元素的实体地位,而无关乎它们各自作为单纯物的实体地位。为了实现这一目的,我们将首先讨论亚里士多德究竟在何种意义上将单纯物称为实体的问题。我们认为,一方面,唯有个体实体才是最严格意义上的实体;另一方面,确实存在着水、火、土、气等单纯物的个体,正是它们每一个作为个体所具有的连续性和有限性使得它们满足作为个体实体存在的要求。其次,我们将探求作为个体实体的单纯物具有连续性的原因,主张它们因各自形式的统一性而具有连续性。由此,我们将表明,任意一种单纯物都有其个体实体,它们因其各自的特殊功能而作为个体实体存在,并是其自身。

一、单纯物与个体实体

在《形而上学》Δ.8 伊始,亚里士多德便基于"终极主词"原则肯定了单纯物的实体地位:

> 实体是指那些单纯物,例如土、火、水及诸如此类的东西,以及一般的物体,和由这些物体构成的动物、精灵及其部分;这些全都叫

---

① 聂敏里:《实体与形式》,北京:中国人民大学出版社,2016 年,第 196 页。
② 聂敏里:《实体与形式》,第 196 页。

作实体，因为它们不陈述一个主体，而是其他东西陈述它们。（1017b10-14）

这里，亚里士多德不但明言土、火、水之类的单纯物是实体，同时还指出单纯物之为实体的原因，"它们不陈述一个主体，而是其他东西陈述它们"，亦即，它们符合亚里士多德"实体-主体"的一般原理。①

但在这段文本中，作为被陈述者的"它们"一词的指代并不清楚。以"动物"为例，这个词既可以被理解为一个包含人、马、牛等动物种类于其下的属概念，也可以被理解为对具体的动物个体的泛指。然而，作为属概念的"动物"是不会被亚里士多德判断为真正实体的。因为动物显然能够谓述人，而人又能谓述诸如苏格拉底的"这一个人"，因而，唯有类似"这一个人"的个体才真正符合终极主词原则，是第一实体；而动物，作为一个属概念，虽然同"这一个人"一样为属性类范畴所陈述，但毕竟仍能够对例如"这一个人或这一匹马"的第一实体进行陈述，因而不能在最严格的意义上被算作实体。②所以，在对这一章的总结中，亚里士多德将终极主词原则与作为"这一个"一同列为实体的判定标准：

这样，实体通过两种方式被言说，不再陈述其他事物的终极主词，和那可以是这一个和可分离的存在的东西；每一个个体的样式和形式便是这样的东西。（1017b23-27）

据此，实体的判定标准被归结为两个：终极主词原则和"这一个"原则，换言之，真正的实体不但是那种不陈述他者而被他者所陈述的"终极主词"，还是能够通过它所具有的个体性进而同任意他者区别开来的"这一个"，例如，这一个人或这一匹马。但是，如果我们能够意识到"这一个"原则实际上是对终极主词原则的贯彻和强调，便会发现这两个原则实际上是一而二、二而一的关系。因为一旦积极落实终极主词原则，必然会在谓述关系中将种、属同作为它们下位概念的"这一个"区别开来，相较于普遍者，唯有"这一个"或个体才能真正作为终极主词来被其他主词陈述。

---

① 关于亚里士多德"实体-主体"的一般原理，可以参见聂敏里：《"实体-主体"原则与本质个体》，《云南大学学报（社会科学版）》，2016年第3期。

② "在第一实体之后，其他东西中唯有种和属才被叫做第二实体。"（2b30-31）将种和属称为第二实体，并不是说实体有两类，而是说它们是不严格意义上的实体。

普遍者和个体的差异正是在对终极主词原则的深化与强调中被凸显出来的。一旦我们将上述差异带入对《形而上学》Δ.8 最初那段话的理解和分析中便会明白,在援引终极主词原则时,亚里士多德所设想的"它们"只能是属、种之下的一个个个体。因为相较于普遍者,唯有个体才能真正满足对"它们"进行限定的终极主词原则的全部要求。但是,随之而来的问题就是:在《形而上学》Δ.8 中,被肯定为实体的究竟是土、火、水、气等单纯物的各自之属,还是它们各自的个体?换言之,在 Δ.8 的这段文本中,当亚里士多德肯定单纯物是实体时,是否与他在肯定动物是实体时一样,都只是就其个体存在而言,而不是就其作为种、属的存在而言的?

人们一般很容易设想"这一个人""这一匹马"这样的动物个体实体,却似乎很难想象"这一滴水""这一粒土"这样的单纯物个体实体。针对上述问题,人们倾向于否认单纯物有个体实体,而认为即便我们承认单纯物是实体,它们也只在作为种或属的意义上是实体。[①]显然,这一观点与上述亚里士多德终极主词的原则相违背,坚持它就意味着要承认亚里士多德关于实体的标准是不融贯的,即,他一方面说实体是"这一个"即个体,一方面却说实体是"这一类"即种、属。我们不必诉诸抽象的理论探讨,亚里士多德在《论题篇》I.7 中已经为我们主张单纯物个体实体的存在提供了文本依据。这一部分中,亚里士多德首先区分了"相同"的三种不同意义:数量上的相同、种的相同以及属的相同。举例来说,大氅和披风因二者的所指在数量上为一而相同,苏格拉底和柏拉图因同为人类而在种上相同,而人和马又由于同属动物而在属上相同。随后,亚里士多德就对单纯物这种较为特殊的情况进行了讨论:

> 从同一泉源中流出的水被称为相同的水,这种相同似乎与上述相同的含义有某种区别;但实际上这种情况应与那些鉴于种的统一性而以某种方式被称为相同的东西同列,因为这一切似乎是同出于一族并且彼此类似的。因为,一切水之所以被说成与任何其他的水在种上相同,乃是由于它们具有某种相似性,而同出一源的水与其他水的区别正是其相似性更为明显而已;因此我们不把它与那些鉴于种的统一性而以这种或那种方式被称为相同的东西相区别。(103a15-23)

[①] Morison, On Location, Oxford University Press, 2002, p.26.

这里亚里士多德明确提出了水的"种"概念，也就意味着在作为"种"的水之下存在着作为个体的水。这些个体的水因"具有某种相似性"而被统一地涵括在"水"这一"种"下。正像在动物那里存在着"种-个体"的上下级范畴关系一样，对于水这样的单纯物，我们也没有任何理由否认它们具有"种-个体"的上下级范畴关系。一旦承认这一点，那么，如果不否认对于动物而言的"种-个体"关系有助于依照终极主词原则确认动物个体的实体地位，我们也就必须承认对于单纯物而言的"种-个体"关系同样有助于依照终极主词原则确认单纯物个体的实体地位。

到目前为止，这只是就我们的推论而言。如果我们试图在亚里士多德的理论体系中确立这一观点，就必须弄清楚两个问题：一是在亚里士多德的世界图景中是否存在单纯物个体；二是如果确实存在单纯物个体，它与诸如动物等个体有何区别。我们首先解决第一个问题，即表明：如果存在一类不同于作为种的水、火、土、气的单纯物，这类单纯物便只能是作为具体的单纯物个体实体而存在。

二、作为质形合成物的单纯物个体

在《形而上学》Δ.26 中，亚里士多德区分了两类整体：一类是包含若干个体于其下的种属整体，如涵括苏格拉底、柏拉图等个体的"人"；另一类则是由部分构成的具体整体，如苏格拉底或柏拉图等具体的人。① 前一类整体显然是就普遍者而言，他说："那普遍的和被称为作为整体（ὅλον）存在的整全（τὸ ὅλως），由于包含不同东西而是普遍的，通过谓述它们中的每一个，并通过所有的每一个而成为一。"（1023b29-31）由于种、属与其下位概念的关系在本卷中已涉及多次②，亚里士多德便将重点放在对第二类整体的分析上。他首先讲道：

> 但是，那连续而有限的是整体，当它是由多构成的某种一时，特别是当多潜在地存在时，但如果不然，它们就是现实的。（1023b32-34）

---

① "这［成为一］有两种方式，要么每一个作为一，要么构成一。"（1023b28-29）
② 1016a25-28；1018b7；1024a29ff.

在亚里士多德看来，第二类整体具有连续、有限的特点，这两个特点显然是为普遍者（第一类整体）所缺乏的。以"动物"这一属概念为例，构成"动物"这一整体的是诸如人、牛、马等分离且在数量上无限[①]的种，而在这些种下又有更多的各自分离的作为实体的个体，"动物"之为整体并不是由于这些东西彼此连续才成为一个统一体，而是由于它们各自都能被"动物"所谓述。"动物"是在能够对它的各个部分进行统一谓述的意义上是一个整体。当我们就构成整体的部分本身是否具有分离存在的个体性来考虑第二类整体的整体性时，也便能够明白，亚里士多德之所以相对于第一类整体强调第二类整体之具有连续性和有限性，实际上是要指出，这类整体并不是由那些能够被整体谓述的、彼此分离存在的部分所构成的种属意义上的统一体，而是由彼此连续的部分构成的具体的有限的整体。[②]我们能够看出，在讨论整体的后一种含义时，亚里士多德所设想的主要是一个个具体的、具有有限大小的质形复合物（当然还有例外情况，例如数字）。所以，在论及这种连续、有限的整体究竟是以何种方式由部分所构成时，他便强调构成整体的各个部分的潜在性，认为部分总是潜在地存在于整体之中，且正是由于这种潜在性，其部分才没有像诸如苏格拉底、柏拉图等"人"的部分那样现实地作为个体的存在，这就使第二类整体同第一类明显地区别开来。

虽然亚里士多德在上述讨论中区分了两类整体，但我们并不能据此断然主张这一区分适用于对单纯物的分析，因为或许单纯物对于亚里士多德是一个例外。但是，注意到亚里士多德随后对第二类整体的分析，我们将会发现这种可能其实并不存在，单纯物并没有外在于先前对两类整体的讨论，且在第二类整体中我们明显地发现了单纯物：

> 量具有始点、中点、末端，那些其中的位置不会造成差别的被称为全体（πᾶν），造成差别的被称为整体（ὅλον）。适用于两方面的，既称全体，也称整体；有些事物调换位置后本性不变，虽然形状改变，例如蜂蜡和披风：因而既被叫作整体，也被叫作全体；由于具备两者。

[①] 亚里士多德只承认一种潜在的无限性。以马这个种为例，虽然现实存在的个体马的数量必然是有限的，历史上存在过的个体马的数量也是有限的，但由于种的永恒性，个体马必然生生不息，因而潜在地存在着无限数量的个体的马。参见《物理学》，206a26-b6。

[②] 在下一节的讨论中，我们将试图揭示这种因连续而具有的统一性的原因，进而说明，究竟在何种程度上第二类整体的统一性并非单因其为连续。

（1024a1-6）

在这段话中，"量"概念的引入似乎是突兀的，但是，一旦对比先前亚里士多德对这一概念的描述和界定，便会发现这段话同上文中对"连续"和"有限"的强调有着极其紧密的内在联系。在《形而上学》Δ.13 中，亚里士多德这样说：

> 量如果可计数便是多少（πλῆθος），如果可度量便是大小（μέγεθος）。那在潜能上可分为不连续部分的被称为多少①，可分为连续部分的被称为大小。大小在一个方向上的连续是长度，在两个方向上是宽度，在三个方向上是高度。这些中，有限的多少是数，有限的长度是线，有限的宽度是面，有限的高度是体。（1020a9-16）

在这段关于"量""连续"以及"有限"三者关系的描述中，我们获知，量有连续和不连续之分，有限而不连续的量是数，有限且连续的量则是长、宽、高。因而，第二类整体所具有的连续性和有限性最终可以被归结为具有量的特点，综合这两个特点，我们可以印证先前的判断：这种整体正是具有广延的质形复合物。

明确了"量"同先前涉及的"连续"和"有限"的关系，我们便可以重新回到1024a1-6。在这段文本中，亚里士多德将具有广延的量进一步区分为"全体"和"整体"两类，认为那些各部分相对位置变化不会引起差别的事物称为"全体"，反之则称为"整体"。其中较难理解的是第二句："既称全体，也称整体"，这一短语似乎指代模糊。依据柯万对这段话的诠释，第一句话中所说的位置会"造成差别的"仍需被区分为两种情况，一种是那些"调换位置后本性不变，虽然形状改变"的事物，另一种则是本性会因位置调换而发生改变的事物，只有后一种才能在最严格的意义上被称为"整体"；而前一种则既可以被称为"整体"，也可以被称为"全体"。②在这个意义上，我们只将房屋称为"整体"，因为如果屋顶不在墙壁之上，房屋则由于其本性的变化进而不再成其为房屋了；而对蜂蜡而言，无论是

---

① 古希腊是通过数点来计数的，每个数字均由相应数量的点表示，因而潜在地能被分为不连续的部分。

② Aristotle, Metaphysics Books Γ, Δ, and E, translated with a commentary by Kirwan, Clarendon Press, 1971, p.176.

球形还是方形，都无损于蜂蜡之为蜂蜡的本性。所以，就其各部分的相对位置变化不会导致自身本性变化而言，蜂蜡能被称为"全体"，而就其各部分的相对位置变化能够使其形状发生改变而言，它又可以被称为"整体"。

与以蜂蜡为代表的固态同质体①不同，火、水和所有液体则由于其中位置不会导致任何差别而只能被称为"全体"：

> 水和所有液体，以及数被称为全体，如果不是转义，不被称为数字整体和水整体。（1024a6-8）

在讨论损坏问题的 Δ.27 中也有类似表述：

> 但通常那些其中的位置对其不造成差别的不受损坏，例如水和火。（1024a19-20）

这句话也间接地表明，水和火各个部分的相对位置即便发生调换，也不会对其形状或本性产生任何影响。在亚里士多德看来，对于以水、火为例的非固态单纯物，我们只能称之为"全体"，而不能在最严格的意义上称之为"整体"。

至此我们能够清楚地看到，土、火、水及诸如此类的单纯物整体，连同例如"这一个人"或"这一匹马"的复杂物整体，共同构成了亚里士多德在这里所讨论的第二类作为个体的整体，亦即作为质形合成物的整体。我们由此就证明了水、火、土、气等单纯物有其作为质形合成物的实体存在，而不是如人们或许以为的那样仅仅具有作为种或属的实体存在。

然而，水、火、土、气虽然属于这第二类的整体，亦即质形合成物意义上的个体整体，但这并不能立即证明它们可以有各自的像"这一个人""这一匹马"那样的分离存在的个体实体，例如"这一滴水"或"这一粒土"，因为还存在着这样的可能性：对于亚里士多德，也许并不存在"这一滴水"或"这一粒土"这样的分离存在的单纯物的实体个体，而只存在着作为一个完全整体的单纯物的个体实体，例如，全世界所有的水构成的水体是一个整体，全世界所有的土构成的土壤是一个整体，尽管它们各自是一个质形合成物，从而也是实体个体，但显然与"这一滴水""这一粒土"不同。

我们接下来试图表明，水、土、火、气这样的单纯物也存在着像"这

---

① 亚里士多德所说的同质体，指的是"其部分与整体同名同义"（《论生成与毁灭》I. 1, 314a19-20）。

一滴水""这一粒土"这样的现实存在的实体个体,相较于此,诸如全世界所有的水构成的水的整体,或所有的土构成的土的整体,反倒有可能不是现实存在的实体。

三、分离存在的单纯物个体

通过对《形而上学》Δ.26 的分析,我们认识到,在亚里士多德的世界图景中存在着两类整体:作为种、属意义上的普遍者的整体和作为个体实体存在的质形合成物的整体,后一类整体中存在着一种不同于复杂物整体的单纯物整体。然而,即便我们揭示出作为第二类整体的水、火、土、气有其作为质形合成物实体的个体存在,也不能直接得出它们有其类似"这一个人"或"那一个人"的分离存在的实体个体的结论。因为对亚里士多德而言,单纯物可能并没有诸如"这一滴水"或"那一滴水"的分离存在的个体实体,只存在着一个作为全部整体的个体实体。倘若如此,以水为例,世界上将只存在一个"全体水"的实体,眼前的任何水都将只作为这个"全体水"的实体的部分,从而任何作为部分的水都不能被视为独立自存的"个体",唯有这个"全体水"才是水这个质形合成物的个体实体存在。

"全体水"的观念对于以英语或汉语为母语的人来说似乎是可以接受的。无论英语、汉语,"水"都没有复数形式,我们因此倾向于接受一个单一的实体存在的"全体水"的观念。但在古希腊语中并非如此,亚里士多德就曾多次使用水的复数形式(参见《天象学》348b10;349a6)。这种"水"的复数形式的用法是极具启发性的,它表明对于亚里士多德来说,也许现实存在的是作为水的复数分离存在的具体的"这一滴水""那一滴水",而不是水的单数整体。

此外,如果亚里士多德确实持有一种将一切具体的水都囊括其中的"全体水"的观点,那么具体的水便只能作为"全体水"的部分而非作为自身存在,即便我们说这些部分是水,也不能说它们是复数形式的分离存在的水,就像针对苏格拉底这个具体的人,我们并不能够将构成他的多个部分分离出来,看成是独立存在的实体。在这里,尽管单纯物的整体与复杂物的整体存在着一些根本的不同,即单纯物的整体与其部分具有同质性,而复杂物的整体与其部分并不具有同质性,但是,就部分与整体之间的存在论的关系而言，它们的原理却是一致的，即无论是复杂物整体的部分还是单纯物整体的部分，就其作为所从属的整体的部分而言都不能够作为实体而存在。如果亚里士多德确实只承认"全体水"这一个水的实体，而不像他所使用的水的复数形式所意味的他也承认许多的具体的水的实体，那么，一个荒谬的观点就是，对于"水"这个种或属而言（我们在上面已经证明了"种-个体"模式亦适用于单纯物），在其种或属下就只有一个个体成员。推而广之，对于所有的单纯物而言，在它们各自的种或属下都只有一个作为全体的个体成员。如果是这样，单纯物在这个方面的地位就类似于神了。因为，对于亚里士多德来说，作为第一推动者的神只能有一个，而不能有多个，它是它所属的那一类存在的唯一的成员。显然，如果我们就单纯物得出类似的观点，对于亚里士多德的实体理论体系来说这恐怕是难以接受的。因此，亚里士多德复数的水的用法表明，他不仅有可能会承认那种将所有现实存在的具体的水作为部分包括在自身之内的"全体水"可以是独立自存的水的实体，而且也会承认现实中各种各样具体的水也能作为独立的实体存在。

当然，上述分析只是我们基于对古希腊语中某一特殊语言现象的考察而做出的推论，要从根本上回答水以及诸如此类的单纯物是否各自像神一样只具有种或属下的唯一一个个体成员，即作为全体的那个单纯物实体的问题，我们还需要基于亚里士多德有关质形合成物的整体与部分之间关系的理论做进一步的讨论。

《形而上学》Z.16 的一个重要结论是，实体的任何作为质料的部分就其自身都不能作为实体存在，而只是潜能性的存在。据此，如果假定存在着唯一"全体水"这样一个单纯物的整体，那么我们具体所见的各种水便都只是这个整体的水的一部分；根据《形而上学》Z.16 所确定的基本原理，这些具体的水便只能是潜能性的存在，而自身不能作为实体存在。这样一来便会产生一个形而上学的悖论：我们具体所面对的种种单纯物的现实存在都只是潜能性的存在，就水而言，各种具体的水只是唯一"全体水"的质料。显然，这一推论并不能与亚里士多德的理论体系兼容。亚里士多德明确讲过，手在被切下来后就不再是手了。换言之，手虽然作为人体的一部分构成了人的质料，一旦手从人这个质形合成物的整体中被分离出来，也就不再作为整体的一部分，因为，它已不再从属于这个质形合成物的功能整体，虽然可以再是别的什么东西，但唯独不能是手本身，因而也不再作为人身体的一部分构成人的质料。同理，世界中有的从来都是一杯杯、一洼洼彼此分离的具体的水，即便可能存在着某种使任何具体的水都作为其部分的"全体水"，但一旦我们意识到这些具体的水，如同从整体分离后便不再作为人的部分存在的"手"那样，各自从"全体水"中分离出来，我们也便会同意这些具体的水不能再是"全体水"的部分了，但因此它们也就不再是作为"全体水"的质料的存在。如果是这样，那么，我们将面临一个悖论，即，我们所设想的"全体水"这样的作为质形合成物的单纯物整体实际上是以现实存在的各种具体的水作为其质料的部分的。但是，现在，由于这些部分是离开这"全体水"而现实存在着的，从而，它们也就不再是这"全体水"的质料，这样，这所谓的唯一的水的个体实体"全体水"将由于其全部质料的丧失而沦为一个空洞的概念。因此，1024a1-6那段有关单纯物整体的论述不会支持一种例如存在于水的种之下的囊括各种具体的水的"全体水"的单纯物实体存在，相反，它所肯定的只能是一个个可分离的、具体的单纯物的个体实体，如"这一滴水全体"或"那一滴水全体"任何一个这样的个体都能被称为"全体"。

这样，我们也就能够回应最初关于单纯物是否像复杂物那样具有"种-个体"的上下级范畴关系的疑问了：无论是对单纯物还是对复杂物来说，在相应的种属概念之下，都现实地存在一个个彼此分离的、具有内在连续性的、作为质形合成物个体的整体。单纯物个体整体与复杂物个体整体之间也存在的区别只是：对单纯物个体整体而言，其本性本质无关乎构成某一个体的各部分的相对位置，而复杂物个体整体则与之相反，例如"在所有长齿的有血动物中，唇位于鼻之下"（659b20）。我们由此便可以初步地得出结论：一方面，作为单纯物的水、火、土、气确实具有"种-个体"的上下级范畴关系；另一方面，单纯物整体与复杂物整体通过"构成个体诸部分的相对位置是否影响自身本性本质"这一标准进行彼此区分。故而，不光存在着是一种不同于第一类整体即普遍者的个体整体，也存在着不同于复杂物个体整体的单纯物个体整体。如果我们同意，对单纯物而言也存在着普遍者整体与个体整体这两类不同整体的区分，那么正如1023b32-34所指出的，作为个体整体的单纯物的第二类整体便因具有连续、有限的特征而区别于其作为第一类整体普遍者整体的存在，并且彼此分离的则因不具有连续性而构成不同的个体，如这一杯水或那一杯水，甚至如这一滴水或那一滴水。虽然至此，我们尚不清楚连续的事物是否必然是个体，但不具有连续性的事物绝不会构成同一个个体整体，抑或第二类整体。

但是，这样一来，一个进一步产生出来因而必须要被解决的问题就是：作为质形合成物的单纯物个体整体是否能够仅仅依据一种质料的连续性而被统一为"一"进而区别于其他个体呢？换言之，这种质料的连续性是否是判定单纯物个体整体的个体实体性的唯一的原则依据？

四、单纯物的个体形式

我们已经认识到，以土、火、水、气为代表的单纯物个体是不同于普遍者的，它们具有普遍者所缺乏的连续性和有限性特征，并能作为分离的个体实体而独立存在。但是，当我们言说单纯物个体实体时，这些单纯物个体实体之为一个个体实体的原因是什么呢？

由于亚里士多德在《形而上学》Δ.26 中主张整体性也是一种统一性（1023b36），以罗斯为代表的一些学者因而注意到《形而上学》Δ.6 和 Δ.26 两章的联系，他在对《形而上学》Δ.26 进行评注时便认为："在第六章中给出的'一'的多种意义在这里按其结果被归结为两点。存在着种类的统一性，对应 1016a17-b6 中提到的诸种意义，以及量（连续性）的统一性，回应 1015b36-a17。"[①]这一观点引导我们回到《形而上学》Δ.6 并对 1015b36-1016b6 这一部分进行考察。在 1015b36-1016b6 中，亚里士多德这样说：

> 在那些就其自身而被称为一的事物中，一些是由于连续而被称为一……被称为连续的是其运动就其自身为一并且不能是别样的，并且当运动不可分，且就时间而言不可分时，运动是连续的。那些靠接触而成为一的就不是就自身而连续，假如你使木块相接触，不能说它们是单一的，不论是木块、物体还是其他什么连续的，都不能……（1015b36-a17）
>
> 在另外的意义上，由于主体在形式上是无差别的，某物也被称为一……
>
> 那些属为一、由于种差对立而相互区别的事物也被称为一，这些

---

① Ross, Aristotle's Metaphysics, Vol. I, p.340.

都被称为一是因为那作为它们种差的主词的属是一……

此外事物被称为一，当一个言说某物的是其所是的定义与另一个显示其是其所是的定义不可分时（尽管所有定义按其自身都是可分的）……（1016a17-b6）

在对这一部分的评注中，罗斯将 1015b36-a17 理解为对"由于连续性的一"的讨论，将 1016a17-b6 解释为分别对"由于载体的一""由于属的一"和"由于定义的一"的讨论。① 然而，他将 Δ.26 中"第二类整体"简单对应于上述"由于连续性的一"、将"第一类整体"对应于后三种"一"的做法是草率的。我们并不能仅仅依据亚里士多德在讨论"一"的不同义项时所采用的平行呈现方式，就断定这四种"一"在逻辑上具有彼此相当的地位，进而忽视那隐匿于其间的这四种"一"的内在逻辑关系。在 Δ.26 中，亚里士多德对"整体"不同含义的二分是清楚的，他也曾反复强调这种二分的依据（1023b29；1023b33）；但是，我们并不能做出类似的主张，即"出于连续性的一"按其内涵同其他三种"一"并列，进而构造出某种针对"一"的二分：一方面，1016a17-b6 中涉及的三种"一"亦即"主体的一""属的一"和"定义的一"，它们显然不具有一致的所指；另一方面，通过《形而上学》Z.3 中的相关论述，我们知道，亚里士多德实际上将形式连同质料与质形复合物一并下辖于"主体"，而定义、普遍者和属又属于"形式"，因而他不会支持"主体"能够同"属"和"定义"在概念上平行并列的观点。②

事实上，《形而上学》Δ.6 中"连续性的统一性"的确对应于 Δ.26 中连续、有限的第二类整体，但在逻辑上，另外三种"一"并不像它们在文本中被呈现得那样与之并列，相反，"定义的一"甚至构成了"连续性的一"的存在论基础。亚里士多德在《形而上学》Δ.6 中明言：

那些靠接触而成为一的就不是就自身而连续，假如你使木块相接触，不能说它们是单一的，不论是木块、物体还是其他什么连续的，

---

① Ross, Aristotle's Metaphysics, Vol. I, p.300."载体"一词对应的是 Substratum，是罗斯对 ὑποκείμενον 的翻译；我们在后面的使用中会倾向于将这个词翻译为 subject 或"主体"，理由参见聂敏里：《存在与实体》，上海：华东师范大学出版社，2011 年，第 128-129 页。

② 关于《形而上学》Z.3 中主体同定义、普遍者和属三者的关系，聂敏里老师有较为详细的讨论。参见聂敏里：《存在与实体》，第 124-127 页。

都不能。（1016a7-9）

这足以表明，事物并不能单纯依靠空间上的接触或连续而成为"一"，连续性的统一性不是来源于质料上的连续性，而更有别者。以沙堆为例，虽然沙堆中每粒沙都与其他沙粒彼此接触，但沙堆却不会因此成为一个整体。因而，我们并不能单纯由于某个对象中各个部分作为质料彼此接触而将这些部分称为"一"。所谓连续性的统一性，实际上奠基于形式的统一性，唯有被特定的"是其所是"或定义所规定，某个具有相应本质的实体才能具有真正的连续性并因而成为一。所以，如果沙堆的确是一，那么它根本上是由于其所具有的某种形式的统一性而成为一，而非仅仅依据一个质形合成物的连续性。就此而言，显然，即便集合物的各个部分彼此接触、保持连续，它们由于缺少使连续者作为其自身存在并在这个意义上为"一"的形式，它们仍旧不过是集合物而已，也就是说，它们相反是由许多现实分离存在的个体实体所构成的集合，例如一群人。

因而，仅仅依靠所谓连续性的统一性是不足以确立个体的，甚至连续性本身的意蕴也是模糊的。虽然我们通常将"连续"理解为空间上的相接与不分离，但亚里士多德对"连续"和"接触"的区分足以使我们认识到，即便两个物体相互接触，依旧不能合二为一。因而，在事物具有连续性的前提下，我们并不能以某种空间的相对位置关系来确定个体，判断事物是否作为一而连续的标准是"形式的统一性"。

但是，我们应该如何理解单纯物个体的形式呢？一个常见的错误是借助事物的形状来理解形式，于是，判断一个单纯物是否是个体的标准在很大程度上便要依赖于其外观，例如，即便一块方形的土和另一块球形的土均为纯净的土并具有相同的质量，它们就其为土而言仍是不同的，这是因为二者具有不同的形状。混淆形式与形状的做法是错误的。根据本文的第二部分，特别是在这部分中援引的《形而上学》1024a1-6 的论证，我们已经明确，构成单纯物个体的各个部分的相对位置无关乎这个单纯物的本质；因此，对于同一个单纯物，即便其各部分的相互关系发生改变，以至于因此发生形变，这个单纯物个体仍具有同一性并依旧是其自身。以刚才提到的两块土为例，如果使方形的土保持质量恒定并改变形状，成为球形的土，那么它和改变形状之前的方形的土是否是同一块土呢？由于这块方形的土在形变的过程中同 1024a5 处的蜡块一样，变化的只有各部分的相对位置，因而即便这块方形的土变成了球形的土，它仍不失为同一块土。这时，我们已经能够看到混淆形式与形状的问题所在。如果我们进一步思考，假设由方形的土变化而来的球形的土，同另一块球形的土具有完全相同的形状和质量，那么这两块土是否就能被视为同一块土呢？若给出一个肯定的回答，将会极大地挑战我们的常识。因而，即便在对单纯物个体进行讨论时，仍不能混淆它们的形式与形状。但如果我们不借助形状来理解形式，又该如何理解个体形式呢？

言说单纯物的个体形式是困难的，对一般有灵魂个体的特殊形式进行讨论也绝非易事。为了帮助我们理解形式，亚里士多德进行相关讨论时常常诉诸功能概念。除了被他反复举例的"手之为手在于具有相应功能"[①]之外，在《天象学》第四卷论及同质体时，亚里士多德也明确说道：

> 一切事物都由其功能决定：因为那些能够发挥其功能的才是真正的存在，例如眼睛，如果能看；不能的则是同名异义，例如死人的或石头的。（390a10-13）

在这段话中，亚里士多德将实体亦即"真正的存在"的标准确定为"能够发挥其功能"，如果我们认同实体之为实体是由于它具有某种形式或本质的观点，那么相反，倘若不具有某种功能，它便不具有相应的形式。换言之，虽然某个实体之是其自身是由于具有相应的形式，但通过它的功能，我们能够理解这形式的具体内涵。当我们将个体实体理解为具有某种功能的个体时，其形式便不再表现为空洞的语词，而作为一个现实发生着的功能的形而上学依据得到确认。

然而，即便我们认识到功能概念对理解形式内涵具有重要意义，指明每个单纯物实体的功能仍是困难的：

> 它[肉]的功能与舌头相比更不明显，火也如此，而它的自然功能与肉相比，又更不明显。（390a15-16）

由于单纯物的特殊性，对单纯物个体形式的功能主义解释也许只能提示我们，在何种情况下事物能被确定为一个个体而非集合体，我们终不能奢求澄清每一个体的形式或功能具体是什么。即便如此，这种功能主义解

---

① 见《形而上学》Z.10, 1035b24-25；《天象学》IV.12, 389b30ff；《论动物的生成》II.1, 734b25ff。

释仍能为我们在如何判定个体的问题上提供指引：如果两个单纯物具有不同功能，即便二者可能暂时相互接触，却仍分属两个不同的个体；反之，对于"两块"服务于同一实现活动亦即功能的单纯物而言，它们则可能仅仅是同一个单纯物个体的两个部分，而非各自作为个体实体而存在。

综上所述，单纯物正是这样一类存在者：首先，它们同人、牛、马一样具有"种-个体"的概念关系，换言之，下位于任何一个单纯物的种，都有诸如"这一滴水"或"这一个土"的单纯物个体，因而真正作为实体存在的单纯物正是诸如"这一滴水"或"这一个土"的个体实体。其次，作为单纯物，单纯物的个体究竟不同于诸如"这一个人"或"这一匹马"的复杂物个体，其特殊之处在于，即便构成单纯物个体的各个部分的相对位置发生变化，仍无碍于它保持自身的同一。最后，虽然连续性对单纯物个体的判定具有重要意义，但单纯物个体的同一性并非根源于某一具体个体的质料的连续性，而更有个体形式的统一性作为其质料连续性的基础，当我们试图理解这种个体形式时，要进一步诉诸个体功能概念，唯有具有功能统一性的单纯物，才是真正的个体实体。

［本文原载于《云南大学学报（哲学社会科学版）》2019年第6期］